瑩山思想の本質

瑩山禅師の垂語参究

五十嵐卓三

国書刊行会

序

学僧にして畏友の五十嵐卓三師は、このたび『瑩山思想の本質』を上梓されることになった。丁度十年前の平成十一年（一九九九）四月に刊行された『道元思想の本質』の姉妹篇である。

曹洞宗が両祖と仰ぐ道元禅師と瑩山禅師のお二方のうちいずれかを参究した著書は少なくないが、両祖それぞれの「思想」の深層に迫り、その成果を二冊にまとめた人はそう多くはないと思う。

本書の刊行にあたり五十嵐師から私にぜひ「序」を認めるよう御依頼があった。私はこれをお引き受けするかどうか随分ためらった。というのは私が勉強してきた学問は宗教人類学であり、宗学研究とはかなりかけ離れた領域であるからである。

それに見当違いの文をものすことにでもなれば、本書を傷つけることになることを虞れたからである。

にもかかわらず私がペンを執ることになったのは、本書の校正刷を目にして、その内容に同意する部分が少なくなく、また啓発されるところが多いことがはっきりしてきたことによる。

それは端的にいえば、本書の随処に見られる宗教（仏教）文化——社会論的な視点と資（史）料の自在な駆使にある。

曹洞宗の両祖の立ち位置と性格についての教科書的な解説は、ほぼ次のようになされることが多い。道元禅師は釈尊に発し達磨大師により中国に伝えられた禅仏教を正伝の仏法としてこの国に将来された。禅師は自らがもたらした仏法こそが釈尊の説かれた仏法であるとして、宗派を立てることがなかった。

これにたいして瑩山禅師は道元禅師の仏法に深く参じこれを踏まえた上で一般民衆の間に教えを普及・拡大させることに努め、教団（宗派）としての曹洞宗を大成させた。

道元禅師は坐禅修行に徹し、一箇半箇の接得に努められたのにたいして、瑩山禅師は坐禅修行だけではなく一般民衆の宗教的ニーズに応えるべく、加持祈禱や追善供養などを宗門の儀礼に摂取された。

五十嵐師の両祖観もまた右の一般的両祖論の枠組みに連なっている。「道元禅師と瑩山禅師の信心の特徴を一言で指摘することが許されるならば、前者は求心的な方向を目指し、後者は遠心的な方向に舵を切ったと言うことができるであろう」（本書第六章より）と述べ、また「瑩山禅師は道元禅師に連なる〈坐〉を信仰理念としながら〈祖〉を敬慕する信心を深め、さらに地域共同体の信仰をも受容して行く柔軟な信仰共同体形成の方向を示された」（同、傍点筆者）と記しているからである。

右の論述において「瑩山禅師は道元禅師に連なる〈坐〉を信仰理念としながら……」については、著者はとくに本書の第四章「『傳光録』の精神」、第五章「信仰共同体の確立（一）――瑩山清規の背景」、第六章「信仰共同体の確立（二）――瑩山清規の精神」のなかでご自身の両祖への信心を点綴させつつ博引旁証している。

本書において私がとりわけ関心をもつのは、さきに傍点を付して引用した部分、つまり瑩山禅師がその宗教活動において、⑴地域共同体の信仰を受容していったという指摘と、⑵柔軟な信仰共同体を形成したという記述である。

(1)「地域共同体の信仰」について著者は第三章「《加・能・越》のカミとホトケの世界」において詳しく論じている。ここで著者は従来の仏教研究が正統的な仏教教義理論の面に重点をおいてきた結果、ムラやマチのような地域共同体を形成している人びとの信仰事情を顧みない状況があったと指摘し、瑩山禅師の思想信仰に接近するためにはどうしても京都から能登の総持寺にいたる諸地域の信仰的な環境を吟味することが必要であると論じている。まったく同感である。

第三章の「二、神祇信仰の世界――権現さまへの親しみ」では比叡山延暦寺、三井園城寺に展開する多種多様な〈カミ〉と〈ホトケ〉の共存的世界および日本人のアミニズム的、多神教的信仰について豊富な資（史）料によって記し、「三、本地垂迹の源泉――白山信仰に見る」、「四、北陸の信仰風土」、「五、北陸・能登路の寺社風景」および「六、加・能・越の信仰」では日本人の宗教的特色についてさらに事例的に深めている。

著者の宗教学的、文化論的な論点と、ことにキリスト教の神観念との比較考察は論述の内容をすこぶるわかり易くするのに役立っている。

地域社会に生きる人びとが信奉する宗教信仰や習俗・慣行を包摂することによってこそ宗教集団（信仰共同体）は拡大・発展するという事実を、著者は手際よく活写している。

(2)「柔軟な信仰共同体の形成」というテーマは、著者の瑩山禅師論においてとくに重要な位置を占めている。

本書には「共同体」という用語が頻出するが、どうして「宗門」とか「宗派」の語を用いずに「共同体」なのか、こうした疑問を抱く向きも少なくないであろう。

著者はこう答えている。「(従来の)日本人の仏教観は宗派的な視点に立っている。何々宗は何々を信仰しているというように、研究的な立場からも宗派的、宗旨的な理解が優先されやすい。しかし宗派的な観点に比重が掛かりすぎると、宗派・宗団・教団それぞれの周囲状況との有機的関係が理解し難くなる。それを〈信仰共同体〉として理解しようとすると、宗派的観点だけではなく、歴史的影響、同時代的な事情、社会的な環境、あるいは文化的な様相とが入り混じった形での、一つの混合体として見ることを迫られるであろう」(本書第五章より)。

著者はすでにこうも述べていた。「曹洞宗教団は第一段階の叢林集団(道元禅師の許に在ってその信心に随順し、共に信仰生活を求める求道者の集まり)の時代を基盤にして、第二段階の寺院集団へと移行していくことになる」(本書第一章より)。

ここでの「寺院集団」とは在家の檀信徒を含む僧侶——檀信徒混合の集団であり、「叢林集団」とは性格も機能も異なる集団であることは、言うまでもあるまい。

そして叢林集団から寺院集団への移行期において大きな役割を果たしたのが瑩山禅師であった。

一般に知識人や僧職者が宗教を論ずる場合、著者が述べているように、宗派的、宗旨的立場から理念と建前を強調することが多い。

このため現実の宗派的状況を無視した内容の話になることもしばしばある。たとえば「宗門は坐禅宗である」と述べるとき、「宗門の僧俗すべてが坐禅修行をしている」と受け取られたらどうであろうか。

実際には、叢林の伝統に立つ僧職者にたいして、死者・先祖の安泰と現世の生活の安定を求める(先祖供養と祈禱)人びとが檀信徒の大部分であるというのが現実ではあるまいか。五十嵐師の言う「信仰共同体」とは、古叢林の伝統と寺院現場の宗教（仏教）的諸事情・諸要素を柔軟に包含する集団を意味しているもののようである。「共同体」は社会的用語のcommunityの訳語であり、「血縁的・地縁的あるいは感情的なつながりを基盤とする人間の共同生活の様式を意味し、共同ゆえの相互扶助と相互規制が伴う」とされる（各種『社会学辞典』）。

ここで言われる「血縁と地縁あるいは感情的なつながりをベースとする共同生活」という表現は、まさしく著者の提示する「地域共同体」の概念に重なる。「感情的」を「信仰（信心）的」と読み換えるなら、右の「共同体」の枠組みは著者の言う「信仰共同体」の枠組みとほとんど一致することになる。

それでは叢林集団が寺院集団へと移行・拡大するにいたる際に何が動機づけになったか。それは概して僧職者集団が叢林の伝統を踏まえつつ地域共同体を構成する在俗の民衆の宗教的ニーズによく対応できたことにあると答えられようが、このことを説明するために著者が注目し取り上げたのが『瑩山清規』であり、その主部を成す「回向」である。

著者は「回向とは祖師を信仰共同体の中心に据えながら、さらに信仰共同体を取り巻くすべてのものの恩恵への感謝と、信仰共同体の一日一日の生活を送ることへの大いなる願いを念ずることにあった」（本書第六章より）と述べている。

そして元三朝の祈禱回向の全文を挙げた後、瑩山禅師の新しき年への願いは第一に天照大神↓今上天皇への敬心、第二に神祇信仰への尊心、第三に仏法を培ってくれる日本の土地（神）への信仰、およびそうした諸神の加護によって仏教帰依の檀越の幸徳が実現することを祈念することにあったとしている（本書第六章）。

著者はさらに『洞谷記』の中の「当山盡未来際置文」を紹介し、「瑩山禅師が〈仏法修行〉の道は檀越の信心によって成就させていただいているといわれる垂戒は、日本仏教の流れの中には全くなかったといってもよい」と記している（本書第六章）。

私もこれまでの調査・研究の結果から、聖と俗、出家と在家あるいは縁起と霊などは対立的でありながら実は互恵的関係にあると考えている一人なので、『洞谷記』の右の内容に不遜ながら吾が意を得たりの思いを深くしている。

以上、浩瀚にして多様・多彩な本書の内容のうち、専門家ではない私にとって関心のある部分のみを取り上げ紹介してみた。撮み食いになっていないかと虞れる。

本書により瑩山禅師の立ち位置と役割が従来にも増してはっきり見えるようになった事は確かであろう。

宗教（仏教）を論ずる際、自身の信仰を強調するものと、客観的、相対的に論ずるものとがある。前者はともすればひとりよがりになり易く、後者は味も素気もない内容になりがちだ。その点著者は実にバランスのとれたアプローチに終始しており、安心して繙ける本書をものされた。本書は瑩山禅師を中核として論じられているが、そこに止まるものではなく、日本仏教論、宗教文化論、宗教民俗――社会論、比較宗教論としても大いに参考になる知見に富んでいる。本書が広く読まれることを祈念してやまない。

平成二十一年三月

駒澤大学名誉教授　佐々木　宏幹

瑩山思想の本質　目次

序　佐々木宏幹

序　章　十三、四世紀という時代相

平安への懐旧……13
『三井法灯記』に見る佛教受容……15
念佛信仰のながれ……17
法華信仰……18
武家衆と信仰……20
家訓・置文・起請文……22
遁世者の信心……25

第一章　問題の所在

一、教団としての鎌倉諸宗派……32
臨済宗……32
念佛信仰の諸教団……35
二、一佛両祖ということ……42
三、観音・地蔵の両尊信仰……46
四、曹洞宗寺院の形成……51
五、近代化教団への展開……62
第二章　十三世紀における佛教宗団の展開
一、同時代の支配層――天皇・公家・武家……79
二、同時代の佛教事情……84
念佛門伝道の精神……84
法華経鼓吹の世界……89
禅者の国家観……92

第三章　《加・能・越》のカミとホトケの世界

一、カミとホトケ……105
二、神祇信仰の世界――権現さまへの親しみ……113
三、本地垂迹の源泉――白山信仰に見る……127
四、北陸の信仰風土……132
五、北陸・能登路の寺社風景……133
六、加・能・越の信仰……136

第四章　『傳光録』の精神――歴史と信仰を導く

一、『傳光録』の信仰事情……147
二、禅の信心――祖師と拈提……160
〈大悟〉の世界……160
大地有情・同時成道……162
涅槃妙心……164
拈提に読む……166

三、『傳光録』の精神……183
四、禅信心の精神……186
禅の世界……186
心ということ……188
自己……193
祖師……195
五、信仰共同体への道……199
宗風ということ……201

第五章　信仰共同体の確立㈠——瑩山清規の背景

一、二つの信仰規約——〈規律〉と〈清規〉……211
二、清規の理想……223
『百丈清規』への道程……223
『禅苑清規』に読む……225
大鑑慧能——開かれた禅への出発……230
南岳懐譲——定住僧団への形成……231

馬祖道一――禅修的な生活への道……233
百丈懐海――禅信仰共同体の確立……236
三、清規創制の意義……239
四、『禅苑清規』の精神……248
五、〈サンガ〉から〈禅の苑〉へ……256
『禅苑清規』の趣意……258
『禅苑清規』の時代性……261

第六章　信仰共同体の確立(二)――瑩山清規の精神

一、『禅苑清規』から『永平清規』へ……267
二、開かれた生活的『清規』の敷衍……280
三、『洞谷記』の景観……288
四、『瑩山清規』の意義……289
五、道元禅師と瑩山禅師の信心……294
六、祖風を伝通す……305
七、『瑩山清規』の世界……309

信仰共同体の生活化……310
「回向」ということ……314
〈言霊〉と日本人……316
「木霊」と「回向」……317
瑩山禅師の回向観……320

終　章　祖師佛教確立者としての瑩山禅師……333

むすびに

序　章　十三、四世紀という時代相

平安への懐旧

おろかなる　心や見えむ　ます鏡
　　古き姿に　立ちは及ばで

今もまた　昔を書けば　ます鏡
　　ふりぬる代々の　跡に重ねむ
　　　　　　　　　　（『増鏡』序）

公家政治の余韻を心に秘めてその復活に夢を託した『増鏡』の冒頭を飾っている和歌である。世に四鏡といわれる水鏡、大鏡、今鏡そして増鏡の中の一作であり、平安四百年の歴史物語の最後の作品である。『増鏡』の成立は南朝暦号の正慶二（一三三三）年以後であるといわれる。

穏やかに、みやびな公家世界を演じていた平安の世も、『愚管抄』に語られる「武士ニテアルベシ」という時代へと移って行った。[1]すなわち、『愚管抄』に従えば、「ムサノ世」は保元の乱（一一五六）に始まることになる。冒頭に挙げた二つの和歌にはすでに遠く過ぎ去った時代への哀感が漂う。

十三世紀の後半から十四世紀の前半の時代、つまり、瑩山禅師の思想信仰を参究するには、禅師が出現された時代・社会の背景を理解する必要があろう。そうした意味で『増鏡』は同時代の歴史感を滲ませているだけに、大いに参考になるといってよい。例えば、『増鏡』の最終章は南北朝の対立が明確になった時期に書き留められているが、第一章「おどろの下」は高倉上皇が崩御された養和元（一一八一）年の出来事から始まっている。『増鏡』は源平合戦の当初から南北朝対立が顕著になった時期に至る一五二年間の、各天皇に纏わる女御と公家衆との人間像が語られている中に、作者の哀感が伝わってくる。

次に、南北朝時代を象徴する『神皇正統記』に目を向ける必要がある。いうまでもなく、著作者は北畠親房であり、暦応二（一三三八）年に出来上がった。「大日本者神国也（おおやまとは、かみのくになり）[2]」という言葉に始まる歴代の天皇系譜の歴史記載である。その過程に日本人の政治的、宗教的、倫理的な思考が見えてくる。そうした意味でもこの作品は同時代の歴史的事情を知る上で貴重な資料である。

また、瑩山禅師の信仰を参究するにあたっては同時代の信仰事情に留意する必要がある。これまで多くの研究者から指摘されている点であるが、信仰の密教化、あるいは呪術性という問題がある。一つの結論を急ぐ前に、日本佛教の伝統性を示している一文に注意しておきたい。『神皇正統記』第五十二代、嵯峨天皇の項に、

凡本朝流布の宗、今は七宗也。此中にも真言・天台の二宗は祖師の意巧専鎮護国家のためと心ざされけるにや

と述べているように、一つには「流布の宗」という宗派的表現、二つは「祖師」という人格的表現、三つは「鎮護国家」という信仰の受容的表現を捉えることができる。つまり、この作品は神国思想と天皇史観を柱に据えて佛教の流れを記述しているのである。そこで、先ずは日本人の佛教受容の態度に触れてみたい。

『三井法灯記』に見る佛教受容

『神皇正統記』において「依学の宗にて、別に一宗を立つことなし」[(3)]と述べられているように、ここでは南都佛教は学問佛教として受け入れられたと理解されている。そして天台・真言二宗の時代を迎えるが、その核心は「顕密ならびて紹隆す。殊に天子本命の道場をたてて御願をいのる地なり」[(4)]ということにあった。それではどのような「御願をいのる地」であったのであろうか。

周知のように、道元禅師が最初に訪れた師は天台座主公円僧正であった。次いで訪ねることになったのが園城寺三井寺の公胤僧正である。同時代の三井寺資料の中の一つに『三十講始』があるが、この講は無量寿経一巻、法華経二十八品そして普賢観経一巻、併せて三十巻を月の初めに無量寿経、二十八品の法華経を一日一巻として二十八日間、最後に普賢観経を結経として講ずる講義であり、これに参加することは同時代の皇室・公家衆の日常であった。この資料によると土御門天皇の承元二（一二〇八）年四月朔日に三十講が修行され、講義する御仁はわずか十一歳のさる皇子であった。その講苑に供したのは公家五人、殿上人六人であったというが、「問答優美、満座落涙」するほどの状況であったと述べている。そしてその場には道元禅師の世系につながる人たちがいた。すなわち、権大納言源通光、権中納言源通具、別当参議右衛門督定通、中将源通方、それに少将源具親等であった。園城寺をめぐる道元禅師の同時代的な状況を垣間見る思いがする。ここで『三井寺法灯記』に検討の場は移ることになる。『三井寺法灯記』は園城寺伝記、寺門伝記補録、智証大師年譜、そして三井寺高僧記の四部構成で、六六三頁に及ぶ資料集である。こうした諸記録から日本人独自の多元的信仰の源泉を汲み取ることができる。つまり、

それおもんみれば、慈悲衆生を利するを佛陀と謂い、陰陽万物を長ずるを神明と謂う、月氏は佛国なり、故に人佛に感ず、日本は神国なり、故に人、ここによって神を敬う(5)

という文言に日本人の信仰事情を見ることができるのである。慈悲の佛々祖々に救いを感じ、生産の神々を尊崇し、常に現世利益の恩恵に与ろうとする心情は日本人の宗教的アイデンティティーであったともいえよう。『三井寺法灯記』はさらに多くの信仰事情を記録している。先ず信仰の対象についてみると、本佛・本尊は新羅明神（弥勒菩薩）(6)、文殊、普賢、観音の各菩薩、そして地蔵菩薩をはじめとして、さらに天竺七佛、漢土三皇五帝、日本天神七代、地神五代等々と数知れない神佛(7)が遠くインド、中国、韓国、日本と継承され、同時代の尊崇を受けていた。こうした信仰崇拝の中で、例えば新羅明神は「医療方を尽くし、陰陽術を廻らす、共に以て力及ばず」ともいわれ、その効験は除死定生、滅罪増福、延寿徐災、風雨順時、穀禾豊熟、疫気消滅、無強敵、人民安楽、擁衛国界、そして守護国土の神力の持ち主であった。その上、新羅明神は春日天児屋根命であり、地蔵菩薩であり、観音菩薩であり、文殊・普賢の二菩薩であり「造次顚沛し、様々祈禱して蘇生」する万能神であった(8)。神佛混合、多元

信仰の諸相を見ることができる。

ところで、『三井寺法灯記』は三井寺長吏のほとんどが公家階層に属する僧正であることを証明している記録でもある。つまり、『本朝神仙伝』が伝えるように、「佛法を弘めむには種姓をもて先となすといへり」という文言は日本佛教の受容態度を物語っているものであろう。(9) 例えば、三井寺一山の統理である園城寺長吏の歴代系譜によると、園城寺第一世智証大師圓珍（八一四～八九一）から第八十四世良瑜（一三二八～九七）までの五百年、八十四人の長吏の中で長徳四（九九八）年、第十七世大僧都穆山が長吏に補任されるまでは庶民出身の人だけであったが、その後ごく二、三の長吏を別にして公家出身の僧正だけがその地位についている。しかし、やがて来る鎌倉新佛教といわれる流れを生み出す新たな泉が湧きはじめていた。その最も大きな泉は念佛の信仰である。

念佛信仰のながれ

古来日本人は念佛と法華経に親しみを持っていた。それは平安の遠い時代から現代という今も変わることなく、日本佛教への関心を二分しているといってもよい。

先ず、念佛信仰についてみるに、古く寛和元（九八五）年に恵心僧都源信（九四二～一〇一七）が『往生要集』を公にした同じ年に、慶滋保胤『日本極楽往生記』が成立した。続いて『続本朝往生伝』、『拾遺往生伝』、『続拾遺往生伝』、『三外往生伝』、『本朝新修往生伝』（一一五一）というように、往生伝物が時代の波となって行った。これら六つの往生伝に記録されている人数は僧侶二〇三人、尼僧一九人、沙弥一一人、そして一般男女一一四人で、全部で三四七人である。この数字で見る限りは出家者といわれる往生人が多い。しかし、念佛信仰を求める人たちは次第に増加したことであろう。十二世紀の後半に至り念佛本位を主唱された法然上人の出現を見ることになる。すなわち、法然上人の信仰は、

わたくしに意うるに二つの心あるべし。一にはひろく通し、二つにはとをく通す[10]

というものであった。それは念佛を申す心構えを示されたもので、

一文不通なるが唱れば必ず生ると信じて、真実にねがひ、常に念佛申を最上の機となす[11]

ものであった。また「とをく通す心」とは、十一世紀以降、同時代の人心を悩ました末法思想に見る、末世なるが故に阿弥陀如来の威光は未来永劫に輝いている、という確信であった。つまり、法然上人の信心は時間空間を超えて、老若男女、利人鈍者、五逆重罪の罪人をも救う信仰であった。皇胤・公家衆の閉ざされた信仰から、貴賤男女を問わない開かれた信仰へと転回しはじめたのである。

法華信仰

さて、もう一つの流れである法華信仰についていえば、その成立は明確ではないが、『大日本国法華経験記』には都合一二九人の法華持経者といわれる信仰者の宗教的行為が記録されている。そうした法華持経者の多くは大

師、和尚、法師、上人、沙門等々と呼ばれる出家者であって、非出家者である在俗の人は第三巻目に僅か二十数人を数えるに過ぎない。その中には日本人の多様な信仰態度を見ることができる。一、二の例を挙げてみたい。

伊予国越智郡の首長であった越智益躬《をちのますみ》なる者は、日頃から公事に熱心で、しかも深く佛教に帰依していた。日常の生活をみると、朝は必ず法華経の一品を詠み終え、昼は国の勤めを果たし、そして夜は弥陀を念じることを常としていた。彼は未だ剃髪するに至らなかったが、

> 臨終の時に、身病の苦びを離れ、心迷火乱れず、手に定印を結び、西方界に向ひて、意に弥陀を念じ、気息入滅せり

と語られているように、当時法華信仰と念佛信仰は人々の心に共存していたのである。そして持経者の多くは臨終に及んで定印を結び、他方世界に縁を移して行った。また、持経者の多くは『観世音菩薩普門品』を受持読誦して、三井寺の観世音菩薩を念ずる者も多く、その身を他生に捨てて、極楽に生れることを願ったと伝えられている。今も変わらぬ日本人の心の姿が映しだされている。こうした、いわば佛教の本道的な佛陀への帰依信仰から展開した現実的な崇拝信仰は、願いをかけその利益に与りたいと望む信仰へと傾き、観音・地蔵・薬師・不動・虚空蔵菩薩等々と多様な「佛さま」を、立派な堂伽藍はもちろんのこと、小さな草堂や路傍の石佛として表現したのである。

いずれにしても同時代の人々の信仰は多様なものであった。そしてその信心の現象は現代にも継承されているも

のであり、日本的思想信仰を象徴している文化現象であるといってよい。一般的にいって、日本人の信仰現象は単に心の問題としてではなく、政治的、倫理的な要素と密接に交錯していることを知らされる。そこで、同時代の政治、宗教、倫理の一端に触れてみることになる。

武家衆と信仰

道元禅師が入滅され、瑩山禅師もまた亡くなられた十三世紀後半から十四世紀前半にかけての政治的、宗教的、そして倫理的な社会思想を理解する上で、貴重な記録が存在している。それは『御成敗式目』、『室町幕府法』、そして二、三の『家訓』である。

一般に『貞永式目』ともいわれる貞永元（一二三二）年に施行された『御成敗式目』五十一箇条には、北条幕府の政治的指針が明確にされているが、そこには宗教政策や幕府政治を維持するための諸規則が定められている。まず第一条と第二条において「神社を修理して祭祀を専らにする」こと、そして「寺塔を修造にして佛事を勤行する」ことを強調している。宮廷・公家層の佛神への信仰行事とみやびな詩歌の世界に明け暮れていた平安朝末期の人々は、

佛神ノ利生ノウツハ物トナリテ。今百王ノ十六代（順徳天皇）ノコリタル程。佛法王法ヲ守リテンコトノ。先カギリナキ利生ノ本意。佛神ノ冥応ニテ侍ル(12)

と固く信じていたのである。こうした時代的社会思想は簡単に崩れることはなかった。「ムサノ世」となってすでに百年が過ぎ去り、既述のように、武家層は武家層なりに佛神崇敬の考え方を明確にするに至った。

周知のように、『御成敗式目』五十一条は鎌倉政治の支配体制を成文化したものであるが、その中の第一条、第二条と第四十条は同時代人の神佛観を表現している箇条である。第一条の添書きにあるように、信仰する神々の威光は多くの人々の信心によって深みを増し、それがまた、人々は神々の威徳を受けて幸運に与ることになると意を尽くして述べている。そして五十一条に続く「起請」の最後に、定められた条文に違背する者には梵天・帝釈・四天王の佛法の守護者をはじめ、日本国中六十余州の大小神祇、特に地域神であって将軍頼朝の信仰篤かった伊豆・箱根の権現・三島大明神・八幡大菩薩等々からの神罰・冥罰が加えられると明文化されている。日本人の信仰態度が明確にされている一文である。つまり、〈佛神〉といい〈神佛〉という、信仰を共有する重層的信仰と、社会的約束を守る者には加護という〈現世利益〉的な恩恵が、それを無視し破る者には神佛の罰が当たるという〈呪い的・祟り的〉な警告が、はっきりと宣言されている。明らかに、王朝的な信仰態度がなお濃厚に受け継がれていることが知られる。

しかし、武家衆の時代に入って一世紀以上も経過すると、かなりの変化が現れてくる。『建武式目』（建武三〈一三三六〉年）十七条は『貞永式目』五十一条のように法令的、細則的な文言ではなく、感傷的懐古、道徳的な表現が多く見られる。おそらく、南北朝の動乱という社会の不安定さを反映しているともいえるが、同時代の信仰事情について知られる条項は、第十六条の一箇所に過ぎない。式目の追加法として『大小禅刹規式条々』十一条項が制定されているが、それは当時室町幕府によって帰依を受けた禅宗――京都・鎌倉の臨済宗寺院を対象としたものであった。止むことを知らない動乱・内乱に明け暮れていた南北朝時代は、同時代の中心軸が定まらず、鎌倉と京都で揺らぐ状況であり、信仰＝宗教に対する幕府の態度は、広く神佛全体に関わるものはなかった。

そうした面の時代的流れはむしろ『家訓』を通して見ることができる。

武家衆の『家訓』の最も古いものは『北条重時家訓』であるという。重時には二種の『家訓』があるといわれる。一つは『六波羅殿御家訓』であり、もう一つは『極楽寺殿御消息』といわれるものである。いずれにしても、北条重時（一一九八～一二六一）は『貞永式目』を成立した北条泰時の弟であり、その『家訓』は後世の武将に影響を与えているばかりでなく、校訓・社訓といわれるそのものの考え方に日本的な家訓の歴史性を感じる。

家訓・置文・起請文

さて、『貞永式目』と同時代的な「家訓」を取り上げてみると、『宗像氏事書』（正和二〈一三一三〉年）の十三条のはしがきにある「事書条々」では、幕府の『貞永式目』を踏襲しているかのように、

神事を興行し、佛事を勤行し、諸社を修造し、寺堂を修理すべき事

と銘打っている。さらにまた、この時代には公的政治に関わるものだけでなく、個人的な「置文」あるいは「起請文」といった家族についての子々孫々への教え、同門的な共同規範とするもの、さらに主従間の忠誠心と神佛への誓願等々と、現実的にして実践的文言が各分野に見られるようになったのである。いくつかの例を『中世思想社会

思想　上』の中から引用してみよう。

まず、鎌倉時代後半の『置文』――例えば、一地頭の『竹崎季長置文』[13]について見ると、十八条項の中で神佛に関する条項は十条にわたっているが、その結びの文言に、

社司等正月七箇日・二季彼岸・毎月朔日・五月五日・九月九日・春秋の御祭に参勤せしめ、公家・武家のご祈禱を致すべし

と述べている。正応六（一二九三）年のことである。武家の世になってすでに百三十年が過ぎ去っているが、公家の存在が消え去るわけではなかった。降って南北朝時代に入ると、起請文の形で『菊池武重起請文』[14]に見られるように、自分の望み、志を明確にし、自らが信ずる神佛の照覧を仰ぐという表現へと変わって行く。とかく日本の政治と宗教の関係には、支配・被支配の構図が顕著に見られる。[15]

ところが、南北朝時代の武家衆の神佛への信仰には「起請文」を書くという謙虚な傾向が増えてきている。例えば、菊池武重の起請文『寄合衆の内談の事』の第三条に、

一、内談衆一同して、菊池の郡において、堅く畑を禁制し、山を尚して、生の樹を増し、家門、正法とともに、竜華の暁に及ばんことを念願すべし。つつしんで八幡大菩薩を仰ぎ奉る。

延元三（一三三八）年七月廿五日

藤原武重（花押）

とあるように、神佛に対する柔らかな信心が感じられる。すでに知られているように、菊池武重は加賀大乗寺明峰素哲の弟子である大智に深く帰依し、武重亡き後その妻慈春尼が、夫武重の遺言によって氏寺として聖護寺を建立するに至ったのである。明らかに、この起請文では宗派的な信仰（曹洞宗）による安心を求めると同時に、より大いなるもの（八幡大菩薩）のご照覧によってそれぞれの願いが叶えられることに信心を表現しているのである。佛神融合の信仰の姿がはっきりとなっている。しかしすでに前の時代には日本人の心を捉え、鎌倉新佛教を生み出した大きな信仰の流れがあった。それは南無阿弥陀佛の称名と南無妙法蓮華経の唱題、そして遁世生活の実践という三つの信仰現象である。

日本佛教の総府といわれる比叡山延暦寺は、鎌倉新佛教の祖師と仰がれるすべての人が一度は門を敲いた聖地であり、また天台の教理を学び実践した霊場でもあった。傳教大師最澄（七六七〜八二二）による比叡山延暦寺の開創（七八八年）から、浄土宗の開祖法然上人（一一三三〜一二一二）が一宗確立の信念を宣言した安元元（一一七五）年に至るまで、実に四百年の歳月を経ているが、その時間的経過の中で鎌倉新佛教を生み出す諸信仰、すなわち、法華持者と往生念佛者の信仰がその底流をなしていた。そしてそれとは別に、「遁世者」の群れが世に在ったことにも注目する必要がある。

遁世者の信心

一つの歴史を振り返る時、往々にしてその時代の主流となるものに目が奪われやすい。日本人の信仰史についてもそのことがいえる。念佛と法華の二つの信仰は確かに日本宗教史の双璧をなすものであるが、同時代、つまり、平安・鎌倉・南北朝を通しての宗教状況の流れの一つに遁世者の信仰生活、あるいは山岳信仰があったことを見逃すことはできない。山岳信仰については後に触れるが、ここではまず遁世者について見ておこう。

遁世者の信仰生活は、世間に煩わされない静寂の環境に身を委ねるという、いわば反社会的な個人信仰という現象であったともいえる。

『方丈記』で知られる鴨長明の『発心集』（建暦二〈一二一二〉年頃成立）をはじめとする説話集は、貴重な資料を提供してくれているが、その他にも、早くは平康頼著『宝物集』（治承三〈一一七九〉年）、十三世紀に入ると『閑居友』（承久四〈一二二二〉年）、あるいは説話文学を象徴する作品として知られる『沙石集』と『雑談集』がある。いうまでもないことであるが、説話文学は一つの現世的な物語を通しながら現世から抜け出て、あるいは現実の生活を捨てて、人里離れた静かな場所に逃避するいきさつを表現した文芸作品で、ドラマ的な興味に誘われるものがある。鴨長明の『発心集』の題名が示しているように、それらはこの世の中にあってこの世を離れ、孤立した境涯に転回して行く信仰物語であり、その回転軸となっているのが〈無常〉――〈つまらない〉、〈退屈〉そして〈発心〉等と限りなくバリエーションはあるが、つまり、世を厭うことから出発して、救いの世界に至ることであった。そしてその道が念佛往生であり、法華経の読誦であり、静座の姿であって、そこに自らの安穏の世界を求めたのである。

まず、世を厭うという遁世という概念については、インド・中国・日本と数多くの佛教説話を伝えている『沙石集』では、

遁世と申す事は、何様に御心得ども候やらん。世をもすて世にすてられて、人員《ひとかず》ならぬこそ、其姿にて候へ

（巻第九の三話）

と述べている。すなわち、自ら世をも捨て、世間からも捨てられて、すでに社会とは縁のない存在になった人たちを指していると、『沙石集』の著者無住一円はいう。こうした各種の説話物語に伝えられている遁世者は、その動機、その道筋、遁世生活の仕方等々に多種多様な姿を見せている。そしてそこには十世紀後半から十二世紀にわたる日本中世、つまり、平安後期以降の信仰的風景が数多く見られるのである。

寛和元（九八五）年、源信の『往生要集』が成立した同じ年に『日本往生極楽記』（慶滋保胤）が公にされてから、『高野山往生伝』（如寂）が世に出た文治三（一一八七）年までの二百年間は、すでに貴族的な信仰形態とその伝統化された閉塞社会の中に、多様な鎌倉新佛教を誕生させる自由な信仰も共存していた。その傾向を知る上で興味ある物語がある。数種の往生伝や『発心集』、『宝物集』の説話物語を熟読・書写した上での作品である、『閑居友』前巻「五　清海上人の発心の事」の話の中に同時代の信仰事情を読み取ってみたい。

むかし、元興福寺の僧侶で清海上人（？〜一〇一七）という人がいた。その僧は大変な学問好きの人であったが、その時代、東大寺と興福寺はいつも争いの絶えない情けない状態であった。清海上人もまた弓矢を携えて争い

に参加したのであった。僧侶（僧兵）たちが鬨の声をあげたその時、清海上人はハタと気がついて自問自答した。（以下原文）

「こはなにとしつる身のありさまぞ。恩愛の家をいでて佛の御法《みのり》のすたれんをかなしみなげくべきに、いま形は僧の形にて、たちまちに堂塔僧房をやき、佛像経巻をそこなひ、僧を殺さむとてゆく事、こはなにのわざならん」と、かなしくあぢきなし。「今みつけられて、いかになるとてもいかがせん。しかじ、はやくここよりゆきわかれなん」と思て、やをらはひかくれにけり。

と。〈かなしく　あぢきなし〉という気持ちが全身を包み込んだのであろうか、やがて清海上人は、第五十一代平城天皇（八〇六〜九在位）の第三子真如親王が建立した超勝寺という寺の一角に籠った。上人はそこで法華経を読誦し、四種三昧を実践したのであった。殊に、四種三昧の第一の常坐三昧によって九十日間にわたって結跏正座し、第二の常行三昧によって九十日に限って行道し、口には阿弥陀佛の称号を唱え、第三には半行半坐三昧によって、日夜懺悔滅罪の行を願い、釈迦・多宝・文殊・薬王等の大菩薩を拝し、そして最後に、非行非坐三昧によって観音菩薩やその他の佛・菩薩に信心を捧げるという信仰生活の日々を送ったのであった。

清海上人の逸話が物語っているように、遁世人の信仰は一つの型にはまった、あるいは一定の宗派的な信心ではなかった。むしろ自由にして他に束縛されることなく、孤独であってもその孤立を求めて行くものであった。しかし、清海上人の信仰生活の根底には、ひそかに法花の四種三昧をぞおこなひける。観念こうつもりて、香の煙の化佛のあらはれ給けるを、末の代の人に縁むすばせんとて、ひとつとりとどめ給ひたりけり。

という願いがあった。事実、説話物語に語られている遁世者の多くは、人里離れた場所で法華の実践行の生活（常坐・常行の勤行生活）を送りながら、阿弥陀さまの信仰に喜びを見出している姿で表現されている。

さて、これまで瑩山禅師が布教伝道されていた十三世紀後半から十四世紀前半にかけての時代的状況を、同時代の代表的資料によって理解しようとしてきた。そうした経緯の中で、日本人の信仰の本質は分け隔てのない受容態度、つまり摂受の信仰にあったということができよう。従って、瑩山禅師の思想信仰への理解を深めるためには、日本人の信仰的性格と同時代的な信仰事情を念頭におくことも無駄ではないであろう。もちろん、日本人の信仰を理解しようとするならば、もっとも特徴的な先祖崇拝と村の鎮守さまへの信仰についても考えにいれる必要もあるが、本論を進めるにあたって、どのような問題が存在しているかを以下考えてみたい。

註

（1）『愚管抄』第六

（2）『神皇正統記』岩波文庫　一五頁

（3）『神皇正統記』第五十二代　嵯峨天皇の項
（4）註（3）に同じ
（5）『三井寺法灯記』園城寺伝記目録第三　康永二（一三四三）年錦小路殿御不例の事付尊氏御舎弟
（6）『三井寺法灯記』三の四
新羅明神「他州遠蠻の境を辞し、本朝波母の山に遷て以来、霊験一天に溢れ、威光万邦に輝く云々」。
（7）七の八　宇佐宮影向の事
1、天竺七佛　　過去七佛
2、漢土三皇五帝　三皇　夏の禹王、殷の湯王、周の文王または武王。
五帝　黄帝、顓頊、帝嚳、堯、舜。あるいは蒼帝（東方）、赤帝（南方）、黄帝（中央）、白帝（西帝）、黒帝（北方）。
3、日本天神七代　天之御中主神、高御産巣日神、神産巣日神、宇麻志阿斯訶備比古遅神、天之常立神、国之常立神。
4、地神五代　天照太神、速日天忍穂耳尊、天津彦々火瓊々尊、彦火々出見尊、彦波瀲武草葺不合尊。
（8）『園城寺伝記』三の四　新羅明神疫気を消し災難を攘う事
（9）『本朝神仙伝』第九話　弘法大師の項
「弘佛法以種姓為先。故彼宗（真言宗）親王公子相続不絶。寛平法皇（宇多上皇）受潅頂於此宗後。仁和寺最多王胤。円融天皇又御地。誠是一宗之光華也」
（10）法然上人『往生要抄』
（11）『法然上人伝記』（九巻伝）
（12）『愚管抄』第六

(13) 建治元(一二七六)年、肥後国八代郡竹崎邑の地頭となる。蒙古襲来の時に活躍した。『竹崎季長絵詞』(永仁元〈一二九三〉年)による。

(14) 菊池武重起請文、菊池武士起請文

南北朝時代、南朝方の雄であった菊池武重は能登総持寺の開祖瑩山禅師→明峰素哲→大智(一二九〇〜一三六六)と継承されてきた曹洞宗と縁が深く、大智を人生の師として、常にその指導に与かった。

(15) (イ) 寛喜三(一二三一)年六月九日、『神官僧侶規制法』十条が成立している。もともとその趣旨は山僧・神人の横暴な振舞いを規制することにあったが、その抑えの基準となったのは、「もし鳳に背き、菜穂狼藉を致さば、たとひ神人宮仕たりといえども、いかでか皇憲朝章を遁れんや。その職を解かしめ、有司ならびに武家に仰せて、すみやかに罪過を糺さば即地禍なし」である。

＊なお、寺社に対する幕府(北条・足利両幕府)による規制方は時代の推移に応じて細かになって行く。

(ロ) 正和弐(一三一三)年正月九日『宗像氏事書』の「事書条々」に、

「右、神事を興行し、佛事を勤行し、諸社を修造し、寺堂を修理すべき事、並びに勧農以下所務雑務等条々の事は、固く正嘉三(一二五九)年二月八日大札の旨を守り、厳密に沙汰致すべきなり」

(ハ) 文和三(一三五四)年九月廿二日　大小禅刹規式条々　十二条。

応安元(一三六八)年六月十七日　寺社本所事。

明徳四(一三九三)年十一月廿六日洛中辺土散在土倉並酒屋役条々。(第一条)

＊室町幕府の佛教に関わる介入が強まって行く。

第一章　問題の所在

瑩山禅師が生を受けた十三世紀の後半から十四世紀前半にかけては、鎌倉新佛教の各宗・各派に漸く地盤固めの機運が見え始めた時期であった。といっても、従来、一般に表現されている各宗・各派という場合の〈宗・派〉の文言には、言語的な意味合いを反省してみる必要があるように思える。そこで初めに、今日的な言語表現となっている《教団》ということについて考えてみることにしたい。

いま、《曹洞宗》という表現を考えてみるとき、一佛両祖への信仰という宗旨に焦点をおいた宗学的な見方、一万五千余の寺院数を有する大宗団という広がりからの歴史社会学的な捉え方、あるいは一宗両大本山を中心とする曹洞宗寺院という教団論的な視点等々と、多様な角度からの見方、考え方が予想される。しかし、ごく今日的な表現である《教団》に思いをおくと、この言葉には宗旨的なもの、寺院的なもの、宗派的なもの等々と幅広く包括されているようである。まず、このことを出発点として、本論に関わるいくつかの問題の所在に触れてみたい。

一、教団としての鎌倉諸宗派

瑩山禅師は鎌倉新佛教といわれる同時代的な流れの中で、当時の宗教的な事情、あるいはその雰囲気を日々実感されていたことであろう。同時代の信仰の先駆者といえば法然上人ということになろうが、法然上人が『選擇本願念佛集』を撰述されたのは建久九（一一九八）年である。しかしいわゆる専修念佛を唱えられたのはすでに安元元（一一七五）年であったといわれ、それが一宗開示の宣言であったともいわれる。確かにこのことが浄土宗の出発であったであろう。しかし、はたして教団としての浄土宗の成立であったといってよいか。この点は鎌倉新佛教全体にいえることであり、同時代に出現した諸宗派についても考えてみる必要があろう。そのはじめに、坐禅を実践行として時代の脚光を浴びるようになった臨済宗に焦点を当ててみる。

臨済宗

浄土宗を開かれた法然上人が『選擇本願念佛集』を明らかにされた同じ年、臨済宗の榮西禅師（一一四一〜一二一二）が『興禅護国論』を宣揚された。しかし、このことが臨済宗一宗の開示宣言であったとすることはできない。臨済宗の発展は、複雑多岐にわたる問題点を孕んでいるからである。玉村竹二氏がその著『臨済宗史』のはしがきで、「世に禅宗四十七流といわれるように、小門派にわかれて発展してきており、現在でも十三派ほどある。その全体を捉えることは、容易ではないのである」と述べているように、教団としての立場から臨済宗を理解するには把握しにくい点が多い。

榮西禅師亡き後、その継承者がなかったが、臨済宗は新たな展開を見せはじめた。それは北条幕府が『貞永式目』を政治指針として確立したように、同時代の精神的統一の場として、平安貴族の精神的な拠り所とした南都北嶺の信仰とは別に、武士層の要請と中国僧の訪日によることもあって、平安期の天台的にして密教的な祈禱性を含みながら、中国的な禅宗寺院が創立されるようになったのである。また、臨済宗には一宗開示というものは見当らない。当初から寺院を中心とした、〈寺派〉ともいうべき方向に進んで行ったのである。それだけに、臨済宗については室町幕府によって確立された「五山十刹諸山の制度」(1)に注意を払う必要があるが、それだけでは信仰現象にとって最も留意すべき事柄である臨済宗の信仰系譜・伝承の流れがはっきりとしない面がある。

右のように日本臨済宗の歴史では同時代の幕府との関係が深いことを無視できないが、五山十刹以前の臨済宗は、入宋僧あるいは訪日僧によってその教えが広められていた。従って、教団としての臨済宗を構造的に理解するためには、その第一点として五山十刹に関わる寺院と、林下といわれる寺院の存在を知ることが必要であり、第二点としては「十方住持制」といわれる一種の制度的な存在に目を向けることが必要である。(2)しかし、捉え方によっては極めて明解に理解できる面もある。それにはこぢんまりとした〈寺派〉中心の組織構造であるという点を入り口にして理解を進めることが必要であろう。一例を臨済宗派連合布教団本部が発行した『臨済正宗七派の真源』序(大正九年)にみると、

名匠碩徳相踵いで作興し給ひ、終に分れて二十四流と為り、四十六派と為り、合して儕洞檗の三宗と為り、輓近臨済の一宗は、十四派に分立し、就中我が七派は鞏固なる一團を連結したり

とある。すなわち、ここでいう臨済七派というのは建仁寺（七〇）、東福寺（三六三）、南禅寺（四二六）、大徳寺（二〇一）、天竜寺（一〇五）、相国寺（九三）、そして永源寺（一二七）の七つの寺を指しているものであるが、『宗教年鑑』によれば現臨済宗は十五派が登録され、その登録呼称は『臨済宗建仁寺派』、『建長寺派』等々と本山格の寺名が記載されている。(3) 従って、臨済宗はそれぞれの教団的な組織は本寺・末寺の小グループが〈寺派〉を基盤として活動しながら、その全体像として存在していることになる。玉村竹二氏はその著『臨済宗史』の中で、臨済宗の各派には伽藍法と印証系、つまり、寺院の継承と印可証明による法の継承があったが、どちらかといえば、寺院の継承が大事であったという。寺派（継承すること）を中心とする臨済宗の教団体質がそれであった。

臨済宗が、中世以来の各本山に分れなければならなかったのは、大勢の人が住職になるためには嗣法の系統は諦めなければならず、誰でも有する伽藍法に依らなければならなかったからである。そうすれば、大部分の僧侶は、幕府から公認された住職となることができることから、便宜上、表向きは伽藍法で、裏では印可証明の系統を打ち立てたわけである。これが印証系である。

と玉村氏は述べられている。ここで伽藍法と印証系の関係を考えてみることになる。

現今、臨済宗十五派の主要な本山寺院の多くは皇室と権力を持つ武家衆を背景としているもので、例えば「南禅寺座位之事、可為天下第一五山之上之状如件」とあるように、常に寺格が上下関係を問題にしたのである。地位的、身分的な事柄に関心を寄せると、次に注目するのは「その本山の住職如何」ということになる。臨済宗の中に〈十方住持制〉と〈林下〉(4)との問題が生まれて来たのも自然の道行きであったともいえる。つまり一般的に、臨済宗・臨済宗寺院では外護者の強力な支援によって建立された寺院に関わる寺派と、自由な活動によって多くの寺院を確立していった寺派の二つの流れを見ることができるのである。従って、信仰組織体としての教団論的な視点からいえば、臨済宗という教団呼称は、寺派を核とした信仰集団の総合体であると見ることができよう。

次に念佛信仰を宗旨とする諸教団について考えてみたい。

念佛信仰の諸教団

念佛信仰は日本人の精神的土壌の中で、長い間培われてきた実践的な宗教行動であり、鎌倉時代を出発点として浄土宗をはじめとする念佛諸宗派を生み出すことになる。その最初の信仰集団は、永久五（一一一七）年、聖応大師良忍（一〇七二〜一一三二）によって開かれた融通念佛宗である。法然上人の一宗開示の半世紀前のことである。しかし、念佛信仰者の集団——つまり、教団的な視座から見ると、臨済宗の教団化過程とは大きく違っている。あるいは極めて対照的表情を見せているといってよい。

そもそも法然上人の信仰については、『沙石集』第六に、

建永（一二〇六〜七）ノ年。法然房ト云上人アリキ。マヂカク京中ヲスミカニシテ。念佛宗ヲ立テ専修念佛ト號シテ。タダアミダ佛トバカリ申ベキ也。ソレナラヌコト顯密ノツトメハセリト云イダシテ。不可思議ノ愚癡

無智ノ尼入道ニヨロコバレテ。コノ事ノタダ繁昌ニ世ニハンジョウシテツヨクヲコリツツ

と述べられているように、学問的にして修行的、出世間的な南都北嶺の佛教信仰を捨てた、「愚癡無智ノ尼入道ニヨロコバレ」る一文不知の人々の信仰ともいわれる十三世紀の佛教事情が見えてくる。念佛信仰という新しい庶民信仰の幕開けであった。そしてそれは平安の都、京都を中心にして展開されたのである。

ところで念佛信仰は、『宗教年鑑』によれば浄土宗、浄土真宗二派を含めて二十三の宗派が数えられる。しかし、念佛信仰は一般に〈ご門徒〉に限らず、百万遍念佛の信仰行事として全国各地で行われている。そして念佛講、また、不幸があった家での通夜の折の〈お念佛〉と、念佛への愛着が日本人の心の奥深くに浸透しているのである。例えば、東北南部の海岸線の集村は曹洞宗寺院が圧倒的に多い地域であるが、念佛講＝観音講の集まりが月一回の割合で行われるところもあって、〈ナムアミダーブツ〉と唱えるだけでなく、〈南無観世音菩薩〉への称名信仰も盛んである。おそらく、南無阿弥陀佛の六字名号に親しむ信仰人口は、日本佛教各宗の中でもっとも多いといってもよいであろう。

さて、念佛信仰を趣意とする浄土系を教団的な見地から眺めると、先に見た臨済宗系の諸宗派と同じように、法然上人滅後まもなく多くの分立現象が始まった。それは十数派に及ぶ分派活動となって現れている。(5) しかもそうした動きは法然上人の直弟子時代に派生したものである。浄土宗の宗派展開の中で特徴的な点が二つある。一つは念佛自体に関する解釈意見の相違による分派形成であり、二つ目は教団的な視点でいうと、その帰依者が平安貴族であり、また鎌倉武士であって、時代の新旧階層が入り混じっていることである。法然上人に帰依した九条兼実と、

熱心な念佛者熊谷直実に代表されているのが象徴的である。

現実的には法然上人の信仰者は容易に分立し、また旧佛教からの批判と弾圧を受けるという状況の中にあって平安朝以来の公家、あるいは新しい勢力の武家の帰依を受けたのが念佛信仰の姿であった。こうした一般的な傾向の中に在って、法然上人の立宗開示の精神はどのようなものであったか。

例えば、

宗ノナヲタツルコトハ、天台・法相等ノ諸宗、ミナ師資相承ニヨル、シカルニ浄土宗ニ師資相承血脈次第アリ、イハク菩提流支三蔵・恵寵法師・道場法師・曇鸞法師（四七六〜五四二）・法上法師・道綽禅師（五六二〜六四五）・善導禅師（六一一〜六八一）・懐感禅師・少康法師等ナリ、菩提流支ヨリ法上ニイタルマデハ、道綽ノ安楽集ニイタセリ、自他宗ノ人師スデニ浄土一宗トナツケタリ、浄土ノ祖師マタ次第ニ相乗セリ、コレニヨリテイマ相伝シテ浄土宗トナツクルモノナリ

（源空講説『浄土三部経』、菊池勇次郎『源空とその門下』六〇〜六一頁より）

とあるように、ここでは南都北嶺の平安佛教側からの激しい攻撃に対する一つの返答として、浄土宗は単に新しいものではなく、師資相承に即した権威ある宗であることを強調している。師資相承――一人の人格から一人の人格へと、その信仰を授け受け継いでいくことは、浄土宗にとっても重要なことであった。しかし、禅系統の宗派で尊重するそれとは意味合いがかなり違っているといってよい。すなわち、浄土宗にいう《師資相承血脈次第》は「道

綽ノ安楽集ニイタセリ」という文言に明らかなように、一般的には浄土五祖あるいは浄土七祖といわれる祖師を念佛信仰の本源として尊崇しているのである。一方に、

たとひ法然聖人にすかされまひらせて、念佛して地獄におちたりとも、さらに後悔すべからずさふらう。

と示された親鸞聖人にとっては、それは信仰の歴史的な重みを確認しようとするものではなかった。ただひたすらに「よきひとのおほせをかふりて信ずるほかに別の子細」なきものであったと示され、さらに聖人は「親鸞は弟子一人も持たずさふらう」（歎異抄　第六条）という徹底した思いを披瀝されている。法然上人も一宗開示の当初は師資相承を否定する立場にあったが、前述のように、師と弟子のことを主張することになったのである。

ところが、親鸞聖人は法然上人を絶対の師と仰ぎながらも、その信心を明日に伝えるという伝道への道を自ら閉ざしたかのように「弟子一人も持た」ないとした。教団的な視角が入ることのない思想信仰が厳しく求められたのである。しかし、親鸞聖人の信仰はその思いとは裏腹に、聖人を慕う弟子達によって、展望が開かれて行ったのである。このあたりの事情については次のように述べている。(6)

オホヨソ佛法ノナラヒ、聖道モ浄土モ各々相承ヲツクリ、他派モミナ血脈ヲツタフ、コレニヨリ選択集ノナカハ□□ラ、コノ義ヲ判セラレタリ、カノ文ニイハク、問テイハク、聖道家ノ諸宗各々師資相承アリ、シカルニイマイフトコロノ浄土宗ニ相承血脈ノ譜アリヤ、コタエテイハク、聖道家ノコトク、浄土宗ニマタアリトイヘ

リ、ナカンツクニ当流ノ一義ニオヒテハ、知識ニアヒテ佛法ヲキキ、一念ノ信心ヲオコストキ、往生スナハチサダマルトナラフ

明らかに、師資相承の信仰は佛教信仰の根底をなすものであって、教団的な視点から論ずるにしても、宗派の如何を問わず変わることはない。つまり、師資相承の道は、まさしく『傳光録』の一文に示されているように[7]、歴史に生きる釈迦牟尼佛陀の光明に照らされる中に在って、久遠実成の如来の大悲力をいただいて自らの道を見出すことにあるといえる。もちろん、各宗各派によってそれぞれの信心のいただき方は異なる。しかし、佛教信仰の核心は、人格から人格へと伝えられ、受け容れられて行くことにある。師資相承の信仰とはそういうことである。この信仰事情は鎌倉新佛教の一つである日蓮系諸宗派についても同様である[8]。

さて、曹洞宗は如何ということになるが、鎌倉新佛教の中で師資相承の信仰をもっとも重要視してきたのが曹洞宗であった。本書で後に取り上げる重要な課題の一つであるので、ここでは触れないこととする。ただここで考えてみたいことは、日本佛教の歴史は、それぞれの信仰傾向を表現するに門風、宗風、門徒、門派、門流、宗旨、宗団、教団等々と使われているが、そのコトバの持つ意味内容がはっきりしない点にある。個人的な信仰表現と集団的な信仰事情を反省していきたい。本書を取り扱うに当っての最初の留意点である。

註

（1）　五山十刹諸山の制（寺名・開祖・寺院開創時・開基・備考の順）

1　建仁寺　明庵栄西（一一四一～一二〇二）建仁二（一二〇二）年　源頼家　塔頭六四院
2　東福寺　円爾弁円（一二〇二～八〇）嘉禎二（一二三六）年　関白九条道家　京都五山第一
3　建長寺　蘭渓道隆（一二一三～七八）建長五（一二五三）年　北条時頼　塔頭四九院　五山第一
4　円覚寺　無学祖元（一二二六～八六）弘安六（一二八三）年　北条時宗
5　南禅寺　無関普門（一二一二～九一）正応四（一二九一）年　亀山天皇　三世規庵祖円　第一位
6　大徳寺　宗峰妙超（一二八二～一三三七）正和四（一三一五）年　赤松則村　花園・後醍醐天皇の保護
7　国泰寺　慈雲妙意（一二七四～一三四五）嘉暦三（一三二八）年　後醍醐天皇　歴代足利氏の保護
8　妙心寺　関山慧玄（一二七七～一三六〇）延元二（一三三八）年　花園上皇
9　永源寺　寂室元光（一二九〇～一三六七）康安元（一三六一）年　佐々木氏頼
10　向嶽寺　抜隊得将（一三二七～八七）天授六（一三八〇）年　武田信成　一派独立
11　佛通寺　愚中周及（一三二三～一四〇二）応永四（一三九七）年　小早川春平

（2）十方住持制とは禅宗寺院で住職を選ぶに法系や門派に関係なく、勝れた人材を自由に招聘するという住持職の選定方法である。南禅寺三世規庵祖円（一二六一～一三一三）が初めて定めたものである。規庵祖円は来朝した無学祖元（一二二六～八六）（建長寺五世）であり、後に北条時宗の帰依を受けて円覚寺開山となる。

（3）（　）内数字は平成十三年版『宗教年鑑』による寺院数。

（4）臨済宗の多くの本山寺院は鎌倉時代の支配層の帰依と援護によって発展した。それとは対照的にそうした背景を持たない妙心寺派、建長寺派あるいは曹洞宗も林下といわれる信仰組織であった。為政者の外護による制約はなく、自由な布教活動を展開することができたのが林下ということであった。臨済宗妙心寺派の寺院数は三四〇〇ケ寺と臨済各派の中で最も多く、次いで多いのが建長寺四〇六ケ寺となっている。数字的に見るかぎりでは支配層の外護がなかっただけに、逆に自由な布教活動ができたのであろうか。

（5）法然上人の念佛信仰は、建暦二（一二一二）年、上人滅後一六六年を経て、静見上人によって書き残された『法水流記』によってその初期の信仰伝承の系譜を知ることができる。

多 念 義（隆寛一一四八〜一二二七）

鎮 西 義（聖光上人一一六二〜一二三八）

関東三流＝

名越流（尊観一二三九〜一三一六）

藤田流（性心？一二八八〜？）

白旗流（良暁一二四三〜一三三〇）

京都三流＝

小幡流（慈心?〜一二九七）

三条流（道光一二四三〜一三三一）

一条流（礼阿?〜一二九七）

一 念 義（幸西一一六三〜一二四七）

大谷門徒（親鸞聖人一一七三〜一二六二）

嵯峨門徒（道観一一九五〜一二六四）

西 山 義（証空上人一一七一〜一二四七）

西 谷 義（浄音上人一二〇二〜七一）

深 草 流（立信一二一三〜八四）

東 山 流（観鏡）

柴野門徒（信空・明然一二三一〜一三一六）

九品寺義（長西一一八四～一二六一）

（『法然教団系譜選』野村恒道・福田行慈　編　二〇〇四年　青史出版株式会社）

（6）渋谷晃「佛光寺の教化活動について――『還相廻向聞書』を中心にして」

（7）『傳光録』（第十九祖鳩摩羅多章）

（8）日蓮宗においては、禅宗教団のそれとは異なって多岐にわたる面がある。師資の関係は最初に指導を受けた人、あるいは最初に訪れて入門した寺院の系列にあるといわれる面がある。しかし、僧名においてはすべて〈日号〉を名乗ることによって、日蓮上人の信心を受けているということになる。

二、一佛両祖ということ

従来、日本佛教は十三宗五十四派、あるいは五十六派ともいわれ、多くの宗派に分立してきた。鎌倉新佛教に限っても念佛系宗団は浄土宗・浄土真宗・時宗の三宗、禅系統に属する集団には臨済宗と曹洞宗の二宗、そして日蓮宗と大きく六宗を数える。さらに細別すると、浄土宗は二宗三派、浄土真宗が本願寺派・大谷派の二派を含めた十派、臨済宗は妙心寺派に代表される十五派と二教団、そして日蓮宗は日蓮宗、日蓮正宗、顕本法華宗等多くの宗派に分かれている。こうした状況の中で、もっとも多くの寺院数を数える曹洞宗は、一分派の存在もなく七百年余の歴史に歩みを進めてきた。

もちろん、曹洞宗の長い時間的経過の流れには、南北朝時代以降に引き起こされた永平寺と総持寺の争いが宿命的ともいえるほど激しく続いてきた。しかし、両者は一度として分離することはなかったのである。これは日本佛教の歴史にとって一つの稀有な歴史的な事象であったともいえる。これは隠れもない歴史的事実であり、〈一宗両大本山〉、〈一佛両祖〉というのが現実である。言葉をくだいていうと、同じ集団に二人のトップ・リーダーがいるということであり、山に譬えれば、一つの頂上ではなく、一つの稜線に二つの頂きがあるということになる。つまり曹洞宗にとって、その二つの頂上とは法統と寺統を意味しているのである。これには曹洞宗だけでなく、日本佛教各宗派が固執してきた寺格の問題が大きく絡まっていた。ここでその問題のありかを探ってみよう。

一般的にいって、鎌倉新佛教の各宗派の発生・形成・展開という時間的経過と空間的広がりを念頭において考えるとき、その原点は開祖あるいは宗祖と仰がれている祖師がどのような思想信仰を奥底に据えて、どのように身体的、言語的に表現なされたか、ということに宗派発生の泉があった。次いでその思想信仰がある人々にどのように受けとめられたか、すなわち、帰趣する信仰あるいは宗旨をめぐる集団形成の段階に入る。しかし、やがてその信仰集団は祖師の信仰を深めながら、他の人たちにも良き知らせとして伝えるようになり、信仰集団が展開しはじめる。信仰集団の原初的な伝道形態であるといえよう。そこで教団としての曹洞宗の原初形態を考えてみる。

『正法眼蔵辨道話』に、道元禅師が示されている。

シカアレドモコノクニ、坐禅辨道ニオキテ、イマダソノ宗旨ツタハレス……ソレ佛法を国中ニ弘通スルコト、王勅ヲマツヘシトイヘトモ、フタタヒ霊山ノ遺屬ヲオモヘハ、……ソノ化ヲシクサカヒ、イツレノトコロカ佛国土ニアラザサラン、コノユヱニ佛祖ノ道ヲ流通セン、カナラスシモトコロヲエラヒ縁ヲマツヘキニアラス、タタケフヲハシメトオモハンヤ、シカアレハスナハチコレヲアツメテ、佛法ヲネカハン哲匠、アハセテ道ヲト

フラヒ雲遊萍寄セン、参学ノ真流ニノコス、トキニ
寛喜辛卯中秋日　入宋傳法沙門道元記

中国から帰国された道元禅師が初めて認められたのは『普勧坐禅儀』一巻であるが、〈普勧〉という二文字に込められた禅師の日本佛教への想いには、今なお新たなものに触れる感がある。安貞元（一二二七）年のことである。そして五年目の寛喜三（一二三一）年の秋、『正法眼蔵辨道話』の全編に道元禅師の信心のすべてが示されたのである。ときに三十一歳の道元禅師であった。しかし、そこには一宗を開示しようとする意思は微塵もない。もっとも「坐禅辨道ニオキテ、イマダソノ宗旨ツタハレス」（1）という垂語に「宗旨」とあるが、いわゆる一宗派的の宗旨ではない。「ソノ化ヲシクサカイ」という化は「イツレノトコロカ佛国土ナラン」であって、佛国土でない場所はどこにもなく、そのすべてが「佛祖ノ道」を伝える場であるという確信にあった。後に教団としての曹洞宗を形成して行く原点が明確に示されている。と同時に曹洞宗における伝道の理想を指摘されているのである。

さて、道元禅師は嘉禎二（一二三六）年に至って宇治の興聖寺を開くことになるが、その前、『正法眼蔵辨道話』を垂示されたのは山城の深草安養院であった。

中比建仁寺ノ本願、入唐シテ、禅門・戒律ノ儀伝ラレシモ、只校床ニテ事事シキ坐禅ノ儀無リケリ……時至テ佛法房ノ上人、深草ニテ如大唐、広牀ノ坐禅始テ行ズ。其ノ時ハ坐禅メズラシキ事ニテ、有信俗等拝シ貴ガリケリ。ソノ時ノ僧ノカタリ侍シ

右のように無住一円（一二二六～一三一二）はその著『雑談集』（巻第八）の中で栄西禅師が開かれた建仁寺の模様、そして道元禅師が閑居された深草について触れている。また「律僧・禅僧ノ世間ニ多クナリ侍ル事、ワヅカニ五十餘年也」[2]と述べている同書巻第七の末尾に、「嘉元二年十一月十日於勢妙蓮花寺草庵七十九歳」とある。そして同書巻第十には「于時嘉元三年乙巳七月十八日於尾州山田郡長母寺西庵金剛幢院草畢」と記されている点から見ると、巻第八は嘉元三年、無住八十歳（一三〇四年）の年に書かれたと思われる。この時もなお立宗開示の気配はまったくみられない。一佛両祖への尊崇を掲げる教団としての曹洞宗は、なお時の経過が必要であった。能登に総持寺を開かれた瑩山禅師の出現を待たなければならなかったのである。

さて、教団としての曹洞宗は法統・寺統という二つの柱を骨格として形成されているという見方が一般的である。確かに、組織教団という現象的な姿は、法統・寺統の両面から考察することによってその全体像をほぼ捉えることができる。しかし、瑩山禅師が道元禅師の信行をどのように継承し、そしてその信行をどのように伝道されたか、信仰における継承と伝道の世界を参究する必要がある。他宗派には見られない一佛両祖・一宗二大本山という教団形態が歴史的事実である点からも改めて考えてみることになる。曹洞宗にとって両祖と仰ぐ道元禅師と瑩山禅師は、共に観音信仰の厚い祖師さまでもあった。日本人の信仰心を大きく惹きつけている信仰が地蔵・観音の両菩薩という点を考えてみると、この二つの信仰事情に理解を深めることによって、日本的な信仰とは何かということをも考える必要があろう。

註

（1）宗旨あるいは宗門という表現は、ある一つの宗団を表わすと思われるのが普通であるが、道元禅師は「即心即佛・何宗旨。欲制児啼打一拳」（永平広録巻第五注解一九六）「若留一言半句佛祖言辞・宗門公案者、即悪毒也」（『永平広録』巻第八　注解一一二）ということからも一宗旨・一宗門に限った表現ではない。すなわち、一部門・一局面に限っての謂いではない。

（2）『雑談集』巻第八に「律僧・禅僧ノ世間ニ多クナリ侍ル事、ワヅカニ五十余年也。幼少ノ時ハ齋ノ僧ト云事不知侍シ。鎌倉ニ戒堂ト名テ、壽福寺ニ、ウス墨染ノ唐衣ノ僧見ヘ侍シテ、小童部ニテ侍シ時、見侍シカドモ、イカナル僧トモ不知侍シ。律僧モ近比ヨリ盛也。僧ノ次第ニ多クナルママニ、如法ナルハスクナク、不調ノ者ノ多ク聞ヘ侍リ」とある。

三、観音・地蔵の両尊信仰

『雑談集』（巻之第六　地蔵事）に日本人のごく一般的な信仰風情が伝えられている。紹介してみたい。

故建仁寺ノ本願ノ口決ニ、地不決ト云書有之。地蔵ト不動トノ方便ハナレテ、不可出離。地蔵ハ大日ノ柔軟ノ慈悲ノ至極如母。不動ハ大日ノ智恵降伏ノ至極如父。……観音ノ来迎ノ如キモ、地蔵・不動、方便ニ人身ヲ得、佛法ニアヒ、念佛修スル人ヲ迎給フベシ。地蔵ヨリ直ニ来迎カタカルベシとあるように、地蔵菩薩、不動明王、大日如来、観音菩薩等々は十三、四世紀の人々に親しまれていた。それは今も変わることのない信仰風景である。お地蔵さん、お不動さん、観音様、大日如来さん等と多くの〈ほとけさま〉が語られ、〈柔軟な慈悲の母、智恵降伏の父〉というように、女性的、男性的な特徴によって物事を説明しようとする日本人的な世界観が表現されている。(1) また、説話文学の代表的作品でもある『今昔物語』には、その巻第十七に観音菩薩の信仰、巻第十八では地蔵尊のご利益信仰に関する説話が多く語られている。

ところが、法然・親鸞の両上人、それに日蓮上人の思想は末法相応の選択の信仰に立っているもので、他の佛・菩薩を深く尊崇するということはなかったといってよい。ただ、親鸞聖人の『和讃』には、

観音・勢至もろともに
慈光世界を照曜し
有縁を度してしばらくも
休息あることなかりけり

と、観音さまを詠讃している。もっとも、観音、勢至の両菩薩は阿弥陀如来の脇侍として同伴していることになっているが、それは日本人の信仰の一端を表現しているのであって、寺院境内には必ずといってよい程に地蔵堂がある。また観音堂やその他小さな堂も見られる。そして路傍の石の地蔵さんは、至るところでやさしい微笑みを見せて立っている。これが日本人の信仰景観であろう。殊に曹洞宗寺院にとっては観音・地蔵の両尊は親しみの深いホ

トケさんである。それは教えの上でも、また信仰の面でも密接な関係があることが知られる。

周知のように、道元禅師は『正法眼蔵』九十五巻の中に「観音」の巻を垂示されている。(2) また、『永平広録』の中に観音菩薩を深く尊崇している偈頌がある。(3) 道元禅師が入宋中に観音さまの霊地で知られる補陀落山を訪ねた折の偈頌がそれである。「昌国県補陀洛迦山に詣でた因みに題して」として、

聞・思・修より三摩地に入る、自己端厳にして聖顔を現ず。
為に來人に告げて此の意を明しむ、観音は宝陀山に在せず。

とある。千手観世音菩薩を詠じた偈頌であろうか。全身心を投げ入れてお参りする多くの人々の願いを聞くためにいつも多忙を極め、補陀山には観音さまが居られることがない、というところであろうか。後に触れることになるが、この観音信仰は瑩山禅師にとっても大きな意味を持っている。確かに、曹洞宗には地蔵・観音の両尊への親しみが見られる。

ごく日常的なことで説明することもないが、曹洞宗寺院のすべてといってよいほど、寺院境内には地蔵堂・観音堂が見られる。そして山内には観音さま、地蔵さんのどちらかが安置されている。こうした曹洞宗の日常性を裏付けるかのように、地蔵・観音の両尊についての香語が、多くの祖師方によって伝えられている。

地蔵点眼。咄咄。(拋筆指地蔵曰)。慈眼視衆生。福聚海無量。咄咄咄。是故応頂南無地蔵南無地蔵。雖然如是。

今日地蔵本願如何呈示諸人去。

一夜落花雨。満域流水香。[4]

観音大士開光

師擧笔云。広大悲願力。歴劫曾難改。聞聲忘所入。見色絶対待。刹刹浄円通。塵塵観自在。点眼云。

慈眼視衆生。無量福寿海。[5]

このように、教団――未だこの時代には教団というには相応しくないのであるが――として曹洞宗では、地蔵さんと観音さまが信仰する〈ほとけさま〉として尊崇されていたのである。いうまでもなく、曹洞宗は釈迦牟尼佛を本尊として今日に至っている。しかし、教団としての曹洞宗を構成している寺院の存在に視点を当てると、それぞれの寺院は経典に現れている多くの〈佛さま〉を本尊に迎えている。[6] もちろん、その是非を論ずるのではなく、多くの寺院の須弥壇に座していられる現実を無視することができないということである。教団としての曹洞宗の組織形態の基本を理解する必要がここにあるからである。

註

（1）『古事記』や『日本書紀』の生成神話に見られる世界観は日本人の物事の形成を考える上に大きな影響を与えている。

（2）『正法眼蔵　観音』の巻「イマ佛法西来ヨリコノカタ、佛祖オホク観音ヲ道取ストイヘトモ……」と述べて、中国の祖師方の観音信仰に触れている。

(3) (イ) 観音菩薩出頭来、
大地山河不死灰。
常念須知三月裡
鸕鴣啼処是花開
(広録　第一)

(ロ) 聞思修入三摩地、
自己端厳現聖顔。
為告来人明此意、
観音不在宝陀山
(広録　第十)

(4) 通幻寂霊(一三二二〜一三九一) 曹洞宗全書　語録　一

(5) 実峯良秀(?〜一四〇五) 曹洞宗全書　語録　一

(6) 松山善昭「近世東北における新佛教の伝播と教団形成」(『日本佛教史研究　1』宗教史研究会編　法蔵館)昭和四十二年

本書には東北地方――宮城・山形両県の曹洞宗寺院の本尊についての調査報告が表示されている。宮城県の曹洞宗寺院三二〇ヶ寺の中、釈迦牟尼佛を本尊としている寺院は二六%、山形県七三九ヶ寺の中、本尊釈迦牟尼佛は六〇%となっている。また、寺院境内に建立されている堂社名は五〇ほどある。その中でもっとも多いのは観音堂で、次いで地蔵堂、薬師堂となっているが、それら堂社名の三〇%が観音堂であり、地蔵堂は二五%で薬師堂はそれほど多くない。観音堂が圧倒的に多いのは各地にある三十三観音霊場巡りが盛んなことから容易に推測できることである。

四、曹洞宗寺院の形成

宗教法人を形成する諸要素は別として、各宗派の寺院を成り立たせている基本的な要素は、

1、信仰礼拝としての本尊
2、本尊を安置する霊拝場としての本堂あるいは佛殿
3、寺院の開創者・開基者・霊牌を祭祀している開山堂あるいは位牌堂
4、寺院に先祖・近親者の霊への供養・儀礼を委託している檀信徒
5、寺院全体の主管者であると同時にその宗旨の伝道者としての住職

等である。

いま、現実の寺院状況を念頭においていえば、礼拝の対象としての佛、礼拝・儀礼の場としての本堂、祖先・故人を尊崇する祭祀場、崇敬の念を捧げる檀信徒、そして住職・僧侶である。こうした五つの基本要素を土台にして日本の各佛教宗派が歴史に展開してきたのである。そこで教団として展開してきた曹洞宗の形成過程を大まかに捉えてみよう。

しかし、その前に留意する点がある。鎌倉新佛教各宗が日本の佛教史上で新たな展開を演じ、それぞれの宗派的な特徴を持っていることである。つまり、一方には、新しさが目に付くものがあるとはいえ、意外にも日本的な伝統性が入り混じっている面が濃い宗派がある。また他方には、習慣的にして伝統的なものに煩わされない、まったく純粋に信仰の道を確立しようとした宗旨もある。前者は法然上人、栄西禅師、日蓮上人であり、後者は親鸞聖

人、道元禅師に代表される。

思うに、教団としての曹洞宗の八百年に近い展開史は五段階に分けることができよう。(1) 第一段階は叢林（求道）集団であり、次いで門派（法類）集団が生まれて来る。第三段階に至って寺院（制度化）宗団として組織づけられたのである。(2) その後、明治政府確立の時代になり、日本佛教の宗派集団は国家的な規制を基本とした宗教活動へと進むことになる。各宗派の教団化である。(3) しかし、この時代はわずかに七十八年という短い期間であった。第二次世界大戦が終結した昭和二十年八月十五日を転機にして、各宗派の寺院は長い間とどまって来た不在地主の立場を喪失し、その経済基盤をも失う結果となったのである。それは教団以前の問題として、各寺院がいかに再建することができるか、という問題であった。国家的規制を離れ、独自の伝道活動の時代に入ったのである。日本の近代化の音頭をとった明治政府は、佛教各宗派の小集団的な在り方から、組織化した教団体制確立へと方向を目指すことになる。曹洞宗の第四段階である。そして昭和二十年以降の民主主義国家の出発は、政教分離と信教の自由という二つの眼目を骨子として伝道教団を目指した第五の段階へと進展して行く。

教団としての曹洞宗に関する研究書は意外に少ない。大本山永平寺と大本山総持寺については若干の出版が見られるが、そのほとんどが関係者によって著されたものである。(4) そうした状況のなかで『曹洞宗教団史』は価値のある研究書であるといってよい。(5) また、曹洞宗以外の各宗の教団史の研究書もその数が少ない。しかも、〈教団〉という意味合いがはっきりしない点がある。その点で『曹洞宗教団史』の著者は曹洞宗の特性に留意している。すなわち、宗教史に現われてくる現象は、個人の偉大な宗教思想と行実、その偉大な宗教的人格に信従する一群の人々、そして共に宗教的生活を実践する集団が生まれるとした上で、佛教の信者集団の原点である僧伽（samgha)、つまり、それが僧団といわれるものであり、佛教発展の出発点であるとしている。そうした観点から、曹洞宗教団はその当初は興聖寺僧団、永平寺僧団、あるいは大乗寺僧団、大慈寺僧団などとして捉えられているが、総持寺の開創をして総持寺教団の成立とし、それがまた曹洞宗教団の出発をも意味するとする。その基本的な理由として総持寺五院の確立とそれに伴う輪住制度の成立、そして瑩山・峨山両禅師の直嗣者によって開創された寺院を総持寺の直末寺院として、その組織に組み入れられたと指摘している。しかし、教団としての曹洞宗を考えるとき、前述のように二つの本山寺院を並存している宗派宗団であるという現実を直視することになる。永平寺と総持寺、周知のように、この二つの本山は曹洞宗史の上では常に相対立し、葛藤を繰り返して来た。おそらく、両本山が一宗の中で並存の意義を自覚しはじめたのは、明治政府の介入によって調整されたこと、そして〈扶宗会〉の設立によって時代適応への道を探ったことという二つの要因があったであろう。こうした状況の中で両本山の位置が定まり、曹洞宗全体の教団的構造が形成されはじめたのである。(6) 前述のように、教団としての曹洞宗の展開は大きく五段階に分けることができるが、その原初形態である叢林集団と形成期の門派集団の二段階は、瑩山禅師の思想信仰における伝承と継承が密接に関わっている歴史的事実である。この点に留意する必要がある。

十三世紀後半から十四世紀前半にかけての禅信仰の状況は、ある一人の師匠について信仰を深めて行くという固定した師資関係の上に成立するのではなく、道元禅師が比叡山→園城寺→建仁寺→入宋と、さらによき師との出会いを求めて行かれたように、瑩山禅師が法を求められた時代状況もほとんど変わっていない。むしろ、同時代的な同一性の信仰世界にあった。つまり、瑩山禅師が佛法を求めて歩んだ過程も多くのよき師に出会うためのものであった。瑩山禅師の史伝の一つによると、越前に生を受けた禅師は十三歳の時、永平寺二世弧雲懐弉（一一九八〜一二八〇）について剃髪し、秋八月、師匠の入滅によって、後の永平寺三世徹通義介（一二一九〜一三〇九）の指導を受けることになった。禅師十八歳の時諸方遊行を志し、越前宝慶寺に寂圓（一二〇七〜九七）を訪ねた。さらに足を南に伸ばし、臨済宗東福寺二世東山湛照（一二三一〜九一）そして後に東福寺四世となった白雲慧暁（一二二三〜九七）に教えを乞い、加えて臨済宗法燈派の本拠である南紀の由良興国寺に法灯派の祖、無本覺心（一二〇七〜九八）を訪ねている。こうした遊行の旅の後、最初に縁をいただいた寂圓を再び訪れることになった。時に二十二歳であった。

すでに明らかなように、瑩山禅師の信仰を求める過程は道元禅師と変わらない道筋であった。従って、この時代、すなわち、十三世紀後半から十四世紀前半にかけた百年の曹洞宗の歴史は、いわゆる寺院形成の時代に入ってはいない。佛法を求める者が自らの道を探し出す求道の姿が浮き彫りになってくる。教団としての曹洞宗を論ずるには時期未だしの感がある。それが瑩山禅師によって総持寺が開創され、続いて永光寺が開かれると、その様子が一変することになる。

道元禅師が垂示された『正法眼藏』九十五巻の中で〈洗面〉、〈洗浄〉の巻と『典座教訓』は人間生活の営みの基本に関わるものであろう。そして『重雲堂式』は単に僧堂の規律に拘泥する狭い世界の決め事ではなく、「佛祖ノ家常ハ、喫茶喫飯ノミナリ」といわれる日常底に出発するものであった。すなわち、人が人と共に生きて行く人間社会にとっての貴重な指針であり、時代を超えて光を放ち、人間存在のための永遠の〈あるべきよう〉を示されたものである。いうまでもなく、それは信仰共同社会の確立を希求した道元禅師の信仰理念であった。つまり、日本における叢林集団〈清規〉の出発であったといえよう。

さて、瑩山禅師は『傳光録』第三十三章洞山良介の章で、

飢え来れば喫飯し、困じ来れば打眠す、皆な悉く説なり

と示され、また『瑩山和尚清規』巻下の「四月十八日　首座行礼・同牓」には、

芙蓉置通衆随意喫茶。永平依此儀、把針処寮主毎日煎湯、通衆随意喫湯。当山亦随此式

と垂示されている。まさしく、瑩山禅師のこの垂語は道元禅師の思想信仰を忠実に継承するという意志的表現であり、「遇茶喫茶、遇飯喫飯」する日常の中に佛法信仰の真髄を見ようとすることにあった。いうまでもなく、一つの文化は継承され、そして伝承されていくものであろう。そして信仰もまた昨日から今日へと継承され、今日から明日へと伝承されていくものであろう。瑩山禅師が道元禅師を「此門下の初祖」として尊信すると同時に、瑩山禅師は今日から明日へと伝承しようとする実践的理念を、

永平この儀によって……当山もまたこの式に随う。

と、率直に清規に示されている。継承から伝承への信仰世界である。永平寺↓総持寺への継承から、やがて総持寺

から瑩山禅師の門下による開創寺院へとその輪が広がって行く。末広がりの扇にも似た形で、道元禅師→瑩山禅師の佛法が伝承されて行くことになる。つまり信仰伝播の場としての寺院が急速に開かれていく時期を迎えるのである。まさに曹洞宗教団には佛法〈信心〉の継承と伝承が師資相承という人格的関係と、信仰の場としての寺院を伝承して行くに相応しい門派が形成されたのである。つまり、曹洞宗教団は第一段階の叢林集団（道元禅師の許に在ってその信心に随順し、共に信仰生活を送る求道者の集まり）の時代を基盤にして、第二段階の寺院集団へと移行していくことになる。

従来、第一段階から第二段階にかけての曹洞宗教団を理解する上で法統と寺統の関係を主題にしてのみ考える傾向があったことは否めない。(7) しかも、この傾向には、まさに今日も永平寺系と総持寺系というような表現が通常化しているように、明らかに考えるべき課題がある。一佛両祖、一宗両大本山をして曹洞宗教団としての信仰の帰趣することを誇りにし、しかも公的社会にその信仰を発信している点から考えて、教団としての曹洞宗のアイデンティティー＝宗団的同一性をどこに見出そうとしているのか。曹洞宗には信仰と寺院＝人法（法統）と寺法（寺統）の問題があるといわれる所以である。さらにもう一つの課題がある。それは、「教団」ということである。

普通、教団というと一つの大きく纏まった信仰集団を指しているように思える。事実、第二次世界大戦後多くの信仰集団が生まれ、その中には信者何百万という信仰集団もあって、それらは教団という言葉に相応しい大教団となった。霊友会、妙智会、立正佼成会、あるいは創価学会等がそれである。これに対して、鎌倉新佛教といわれる各宗は長い時間的経過の中で多くの分派が生まれている。つまり現今の日本の宗教は、その成立過程、構造的性格あるいは伝道的方向について見ても、〈会〉association と〈派〉school、〈宗〉sect そして〈教団〉Church という呼称のいずれかに分類されるであろう。しかし、ここにいささか紛らわしい問題がある。[8]日本佛教の各宗派について語るときは「何々宗」という。また、研究論文や著書などでは何々教団、何々教団史という書き出しが一般化している。いったい、教団とは何か。

現今の宗教法人法の解説では「教派、宗派、教団、教会、修道会、司教区」の意義を説明している中で、

　宗派とは佛教の各宗各派をいい、教団とはキリスト教、佛教、神道、その他の包括宗教団体をいい……

としている。[9]そもそも、教団という呼称が公的に使用されたのは、昭和十四年十二月二十三日に施行令が出て、翌十五年四月に施行された宗教団体法からであろう。その第一条では宗教団体は神道教派、佛教宗派、基督教その他の宗教の教団、それに寺院と教会を加えて五種類としている。[10]もう少し詳しくいえば、いわゆる神社神道は国是として「宗教にあらず」ということで、[11]宗教団体法の上での教派は神道教派十三派を指したのである。[12]いずれにしても、これは教団という概念の難しさを示している。この点については次項で考察することにして、曹洞宗の寺院形成についての問題点に触れてみよう。

現今の曹洞宗寺院は他の宗派と比較して、寺院数において圧倒的な数字を示している。しかし、曹洞宗の初期段階である叢林集団時代を寺院形成の観点からみると、道元禅師の謦咳に接した直弟子と、せいぜいその弟子たちによって開かれた寺院群が対象となるのである。仮に天福元（一二三三）年、道元禅師が京都深草に開かれた宇治の興聖寺を曹洞宗寺院の出発点として、瑩山禅師が加賀の永光寺に入山された文保元（一三一七）年までの八十四年

間に開創された寺院は、越前の永平寺（一二四三年）をはじめとして、出羽の玉泉寺（一二五一年）、越前の宝鏡寺（一二六一年）、肥後の如来寺・極楽寺、越中新善光寺、肥後大慈寺、加賀大乗寺等十ケ寺を数えるに過ぎない。[13]と同時に、この寺院群は教団としての曹洞宗の視座の内に未だ入ってはいない。それには二つの理由がある。もっとも大きな理由であるが、まず道元禅師が正法眼蔵を初めとして常に垂示なされたように、禅宗という呼称を徹底して斥けられたことにある。第二の理由はそれぞれの寺院集団の間には未だ直接の信仰的な交流がなかったという点である。竹内道雄氏は「曹洞宗原始教団のメンバーはそれぞれ独自の僧団または教団を形成」したと述べ、興聖寺僧団、永平寺僧団、大乗寺僧団、それに永平寺僧団から独立した大慈寺の教団、そして永光寺教団と区分けしている。そして最後に、総持寺の開創によって日本曹洞宗教団が成立したという考えを明らかにしている。[14]

事実、教団としての曹洞宗は越前・能登・加賀・越中、そして肥後を舞台にした僧団（僧伽）によってその原初形態が形作られたのであるが、そこにはお互いの存在認識がなかったに違いない。現代的表現としての教団にはまだ遠いものがあった。瑩山禅師→峨山紹碩の直弟子による教団形成の場としての各寺院の継承、そしてその弟子たちが雲遊萍寄して道元禅師→瑩山禅師の思想信仰を全国津々浦々に伝承して行くことになる。すなわち、曹洞宗の宗風（門風、家風、道風、師道）を激揚する場としての寺院の形成という法灯＝寺灯が、まさに同時的に灯され始めたのである。五哲二十五哲の流れを汲む小集団が活動する時期を迎えたことになる。法類集団への発展であり、そのこと自体が教団としての曹洞宗の宗団論理を展開することになる。

一般に、集団はある共通の関心事に集って来た一つのグループについての謂いであるが、宗団は明白な信仰理想を求めながらも、その精神性において常に原初に帰ることを理想とし、その信仰（精神）を一人でも多くの同心の仲間を広げようとする集まりである。集団から宗団への転回となる。瑩山禅師の出現はまさしく曹洞宗をして求道集団（僧団）から法類宗団へと転回させる原動力であり、後に述べるように、これが日本佛教史に祖師佛教というべき歴史的一ページを飾ることになる。

日本佛教の各宗派とその信仰者は、それぞれの祖師の信心をいただきながら、祖師と共に在る信仰共同体〈寺院・門徒・檀徒・門派・宗派・宗団・教団〉に誇りを持ち、広く社会に伝えてきたのである。その中でも、曹洞宗は寺院の継承と伝承の場として、法統と寺統を信仰の二大柱として歴史に展開してきたのである。しかし、曹洞宗における法統・寺統の存在は常に争いの火種であったことも歴史の物語るところである。日本の近代化過程においてこの問題はどのように展開し、そしてその原因・理由は何を証言し始めたのであろうか。

註

（1）　拙論「曹洞宗伝道史の研究　十　教団としての展開」（『曹洞宗宗報』昭和五十年三月号）

（2）　寺院組織化教団――徳川幕府の政治統制とキリスタン対策の一貫として、元和元（一六一五）年の寺院法度、寛永九年（一六三二）年の幕府による寺院本末調査、寛永十二（一六三五）年寺社奉行の設置によって各宗寺院は幕府の統制下に組み入れられた。『延享度曹洞宗本末牒』は、その一一〇年後の延享二（一七四五）年に纏められ、寺院は宗派体制の中に組み込まれていった。

（3）　竹内道雄『曹洞宗教団史』に、「この年の九月十五日に厳修された総持寺開山瑩山紹瑾禅師の五百五十回大遠諱法会は、まさに近代曹洞宗教団の成立を飾るにふさわしい行持であった」とある（一五七～一六三頁）。つまり、この年、明治七（一八七四）年二月に、政府が従前禅宗という一宗呼称を臨済宗と曹洞宗とする別称を認可した。

竹内氏はこの時点を近代曹洞宗教団の出発としている。

（4） 参考文献

1 大橋俊雄『法然と浄土宗教団』

2 大橋俊雄『一遍と時宗教団』

3 笠原一男『中世における真宗教団の形成』

4 浅香年木『北陸真宗教団史論』

5 景山堯雄『日蓮教団史概説』

6 中島仁道『曹洞教団の形成とその発展』

7 赤松俊秀・笠原一男編『真宗史概説』

（5） 竹内道雄『曹洞宗教団史』一三頁

（6） 横関了胤編著『曹洞宗百年のあゆみ』二〇～二六四頁

〈曹洞宗略年表〉

イ 永平寺、総持寺親睦脩校の盟約を締結。明治五年三月二十八日

ロ 第一次末派大会議開設。明治八年十一月十五日～二十四日

ハ 曹洞教会を結成す。明治九年十月二十六日

ニ 初めて宗制を制定す。明治十八年五月二十八日

ホ 扶宗会設立さる。明治二十年四月

ヘ 洞上行持軌範を編纂す。明治二十一年十一月

ト 曹洞教会修証義編纂さる。明治二十二年

チ 宗門の教育制度確立す。明治二十三年七月三十日

（7）明治五年三月二十八日付けで永平寺・総持寺が締結した両山盟約における大蔵省演達に「越前国永平寺能登国総持寺諍論之儀ハ古来ヨリ両寺ノ悪弊ニシテ其派下ニ於テモ永平寺派ト称シ或ハ総持寺派ト唱ヘ互ニ層々ノ異見ヲ主張シ、争立ノ念慮又止ム時ナシ……」（前書　二〇頁）とある。また、昭和九年二月十日、新撰「曹洞宗重要法規」の改正時に臨んでその最初の曹洞宗宗憲の序文に、「本宗獨特佛祖直指單傳ノ宗体ハ専ラ法統寺統ノ相嗣相承ヲ完ウスルニ在リ而シテ　法統ノ相嗣ハ　源ヲ高祖太祖ニ發シ　寺統ノ相承ハ流ヲ両大本山ニ窮ム……両大本山ノ制タル初メ元和改元ノ法度條目ニ於テ両山制度ヲ確立シ爾来三百五十年ノ宗治を保全セリ云々」とある。この考え方が曹洞宗の歴史観であったのであろうか。

（8）日本の宗教事情はあまりにも多様な要素を持っている。井門富二夫はその著『世俗社会の宗教』でアメリカのプロテスタントを中心にして教団の性格をチャーチ、セクト、アソシエーションそれにデノミネーションと大別しているが、日本の諸宗教の教団的性格がどの程度説明が可能であろうか。現今『宗教法人法』第二条、二に規定されている「宗教団体」というのは、一、礼拝の施設を備える神社、寺院、教会、修道院その他これらに類する団体を包括する教派、教団、教会、修道会、司教区その他云々となっている。ところが、佛教各宗についての研究論文・研究書には、各宗派を問わず『〇〇教団の形成』あるいは『△△教団の発展』という題名がある。従って、教団とは何かという疑問が起きてくる。

（9）中根孝司『新宗教法人法――その背景と解説』二二〇頁

（10）宗教團体法〈昭和十四年十二月二十三日施行〉

第一条　本法ニ於テ宗教團体トハ神道教派、佛教宗派、及基督教其ノ他ノ宗教ノ教團（以下単ニ教派、宗派教團ト称ス）竝ニ寺院及教会ヲ謂フ

第二条　教派、宗派及教團竝ニ教会ハ之ヲ法人ト為スコトヲ得
寺院ハ之ヲ法人トス

(11) 中根孝司『新宗教法人法――その背景と解説』八二頁
(12) 教派神道について（『世界宗教大辞典』平凡社による）
イ　山陽。近畿の農村を中心に形成された黒住教、天理教、金光教。
ロ　江戸時代後期に生まれた富士信仰と木曾御嶽教の再編成による実行教、扶桑教、御嶽教。
ハ　明治初年に誕生した惟神の道を尊重する禊教、神理教、神習教、大成教、神道修成派、大社教、神道大教、神宮教。
(13)『曹洞宗全書』「史伝　上」日本洞上聯灯録　巻一、巻二参照。
(14)『曹洞宗教団史』六七～一一六頁

五、近代化教団への展開

歴史の時代区分の上から〈近代〉という表現は観念的にはよく理解されているように思える。しかし、開き直って〈近代〉とは……と自問してみても、本当のところ明快な答えは出てこない。常識的には明治元〈一八六三〉年が日本の近代化の出発と捉えられているが、そのとき、時代は日本の佛教をどのように動かし始めたのであろうか。日本人の精神史を刻んできた、神・佛・儒という三つの宗教性、すなわち、信仰の多元性を日常生活に取り込んでいるという現象が他の国に見られるであろうか。〈神さま〉はこの世に生の喜びの道を開き、〈佛さま〉はこの世に安心の道を説き、〈儒教〉はこの世に上下左右の秩序を示した。つまり、奈良時代以前は神さまが優位の時代であり、やがて奈良時代に入ると佛さまが優勢になった。降って、四世紀間にわたる平安の世は、佛さまと神さまが共存し、明らかに佛が優位に立ち、神が佛を護るという本地垂迹の時代に入った。鎌倉時代――武者《むさ》の世になると、佛教は新たな宗派誕生の風潮と同時に、武家衆がそれぞれの血筋を誇り、一族郎党の〈親方さま〉の権威を高めるために菩提寺を建立する傾向が生まれてくる。一々例を挙げるまでもなく、血縁的な象徴としての佛教寺院が続々と建立されてゆく。他方、武家衆は争いに勝ち抜くために戦いの神として八幡大菩薩への祈願が日常化する。神佛混合の強い信仰が形成されてゆくのである。

そして時代は南北朝時代に入り、長い戦国・戦乱の時代を通して神佛への祈願と慰霊供養が全国的な広がりとなって、日本の中世から近世、つまり、室町時代以降の流れとなった。さらに天文十八（一五四九）年、キリスト教が初めて日本に到来すると、当時の支配者が一時的にしろキリスト教の伝道を受け入れた。しかし、キリスト教受け入れの姿勢はわずか六十三年の短期間に過ぎなかった。慶長十七（一六一二）年以降はキリシタン禁圧と弾圧の政策に変わり、その結果として、政治的統一のための重要な政策として寺院対策が実施されることになった。武家、公家の両法度に並んで元和法度ともいわれる寺院法度が元和元（一六一五）年、降って寛永十二（一六三五）年には寺社奉行がおかれ、制度的に佛教寺院のすべてが幕府の直轄下に抱え込まれることになった。曹洞宗もまた幕府政策に従ってその組織化に進んでいったのである(1)。前項で曹洞宗の展開史の第三段階を寺院〈制度化〉宗団として捉えたが、まさに、徳川幕府の二六五年にわたって培ってきた寺院政策は、寺院の宗教活動、自由な布教伝道を制約するものであった。それは幕府政策を順法する範囲において寺院の活動を認めるというものであった(2)。

そして時代は一新する。幕府から明治政府への転換である。日本の宗教事情も変わることになる。ここにも近代化過程の諸現象が現出してくるのである。ここでは教団としての曹洞宗の近代化について問うことになる。

考えてみると、日本の近代化とは、二六〇年間続いた幕府の政治体制が大転換されたということであろう。そしてこのことが、佛教が到来してから日本人の精神的土壌となってきた、この国の伝統的にして混合的な宗派佛教にも大きな衝撃を与えることになったのである。最初の波は、神佛分離の令にはじまる廃佛毀釈の全国的な流れである。(3)

武士政権が成立してから明治維新までのおよそ七百年の歴史のなかでは、神佛混合の信仰を土台にしながら、多様な菩薩信仰と民俗信仰が日本人の心を豊かにし、生活を支えて来た面が大きかった。佛教各宗派——浄土真宗を別にして——の寺院は、奈良時代は国家的な存在として、平安時代は藤原一門と公家の祈願寺的な存在として、そして鎌倉時代は武家支配層の祖先供養の菩提所的な存在として、室町時代に至ると武家中間支配層あるいは惣村の進展に伴った村々の村堂的な存在として展開したのである。従って、どちらかといえば私的な信仰の所産として理解することができよう。しかし、十七世紀における佛教各宗派は、その活動の拠点である寺院のすべてが徳川幕府の政治体制の形成と維持の行政的歯車に組み入れられたのであった。そして明治という近代化過程の最初の政策が、日本人の心の〈ありよう〉を神（自然神）→佛→神〈国家神〉へと質的変化をみることになった。それは徳川時代の宗教政策の「旧幣御一洗」、洗い直しということであり、また諸国大小の神社が所有していた佛像・梵鐘・佛具等々、佛事に使用する一切のものを取り除いて「御政道の妨げ」にならないよう命じたものであった。(4)

さて、日本佛教はその歴史が物語っているように、その出発点から大なり小なりの傾向があるにしても、基本的には時の政治的支配階層の外護によって展開している。しかし、鎌倉新佛教といわれる各宗の開創者が布教伝道した時代は、国家の制約によって公家の人々の安泰のための祈禱や供養に明け暮れるというものではなかった。それは自由闊達な布教伝道の時代であった。すなわち、法然上人が専修念佛を主唱された安元元（一一七五）年から瑩山禅師が能登永光寺において『傳燈院五老悟並行業略記』を撰せられた元亨三（一三二三）年までの一世紀半位の時代である。ところが、その後の佛教各宗はそれぞれの時代の有力な檀越の外護によって展開し、さらに徳川幕府の政策によって、より教団的な安定度を増すことになったのは周知の通りである。そこでは宗門人別改帳と寺請制度によって寺檀関係が密接になっていった。一般的にいわれている檀家制度であり、幕府政策には政治的統制というう厳しさと寺院保護という緩やかさの両面が同居していた。つまり幕府政策↓庶民↑寺請制度という幕府政治による支配構造の確立であり、庶民は政治的に代官・奉行の管轄下に置かれ、宗教的には寺院の監視下に入れられたのである。それが明治維新まで続くことになる。従って、明治政府が実施した寺院政策の主眼である神佛分離令は、明治の佛教界にとってはあまりにも厳しい幕開けとなった。

ところが、こうした明治政府の佛教政策は必ずしも順調に進むことはなかった。確かに、天皇の御政道を表看板にして、神道を御政道の根本精神とした明治政府の行動は、天皇親政の政治体系を実現したのであるが、佛教対策をより明確にする必要に迫られた。その最初の政策が明治五年の太政官布告と教部省達書であった。(5) この布告と達書こそ日本佛教の各宗派・教団の近代化過程における方向付けとなったのである。いいかえると、「自今僧服肉食妻帯勝手たるべし」とする太政官布告と、新しい時代のための布教教則としての「三條教則」が、日本佛教の伝統的な出家性から世俗性へと転換させることになった。と同時に、日本国家（皇道といわれるもの）への忠節を基本とした布教・説教の枠組みを設定した政府命令に変わったのである。

徳川幕府のキリシタン対策と幕府の支配体制のために実施された「宗門人別帳」と「寺請制度」という具体的な

佛教統括は、一面には幕府による宗教支配のための権力的な構造が見えるが、他面ではこの政策により寺院の経済的な基盤が確実に形成されて行ったのである。こうした幕府政策によって齎された寺院の社会的な安定状況に対して、神社界や国学思想家の側から、王政復古という時代的転換の波に乗って、批判の矢が放たれたのである。その徳川幕府の崩壊後、維新政府は日本人の心の分散と新たな統制を神佛分離令として現実化したのであるが[6]、その波紋が廃佛毀釈といわれる渦巻となって全国津々浦々に広がったのである[7]。

翻って、明治政府の佛教政策は、寺社奉行まで設置して二六〇年にわたって支配してきた幕府政策からの解放という印象を与えかねない。事実、佛教僧侶は明治五年の「肉食妻帯勝手たるべし」の布告を喜んで受け入れた者が多かったともいう[8]。明治政府の布告は出家者→還俗→一般生活者という、一見自由な行動を認めたものであった。明治政府によって放たれたこの布告は、廃佛毀釈という鞭の後に与えた飴であったと評する向きもある。いずれにしても、明治佛教という表現が許されるとすれば、明治佛教は徳川幕府の佛教対策――どちらかといえば寺院対策――から解放され、近代化という自由の空気が感じられる新たな時点からの出発であった。それは佛教各宗派が自ら教団体制を形作っていく必要に迫られることでもあった。殊に曹洞宗は、禅宗三派の曹洞派に過ぎなかった枠から独立して曹洞宗と公称することになったのである。まさに曹洞宗の近代化の第一歩であったといってよい[9]。と同時に、この現実こそが曹洞宗の歴史が刻んだ、教団としての曹洞宗の最初の出発であったといってよい。

曹洞宗の歴史をいま一度振り返って見ると、道元禅師が曹洞宗はおろか、禅宗という呼称も否定されたことは周知の通りであり、瑩山禅師もまた曹洞宗という宗名を用いることはなかった。しかし、瑩山禅師は常に宗旨、門葉、門下あるいは「曹源の一滴」、祖師の道、祖師門下、さらにまた、祖師の傳道何ぞ古今の分域を以て辨ずることあらんや。[11]

とも示されているように、随所に曹洞宗の精神を述べている。しかし、宗名を表現する文言はまったくない。時代は降って、宗統復古時代と評される十七世紀に目を転じると、同時代の曹洞宗を代表する人として卍山道白（一六三六～一七一五）と面山瑞方（一六八三～一七六九）の両師を挙げることができよう。

先ず卍山道白であるが、曹洞宗の信仰理念である師資相承が乱れてしまった現状を憂え、師匠→弟子という〈一師印証〉の精神を呼び起こそうとした。この運動が宗統復古であったが、この点について卍山師の理念は『鷹峯卍山和尚広録　四十九巻』に表現されている。特に巻之二十「佛祖賛」と巻之四十六「祖系考略」の両巻は、曹洞宗の信仰の帰趣するところを明確にしたものである。まず、巻之四十六「祖系考略」について見るに、卍山師は中国禅の最初の師としての達磨大師に触れ、その末尾に道元禅師の佛教観を述べている。すなわち、

永平高祖所謂。中華二三百年来。謾呼佛法称禅宗。若称禅宗非佛祖之児孫。

と述べ、禅宗という呼称を避けている。[12]すでに、道元禅師がもっとも厳しく誡めた〈あるべきよう〉の一つであるが、真の佛法信仰は釈迦牟尼佛から年月はいかに久しくなるにしても、師尚から弟子へと連綿として伝えられていると卍山師は強調する。巻之二十「佛祖賛」がそれを示している。[13]佛祖賛は釈迦牟尼佛陀にはじまる禅宗の祖師を

讃嘆している偈頌であるが、その中に〈釈迦達磨永平同幀〉という讃嘆詩がある。

霊山華與少林桂。折合永平老梅樹。有色有香三昧相。一毫端上現成来。

釈尊が示された一輪の花は、達磨大師が穏坐された少林に咲く紅に染まった桂の花と和し、永平寺の深い雪の裡に埋もれながらも、新しい春を待つ老梅樹と織り成して、三つの色と三つの香りが日本の大地に潤いを与えているではないか、という意味であろうか。この讃嘆詩には宗統復古の思いを託して、連綿として変わることのない〈一師印証〉の心を寄せたものである。また、同巻には曹洞宗一万五千ケ寺の大宗団の基盤を開かれた瑩山禅師、その意志を継承された峨山紹碩と総持寺五院の院主（大源宗真、通幻寂霊、無端祖環、大徹宗令そして実峯良秀）に讃嘆の偈頌を捧げているが、曹洞宗を洞門、宗風といい、その洞門の広がりを〈一華開五葉〉、〈枝派朝宗北海門〉、〈十哲化門分十界〉等と表現している。(14) つまり、総持寺を開かれた瑩山禅師の信仰は、達磨大師の禅が五つの大きな流れとなったように、瑩山禅師の弟子である峨山紹碩によって美しい緑の葉が瑞々しく繁茂し始めたのである。やがて、峨山の五哲が出現して曹洞宗は全国的に展開するようになり、中でも通幻寂霊の弟子が、

死中有活活中人。霊妙如如如幻真。十哲化門分十界。宗風吹入刹微塵。

と讃嘆されているように、一般に通幻派といわれる流れが曹洞宗で最も大きな勢力へと成長したのである。しか

し、卍山師の時代に至っても曹洞宗という文言を見ることはできない。

次に、卍山道白に近侍し宗統復古期において深い学殖の師として尊敬されている面山瑞方は、瑩山禅師についてどのように表現されているかといえば、「瑩山和尚　四百大遠忌上堂拈香」それに「佛禅師四百年忌前夜小参」、「総持佛慈禅師四百年忌疏」と、その中で禅師の恩徳を讃えている。(15)例えば、最初の上堂拈香は「日国洞宗第四祖瑩山瑾翁勅諡佛慈禅師大和尚に供養」し、恩徳に感謝の気持を表白している。次いで前夜小参の垂示に、「日国洞宗」（日本曹洞宗ということ）が百丈→永平の古風を今に伝えているのは、その悉くが瑩翁の功勲によると称讃している。そして四百年忌疏の最後に達磨大師から連綿として続き、孤雲→徹通→瑩山禅師と継承され、やがて峨山、明峰へと伝承されて四百年のいま、瑩山禅師の信仰は日本六十余州にわたって大小三万の寺院に展開されていると述べ、瑩山禅師への尊崇と感嘆の詞を率直に吐露している。時あたかも享和九年八月、面山師四十二歳であった。

さて、宗統復古の中心的な活動を見せた卍山道白と、卍山から親しく教示を受けた面山瑞方の曹洞宗についての表現を見てきたのであるが、卍山は道元禅師の禅宗否定の垂示を前面に出されている。また、面山は「日国洞宗」と述べているが、曹洞宗という宗名には至っていない。従って、曹洞宗という宗名は日本の近代化の出発点であった明治維新以降のことになる。もっとも、時に〈曹洞の宗旨〉と表現された向きもあるにはあったが、総じて、宗名ではなく派名が一般的であった。いわゆる今日的の教団としての曹洞宗を象徴していたのは派名であった。もちろん、徳川幕府の佛教統制の行政上の大僧録・僧録制によって曹洞宗寺院は統括されていた。しかし、すでに見たように宗風、門流、家風という表現は慣用的な表現ともいえるが、同一の信仰をいただく共同体の一員であるという自覚的な文言であった。曹洞宗の信仰を継承し伝承してきた言語的魂（スピリット）であったのである。二、三の例証を挙げてみよう。
卍山道白と面山瑞方は共に修学の師として尊敬され、徳望の師として仰がれ、各地の寺院法要に招聘されている。森の大洞院として知られる「大洞第二世恕仲誾和尚忌疏」（卍山和尚広録巻第三十六『曹洞宗全書　語録二』）に、

大源嫡孫。梅山眞子……大洞雲起龍吟。橘谷花開果結。十二嗣子。左照右穆。各掬源脈。七百末山。甲刹乙院。互唱宗風。……

とあり、また、「祇陀寺中興記」（妙玄白龍和尚語録巻第九）[16]には、

加州祇陀寺者。明峯派下大智和尚開創道場也。時移世遠寺基易地。殆将廃絶矣。……願托鉢於日本宗門寺院。以助化儀。僧統嘉其志。為賜免牘。云々

とあって、明峯派という派の存在が明示されている。と同時に〈日本宗門寺院〉という呼称も見えているように、近代的な語感も感じさせる。教団――同一信仰の帰属性と連帯性が、近代化への過程において自覚的に表現されてきているのである。すなわち、卍山師は「瑩山和尚忌疏」（鷹峯卍山和尚広録巻第三十六『曹洞全書語録二』）に次のように報恩の敬意を表されている。

見色明心、五百生前、證果聖聞聲悟。三千里外に絃を辨ずるの人。是れ奘師の剃度にして、すなわち、介公の嫡傳なり。夢を榎木の枝頭破艸の鞵を原ね、洞谷に開山統を垂る。信を松壽林（椙壽林）中の旧衣鉢に表し、護国補処の功を薫じ、二利の行願を立ち、一実の宗風を振う。法を総持の道場に唱え、すなわち、王公徳を欽い、跡を甘露の滅海に隠す。則ち人天眉に攢る。

瑩山禅師は大乗寺開祖徹通義介の膝下に法を受け、まさに信を椙樹林大乗寺に投げ入れて真実一条の宗風を振るい、その信仰を総持寺に顕揚し、多くの人が禅師の家風を慕って集ってきた風景が偲ばれる。信は祖師の人格の許に、法の開演は場としての道場・寺院でという宗教の本質が明らかにされているのである。

さて、曹洞宗の近代化ということを課題にして論稿を進めてきたが、明治に至っても教団としての曹洞宗を捉えることは難しい。禅宗の一派としての存在であった歴史性にあるにしても、教団という言語が一般化するのは、おそらく第二次世界大戦の終結後のことになろう。それには教団という呼称についての言語的、歴史的反省が必要になってくる。

昭和二十六年施行の現行「宗教法人法」によれば、宗教団体とは「宗教の教義をひろめ、儀式行事を行い、及び信者を教化育成す」ることにあるといい、礼拝の施設を備える神社、寺院、教会、修道院その他のこれらに類する団体、そして第二にはそれらの団体を包括する教派、宗派、教団、教会、修道院、司教区その他これらに類する団体と規定されている。そこで課題とするのは、第二の包括団体についてである。つまり、教派、宗派、教団という意味合いは何かということになる。その中でも日本の宗教的な状況において教団とは何か、という点についてである。

古来日本人の精神的な流れは、神・佛・儒の三教を鼎立しながら進展してきたが、日本の宗教史は佛教中心に編み込まれ、近代史の枠にキリスト教が記述されるようになっている。しかし、神社・神道の歴史は十分に書き込まれてはいない。日本の近代化の出発点における「神道は宗教にあらず」という国家理念が、宗教史としての神道の歴史研究を停滞させていたともいえる。事実、日本の近代化の出発は神話への回帰であり、その精神（理念）は王政復古＝祭政一致にあった。従って、日本の神社は国家の歯車であるという観点に立っていた。[17]「神社神道の出発点は国家的、一般宗教のそれは個人的であり、また、祖先崇拝は国民一切の道徳的規範であって、宗教的行為でないから、神社は宗教ではない」という基本的な考えに立っていたのである。こうした考え方は『教宗派所属教師神社ニ於テ布教スルヲ得サル件』（明治三十九年二月二十二日社寺局通長管乙第二四五號道廳府県へ）の通達文の中に、

教宗派ニ属スル教師ニシテ神社ニ於テ布教ヲ為ス者往々有之哉ニ相聞エ候処右ハ神社ヲ以テ宗教ニ混同スルノ嫌アリ

とあることによって、〈神社は宗教にあらず〉とする明治国家の宗教政策を知ることができよう。さらに日本が戦時体制に入った昭和十四年に『宗教団体法』が施行されるに及んで、日本の宗教は教派＝神道十三派、宗派＝佛教各宗派、教団＝キリスト教・その他の諸派の三つに大別されたのである。総じて、この分類法は現行の宗教法人法においても変わらない。

さて、すでに触れたように、日本の近世——つまり、徳川幕府の宗教政策は内には寺社奉行という管轄者をおいてその統制を強化し、外には鎖国政策によってキリスト教の伝道を封じて、幕府の支配体制を強化したのであるが、明治に至って自由な伝道活動を認めることになった。但し〈三條の教則〉を遵守するという大前提においてのものであった。しかし、宗教団体についての具体的な概念もないままに昭和時代に入ったのである。教団という言語が正式に表に表現されたのは『宗教団体法』の施行以来のことであった。現今では「教団」という文字は普通に使われているが、同時代の文献としては一、二の著書に過ぎない。真宗史研究で知られる笠原一男氏はその著『真宗開展史』（昭和十七年）に明記され、また、『宗祖としての道元禅師』の著者衛藤即應先生は、

永平、総持両大本山の開祖としての道元禅師と瑩山禅師の両祖一体にして日本曹洞宗を成立してゐるといふ特異なる宗門の歴史的性格に於て、両祖は果たして宗団存立の根本信念に於て一体であるか如何といふことが論証せられなければならない。両祖一体の宗門は意味をなさぬ。（一〇頁）

と述べられている。

宗団と教団、第二次大戦後、急速に結成された多くの宗教団体は教団というに相応しい形態を持っているといってもよい。しかし、鎌倉佛教といわれる各宗（派）はどのように呼称するのがよいか。この点を念頭に置きながら瑩山禅師の垂語を参究していくことになる。

註

（1）竹内道雄『曹洞宗教団史』一一九〜一二二頁参照

（2）笠原一男編『日本宗教史II』（第一章　幕藩体制と宗教　五頁）

「幕藩の公務員として僧侶が果たした役割はいろいろあるが、そのうちで最も大きなものが三つある。その一が村役人の仕事の肩がわり、その二が思想善導役、その三が特高警察の役割である。僧侶は、檀家の人々の冠婚葬祭の証明書発行と旅行手形の権限を握っていた」

（3）◎太政官布告　明治元年三月十三日

此度　王政復古神武創業ノ始ニ被為基、諸事御一新、祭政一致之御制度に御回復被遊候ニ付テ、先ハ第一神祇官御再興御造立ノ上、追追諸祭奠モ可被為興儀……普ク天下之諸神社、神主、禰宜、祝、神部ニ至迄、向後右神祇官附属ニ被、仰渡間、官位ヲ初、諸事万端、同官へ願立候様、可相心得候事云々

（神社・神主を新しい国づくり、つまり、日本の近代化国家の枠組みの大きな要素として捉え、三月十七日、二十八日、四月十日付の神祇局通達神佛分離についての現実的にして、具体的な指示につながる。）

◎神祇事務局ヨリ諸社へ達　元年三月十七日

今般王政復古、旧幣御一洗被為在候ニ付、諸国大小ノ神社ニ於テ、僧形ニテ別当或ハ社僧抔ト相唱へ候輩ハ、復飾被　仰出候、若シ復飾ノ儀無余儀差支有之分ハ、可申出候、仍テ此段可相心得候事

◎神祇事務局達　元年三月二十八日

一　中古以来、某権現或ハ牛頭天王之類、其外佛語ヲ以神號ノ相稱候神社不小候、何レモ其神社之由緒委細ニ書付、早早可申出候事云々

◎太政官布告　元年四月十日

諸国大小之神社中、佛像ヲ以テ神体ト致シ、又ハ本地抔と唱へ、佛像ヲ社前ニ掛、或ハ鰐口、梵鐘、佛具等差

置候分ハ、早早取除相改可申旨、過日被仰出候、云々

（4）註3参照

（5）イ　太政官布告　明治五年四月二十五日　第一三三號布

自今僧服肉食妻帯蓄髪等可為勝手事

但法用ノ外ハ人民一般ノ服ヲ着用不苦候事

ロ　教部省布達　明治五年四月二十八日

教導職へ

教　則

第一條

一　敬神愛国ノ旨ヲ体スヘキ事

第二條

一　天理人道ヲ明ニスヘキ事

第三條

一　皇上ヲ奉戴シ朝旨ヲ遵守セシムヘキ事

右ノ三條兼テ之ヲ奉体シ説教等ノ師ハ尚ホ能注意致シ御趣意ニ不悖様厚相心得可申候事

『日本宗教制度史料法令集』（明治期法令　一八二・二三二）より

（6）『明治維新神佛分離史料』五巻（名著出版　昭和四十五年）

（7）註6の書籍に廃佛毀釈について論じたものがいくつか紹介されているが、その論題と論者だけ紹介するにとどめたい。

大内青巒談「廃佛毀釈の因由」明治四十四年八月一日発行『佛教史学』第一編第五号所載

大隈重信談「明治初年の廃佛毀釈」明治四十五年四月八日発行『佛教史学』第二編第一号所載
芳村正秉談「明治初年の政府と神佛二教」大正元年八月八日発行『佛教史学』第二編第五号所載
修多羅亮延談「神佛分離と神官僧侶」明治四十五年四月八日発行『佛教史学』第二編第一号所載
下田義照談「廃佛毀釈の由来及び実況」明治四十五年四月八日発行『佛教史学』第二編第一号所載
大隈重信談「明治初年の廃佛毀釈」（『明治維新神佛分離史料　第一』二七八〜九頁）

（8）「幕府が久しく政治上の権力で、彼等（僧侶）行動を束縛してゐた。すなわち彼等が自由に俗人同様の生活に入ることを許さなかつたから、彼等坊主は自ら信仰しない教義に屈し、自ら尊奉しない戒律に拘せられてゐた。これは彼等が自ら大に苦痛としてゐたことであったが神佛分離と云ふことで、その苦痛が脱却せらるることとなるので、御一新のお陰を感謝したものだ。乃で彼等が、自ら神道者等の廃佛毀釈を助成すると云ふ奇観を呈した」

（9）教部省達書　明治七年二月二十二日　達書第二号
禅宗之儀者臨済曹洞黄檗共併而一宗ニ相定候処自今臨済曹洞者更ニ両宗各相称シ黄檗派者臨済宗へ合附為致候為心得此旨相達候事

（10）瑩山禅師『傳光録』
第十四章　那伽閼羅樹那尊者
「時に洞下の宗旨を出して之を示す」
第四十四章投子義青禅師章
「実に大陽の一宗、地に落ちなんとせしを悲で、圓鑑に代て大陽の宗旨を傳ふ。然るを自家の門人は曰く、南嶽の門下は劣なり、青原の宗風は勝れりと。また臨済門下は曰く、洞山の宗旨は廃れたりき、臨済門下に扶けらると。何れも宗旨暗きが如し。」
第五十二章　孤雲懐弉禅師章

「今諸方に永平門下と称する、皆是れ師の門葉なり」

（11）『傳光録』第三十三章　大鑑慧能禅師

（12）本文の引用文に続いて次のように述べている。

「是我宗従如来嫡嫡傳来。非依一法以立宗名。然以平生所修打坐居。見者呼為坐禅宗。而後来自家亦唱禅宗者不得已。正好顧念本宗矣」

（13）『佛祖賛』には釈迦如来から達磨大師→二祖慧可→五祖弘忍→六祖慧能……百丈懐海、趙州従諗、臨済義玄の臨済宗の各祖師、それに念佛門の善導大師、そして薬山惟厳……洞山良介……天童如浄と師資相承の各祖師、さらに永平高祖→孤雲懐奘→大乗徹通禅師→瑩山紹瑾、次いで著者卍山道白に至る師資継承の各師について偈頌を呈している。

（14）総持寺祖師賛（鷹峯卍山和尚広録巻第二十『曹洞宗全書　語録二』）

我瑩山瑾師。化徧北海面端居総持道場。聲達天聴而対揚十種疑問。賜號佛慈。擬紫南禅。其道徳之敷揚非筆之所寫。既而峨山禅師。領補処之退任。而大化発揚。直至今日五派分化。五院擁山。如一花之開五葉。似一法之出五位。

扶桑洞門二万余寺。大半出於五院之下。則豈非源深流遠者耶。予已賛瑩山祖師。繫于大乗二世。表聯芳次第。而今賛峨山禅師及五派諸師。欲令其支流余裔者。知本源所出。又自欲酬慈風之万一也。

と讃嘆し、以下に、峨山紹碩（一二七六～一三六六）、大源宗真（普蔵院　?～一三七一）、通幻寂霊（妙高庵　一三二二～一三九一）、無端祖環（洞泉庵　?～一三八七）、大徹宗令（傳法庵　一三三〇～一四〇五）、そして実峯良秀（如意庵　?～一四〇五）への賛偈を述べられている。

（15）享保九（一七二四）年甲辰　師（面山瑞方）四十二歳　前略

「八月修瑩山祖師四百年忌法会。一派皆集。便有上堂法語。到冬修理大殿。乃新建開山堂」（永福面山和尚広

録　巻大二十六『曹洞宗全書　語録三』）

（16）「祇陀寺中興記」妙玄白龍（一六六九～一七六〇）

（17）三月十二日神祇官指考「加藤能登守へ」及び三月十三日第一五三號

第二章　十三世紀における佛教宗団の展開

一、同時代の支配層――天皇・公家・武家

日本人にとって十三世紀とはなにか。否、十三世紀という歴史と社会は現代の日本人に何を語りかけているのだろうか。空の上から眺めた十三世紀の俯瞰図があったならば、どのような絵が描きだされているのであろうか。

西暦一二〇〇年、つまり、正治二年正月二日に道元禅師が出生されたのは京都であった。それから百年、正安元（一二九九）年の冬、瑩山禅師は永平寺第三世にして加賀大乗寺開祖徹通義介禅師に参じて師資の礼を受けられた。曹洞宗の視座に映る十三世紀という歴史空間は、道元禅師から瑩山禅師に至る時間・空間でもあった。ときに瑩山禅師三十二歳である。まさに曹洞宗においては、永平寺僧団に次いでさらに新たな信仰共同体が自覚的に形成される第二段階を迎えようとしていた。曹洞宗にとって十三世紀という舞台は、京都↓越前↓加賀↓能登へとそのプログラムを開いて行くことになる。そこで、曹洞宗の発展過程に密接な関係を持っている北陸道に沿った地域の同時代的な状況に照明を当ててみることも必要であろう。

本書序章に引証した『増鏡』は平安末期の寿永二（一一八三）年、後鳥羽天皇、後白河上皇、摂政藤原基房、征夷大将軍源頼朝の時代から筆が起こされている。政治の表舞台が京都公家から鎌倉武士に移った、まさにその時代である。全編二十章から成るその最初の『おどろの下』は後鳥羽→土御門→順徳の建保四（一二一六）年までの三十年余にわたる三帝を中心に筆が運ばれている。その中に道元禅師の父親で、順徳天皇の御世に政治の実権を握った源通親と次男通具の姿が見えるが、同時代の京都公家の日常は天皇を中心にした神事行事と和歌の嗜みの世界であった。

内の御製、（順徳帝）

春日山こぞのやよいの花の香に

そめしこころは神ぞしるらむ

御心ばえは、新院（土御門帝）よりも少しかどめいて、あざやかにぞおはしましける。御ざえも、やまともろこしかねて、いとやむごとなくものし給ふ。朝夕の御いとなみは、和歌の道てぞ侍りける。

（『おどろの下』から）

周知のように、同時代の公家衆の素養の内実は大和・唐土の文物についての関心と読み書きであり、殊に、和歌の道への造詣の深さにその価値の基準があった。『勅撰和歌集』といわれる一連の和歌集が、その時代を象徴している。そうした公家層の集り、たとえば『増鏡』の中で、勅撰集『千載集』を編纂することについて、土御門の内の二郎君、右衛門督通具といふ人をはじめにて、有家の三位、定家の中将、……昔より今までの歌を、ひろく集めらる。

と述べられており、また、同じ章では土御門帝の女御、在子について語られ、さらに通親との親子関係にも触れられている(1)。『増鏡』全体を通して見ると、同書の末尾は光厳帝正慶二（一三三三）年、つまり後醍醐帝が配流先の隠岐から京都に帰った建武の中興の前年であり、天皇を取り巻く藤原氏一門、村上源氏の一族、九条家をはじめとする摂関家、公家衆について、南北朝時代に急傾斜するまでがこの書には書き綴られているのである。曹洞宗の事情からみると、瑩山禅師が入滅されて八年の月日が経っている。その頃、南北朝の政権争いにおいては早くも永平寺、総持寺の対立を生み出す原因の一つが見えはじめている(2)。日本佛教の歴史における宿命的な事情であろうか。そのことはともかく、『増鏡』の最終二十章「月草の花」になると、後醍醐天皇が隠岐から伯耆、そして京都へ帰京するまでの道程《みちのり》の間に起きた事柄を叙述している。当時村上源氏の後裔は通親から六代目にあたる通顕の時代であり、同じ流れで『神皇正統記』の著者で知られる北畠親房もまた、通親の六世にあたる。その頃、正慶二年の三月には後醍醐帝の勅命で赤松円心なる者が京都に攻めてくるという噂が広がり、京都の町が俄かに騒々しくなったという。時に後伏見と光厳の両院が六波羅へ出かけられたが、町中は騒々しく諸民ただ右往左往するばかりであったため、両院は六波羅に滞在することになった。しかし、幼い春宮康仁だけを御所においておくこともできず、六波羅へお連れしたのであった。その時に内大臣源通顕の車を差し向けられ、守役は久我右大臣長通であったという(3)。そこで、この章の物語に登場する人間模様について眺めてみる。

天皇は後宇多天皇、後醍醐帝、光厳帝、後伏見帝、花園帝、天台座主尊雲法親王、大塔ノ宮護良親王、西園寺大納言公宗、源（久我）通顕、その子道冬、長通、権大納言日野資明、従二位四条隆政、権中納言坊城定資等それぞれの子供達、北畠親房、楠木正成、赤松円心、名和長年と五百余騎の兵（後醍醐帝の出迎え軍勢）、足利尊氏と関東武士、新田義貞、御垣守（禁中の衛兵）、比叡山延暦寺の衆徒（北条高時追討の宣旨）、六波羅の軍勢、執権北条義時から五、六代目に当る六波羅の仲時、時益等々と、その他にも多くの名前が見られる。北条高時の最後の日となった正慶二年五月二十二日のことが記されるが、天皇・親王、公家、楠木・足利等の軍勢、いわゆる敵方北条高時の軍勢、そして関東武士たちと多種多様な人間が登場する。「今を限りの軍《いくさ》」の真っ只中であった。

どちらかといえば、『増鏡』には公家衆が多く登場しているが、その中でも多数の村上源氏がその名を見せている。おそらく、有識故実の権威者として、

　　大方の儀式ばかりにて、よろず、この内大臣、御後見《おあとみ》つかまつり給う

といわれる、村上源氏の伝統ある職種によるのであろうか。瑩山禅師が「法を総持の道場に唱え、一実の宗風を振」るわれた時代の日本の社会状況を知ることができる。端的にいえば、日本が西から東へ、そして東から西へと大きく揺れ動く時代が近づいていたのである。それでは、当時の佛教事情はどのように展開していたのであろうか。

註

（1）今の御門の御諱は為仁と申しき。御母は能圓法印といふ人のむすめ、宰相の君とて仕うまつれる程に、この御門生まさせ給ひて、後には、内大臣（通親）の御子になり給ひて、末には、承明門院と聞えき。かのおとど（通親）の北方の腹にておはしければ、もとより後の親なるに、御さいはひさへひき出で給ひしかば、まことの御女にかはらず。この御門もやがて、かの殿にぞ養ひ奉らせ給ひける。（おどろの下）

（2）鎌倉・南北朝期には臨済宗と天皇あるいは幕府との間に親密な関係が生まれている。それが曹洞宗では、『曹洞宗大年表』（大久保道舟編著　昭和二〇年）によれば瑩山禅師滅後八年に護良親王が能登永光寺に兵災を祈禱させたとあることに始まり、皇室、幕府との関係が生まれ、その後、後村上天皇の正平九（一三五四）年に総持寺をして南朝の勅願所としたとある。そして後円融天皇応安五（一三七二）年に北朝が永平寺に「日本曹洞第一道場」との勅額を下したという。永平寺・総持寺の相克が始まったのである。

（3）「三月にもなりぬ。十日あまりのほど、俄に世の中いみじうののしる。何ぞと聞けば、播磨の国より、赤松なにがし入道圓心とかやいふもの、先帝（後醍醐）の勅に従ひて攻めくるなりとて、都の中あわてまどふ。例の六波羅へ行幸（光厳）なり。両院（後伏見・花園）も行幸とて、上下たたちさわぐ。馬車走りちがひ、武士どものうちこみのしりたるさまいとおそろし。されど六波羅の軍つよくて、その夜は、かのものども引き返しぬとて、少し静まれるやうなれど、かやうにいひ立ちぬれば、猶心ゆるびなきにや、そのまま院も御門もおはしませば、春宮もはなれ給へる。よろしからぬ事とて、二十六日六波羅へ行啓なる」（第二十　月草の花）

二、同時代の佛教事情

十三世紀は鎌倉新佛教にしても、また、旧佛教といわれる南都北嶺の宗派にしても、それぞれがそれぞれの信仰の趣意を明確に表現し、多くの人々に語りかけた時代であった(1)。各宗派の祖師と尊信されている禅師や上人達が、いかに多くの著書を伝えているか。しかも、それらは天台宗の開祖伝教大師最澄や真言宗の開祖弘法大師空海のように学問的、理論的な原理書あるいは佛教教理の網羅的な著作ではなく、自らの宗旨の宣言的文言、あるいは自らの信仰の実践的表現であった。つまり、その表現の目的は、より多くの人々に、より広く伝えようとすることにあった。和訓による表白が多く見られる所以でもあろう。このことが、十三世紀における特筆すべき佛教事情として挙げることができよう。その先駆者こそ前述した法然上人であり、その宣言書は『選択本願念佛集』であったのである。

念佛門伝道の精神

『選択本願念佛集』において、

窃《ひそか》に計《はかりみ》れば、それ立教の多少は宗に随って不同なり。……華厳宗の如きは、五教(2)を立てて、もって一代の佛教を摂す。……法華宗の如きは、四教(3)・五味(4)を立てて、もって一切の佛教を摂す。……真言宗の如きは二教を立てて一切を摂す。いはゆる顕教・密教これなり。

と述べられているように、南都佛教の各宗派、そして平安佛教の二宗すべては佛教全体を総合的に体系付ける、いわゆる教相判釋の立場であると指摘している。一方、法然上人自身の立場について、

問うて曰く、それ宗の名を立つることは、もと華厳・天台等の八宗・九宗にあり。いまだ浄土の家において、その宗の名を立つることを聞かず。しかるを今、浄土宗と号すること何の証拠かあるや。答えて曰く、浄土宗の名、その証一ならず。

と自問自答の形で「浄土宗」と呼称する正当性を強調している。そしてさらに、それは単なる個人的にして恣意的なものでないことを明らかにしようとした。韓国の華厳学の学僧元暁[5]の『遊心安楽道』には、浄土宗の意《こころ》は凡聖の区別がないことであり、唐の学僧慈恩[6]は『西方要決』にその信仰は「この一宗（浄土宗）による」ことにあるといい、それに迦才[7]の『浄土論』では「この一宗（浄土宗）窃かに要路なり」といわれているように、どこに疑問をはさむ余地があろうかと自答し、南都六宗・平安二宗の「立教は、正しく今の意《こころ》にあらず」という趣旨が述べられている。法然上人のこの信念は、弟子親鸞聖人によってさらに展開されていく。親鸞の『教行信證』はまさにその信仰思想の書であり、その思想が余すところなく表白されている。二、三の例証を挙げてみよう。

まことにしんぬ。かなしきかな愚禿鸞、愛欲の広海に沈没し、名利の大山に迷惑して、定聚のかずにいること

をよろこばす、眞證の證にちかづくことをたのしまず、はずべしいたむべし。

（信巻）

まことにしんぬ、聖道の諸教は在世正法のためにして、またく像末法滅の時機にあらず。すでにときをうしなひ、機にそむけり。浄土真宗は、在世正法、像末法滅、濁世の群萌ひとしく悲引したまふをや。

（化身土巻）

おほよそ誓願について、真実の行信あり。また方便の行信あり。その真実行願は、諸佛称名の願なり。その真実の信願は、至心信楽の願なり。これすなはち選択本願の行信なり。その機はすなはち一切善悪大小凡愚なり。

（行巻）

ここをもて如来の本願をとくを経の宗致とす。すなはち佛の名号をもて経の体とするなり。

（教巻）

明らかに、親鸞聖人の信心は、南都北嶺を時機相応の佛教にあらずとして浄土の一宗を立てた法然上人の教えを尊信するものであった。しかし、法然上人はどちらかといえば、〈時〉に重点を置いているのに対して、親鸞聖人は

〈機〉に視点を向けたといえよう。「かなしきかな愚禿鸞」といい、「獨世の群萌」という文言には、自分自身への深い反省と懺悔の心情が含められている。〈時〉は末法、〈機〉は劣機という、時機相応の信仰が必要であると強調し、従前の学問的・修行的な信仰、つまり、自力的な努力型の信心から誓願の行信へと転換することに要諦があった。いうところの〈誓願〉の行信は、諸佛称名の願であるという。(8) 親鸞聖人の信仰を図示することが許されるとすれば、次のように示されるのではなかろうか。

誓願→真実の行信→真実の行願＝諸佛称名の願→真実の心願→至心信楽の願(9)＝選択本願の行信

ここにあるのは佛教の教理（広く信仰思想というべきか）の全体的体系を構築するという立場ではなく、「如来の本願をとく経の宗致とす」るものであり、「佛の名号をもて経の体」とするものであった。まさしく選び択《わけ》られた信仰である。しかし、その選択の信心は師と仰ぐ浄土宗の開祖法然上人への絶対の信順に裏付けられたものであった。『歎異抄』の中でよく知られる一文を引いてみよう。まず、もっとも有名な言葉は、『歎異抄』の第二章にある。(10) その中で、

たとい、法然聖人にすかされまいらせて、念佛して地獄におちたりとも、さらに後悔すべからずそうろう。

といわれる表白に、親鸞聖人の真面目を知ることができる。さらに、その前後の文言にも留意してみたい。

親鸞におきては、ただ念佛して、弥陀にたすけまいらすべしと、よきひとのおおせをかぶ（蒙）りて、信ずるほかに別の子細なきなり。弥陀の本願まことにおわしまさば、釈尊の説教、虚言なるべからず。佛説まことにおわしまさば、善導の御釈、虚言したまうべからず。善導の御釈まことならば、法然のおおせそらごとならんや。法然のおおせまことならば、親鸞がもうすむね、またもって、むなしかるべからずそうろうか。詮ずるところ、愚身の信心におきてはかくのごとし。

親鸞聖人にとって、阿弥陀如来のご本願は、釈迦牟尼佛↓善導上人↓法然上人↓親鸞といただいてきた信心であるという確信に立っている。まさしく、信ずる宗教ということであった。それは十三世紀の日本佛教の核心的な要素が包摂されているのである。すなわち、一向（ひたむき）の信仰に生きるということが第一であり、第二には、疑いのない虚心の信仰であるということである。そして、「たまわりたる信心を……」（第八章）と示されている信心は、「法然聖人のおおせには、源空が信心も、如来よりたまわりたる信心なり」といわれるように、善導も法然も、そして親鸞も一人ひとりが如来から頂戴した信心であるという。いいかえれば、如来の信心は弥陀称名の願によって誰でもがいただける信心であるということになる。

この時、日本佛教は学問的に煩瑣な教理を捨て、また出家的な修行を第一義として展開してきた方向から、在家人の世界を尊重するという佛教の信仰を広く伝えることに転回し始めたのである。十三世紀における日本佛教の特徴の第一は開かれた伝道活動にある。そしてそれは念佛門の活動に負うものであった。

次に、辻説法で知られる日蓮上人に目を転じてみよう。

法華経鼓吹の世界

日本人の法華経への関心は大きい。『日本書紀』によると、聖徳太子（五七四〜六二二）が推古帝十四（六〇六）年に推古帝の御前で法華経を講じられたことが語り伝えられている。[11] その後、法華経は日本人の主要な信仰源として日本人の心情を豊かにしてきたことは周知の通りである。先ず、平安佛教の開幕を告げた最澄・弘法両大師の一人、傳教大師最澄（七六七〜八二二）が延暦二十五年正月三日に上表した【天台法華宗年分縁起　請続将絶諸宗更加法華宗表】によって一宗開演の意志を宣言した。[12] 爾来、法華信仰は念佛信仰と相並んで日本佛教の流れを形成したのであるが、その後、法華信仰の本源である比叡山延暦寺は、平安時代における公家衆の実質的な第二の出世門となったのである。[13]

ところが、法華信仰の流れは平安朝の佛法の総府である比叡山の出世的舞台とは違った、清らかな泉のように日本中に湧きはじめていたのである。『大日本法華験記』に現れている法華信仰の人々であった。[14] 十三世紀における法華信仰の歴史的背景の一端を見ることができるのである。もちろん、日蓮上人に代表される法華信仰をそれ以前のそれと直接に関連づけることはできない。いまここでいえることは、日蓮上人の法華信仰は、天台宗の山の信仰から里の新たな法華信仰となり、街頭に出て道行く人に呼びかける説法を実践したのである。と同時に、多くの人々の手紙への返答文を以て法華経の精神を伝えたのであった。日蓮上人（一二二二〜八二）は幅広い伝道活動の人として評価されるのが当然であるとしても、それだけに同時代の人々——支配階層や佛教界を除いた一般の人々

――に受け入れられるものを持っていたに違いない。[15] まずは情熱の人であったことは間違いないが、しかしそれ以上に佛教についての学殖豊かな人であったことを理解する必要があろう。

さて、日蓮上人の信仰の趣意は何であったか。端的にいえば、教相判釈の立場に立ったもので、釈尊の真実の教えを『法華経』に求め、教・機・時・国・序の五綱を軸として展開したのが、日蓮上人の信仰的確信であったといえよう。[16] 次に注目すべきことは、「日本国の一切衆生」といい、「日本は一向大乗の国」といわれる場合の〈日本〉という文言である。

鎌倉新佛教の中心的存在であった祖師達の中で〈日本〉という国の名、あるいは国家的な表現を用いられた祖師は、栄西禅師と日蓮上人であろう。そうした意味で、鎌倉佛教の特徴の一つにその国家観というものが浮かび上がってくる。もともと、日本佛教は傳教大師最澄に代表されるように、その出発において鎮護国家に重点がおかれていた。[17] 栄西禅師によって撰述された『興禅護国論』に現れている国家観などは、どちらかといえば叡山的な影響が大きいとみてよいであろう。ところが、日蓮上人の国家観はより具体的であり、〈国〉を教相判釈体系の一要素に取り組んでいる点に特徴がある。[18] よく知られている「四箇格言」が、日蓮上人の国家観の一端を示している。すなわち、念佛無間、禅天魔、真言亡国、そして律国賊という文言は、同時代に日本人の間に浸透していた多くの信仰を否定することによって、ひとり天台宗をして日蓮上人の教理的基盤であることを物語ったものであり、それを基本として「南無妙法連華経」の唱題信仰撰択の帰趣を論理づけたものであった。そして〈亡国〉といい、〈国賊〉という厳しいコトバは明らかに同時代における日本の周辺状況をも映し出している。叡山に学び、法華経に日本佛教の〈ありよう〉を求めた日蓮上人は、天台の伝統的な教相判釈の佛教観と、法然上人の撰択による佛教観が混成された形で、自らの信仰の帰趣するところを明らかにしたのである。不思議なことに、日蓮上人は『立正安国論』で法然上人の念佛信仰を厳しく批判しているが、日蓮上人が選ばれた法華経はまさしく時機相応の唱題の信仰であって、法然上人の称号念佛の信仰における撰択の佛教観と帰を一にするものであった。しかし、日蓮上人にとっては法然上人の念佛信仰だけでなく、同時代における既成の各宗派の信仰は、同時代の〈時〉と〈機〉に相応しないとして斥けたのであった。日蓮上人の『安国論御勘由来』がそれを物語っている。

同書によれば、正嘉元（一二五七）年から正元二（一二六〇）年までの間に、政治の中心である鎌倉では大地震に始まって飢餓、大風、疫病等々と毎年のように災害が続いた。そのため幕府は寺社に祈禱を依頼したが、そうした願いも空しく「一分の験も無く、還つて飢疫等増長」するに過ぎなかったと同書は伝える。こうした鎌倉を中心にした社会状況を見るにつけ、一切経に勘案するならば、その理由は了解できるところである、と訴えている。そのために『立正安国論』を撰述し、鎌倉幕府に提出したという理由を述べている。文永五（一二六八）年四月五日のことであった。その概略について考えてみたい。

先ず、自らの拠って立つ確信についていう。

大唐の鑑真和尚渡す所の天台の章疏、四十余年を経て已後、始めて最澄之を披見す。

このように述べて、傳教大師最澄を顕彰している。さらに、最澄について、最澄、天長地久の為に延暦四年叡山を建立す。桓武皇帝之を崇め、天子本命の道場と号す。六宗の御帰依を捨て、一向、天台円宗に帰伏したまふ。

と表現されているように、天台が日蓮上人の佛教観と国家観の基本となっている原点が見えてくる。従って、日蓮上人の思想信仰は、天台の教義・信仰に違背することは許されないものであった。つまり、

源の右将軍は清和の末葉也。鎌倉の御成敗、是非を論ぜず、叡山に違背せば天命恐れある者歟。

という、厳しくも情熱的な信心の確信に立ったのである。日蓮上人の思想信仰の佛教的伝承は傳教大師最澄という師、最澄が将来した教相判釈の佛教観、そしてその信仰実践の場である比叡山を基盤として、末法の世といわれる同時代性と、そこに生まれ合わせた劣機の徒への時機相応の信仰の確立にあった。しかし、法然上人には見られなかった国家観であるが、日蓮上人にとって国家《くに》は教・機・時・国・序の要素の一つであった。そこで、『興禅護国論』を撰述された栄西禅師の禅信仰と国家の問題に触れてみることになる。その前に、日本における禅の流れを考えてみたい。

禅者の国家観

日本佛教の形成・発展の過程に目を向けたとき、もっとも顕著に見えてくるのは、それぞれの時代の主役たちが

佛教受容の上でも主役であったということである。つまり、佛教寺院の背景に見えている人たちが、つまりはよきスポンサーであったということである。奈良時代は聖徳太子に象徴されているように、佛教信仰は同時代の政治的実力者たちのうしろ盾によって発展し、やがて平安に至ると、藤原氏一門を中心とする貴族たちの信仰の深まりを見せ、天台・真言二宗の全盛期を迎えることになる。降って、鎌倉の武家政治の時代、武家衆は新興勢力として自らの出自を誇る家名尊重への執着を深めて行った。そこに氏神信仰と先祖を祀る菩提寺への尊崇という信仰現象がはっきりと見えてくる。現今、寺院佛教といわれる現象はこうした諸信仰と強力な社会的な背景に彩られながら進展して来たのである。日本佛教の表街道の歩みである。その一方で、表に出ていない日本人の信仰の姿は、日本人の〈こころ〉をがっちりと捉えてきた山岳信仰、そして里の信仰として人々の〈たましい〉を魅了してきた法華信仰と念佛信仰であったことはすでに述べた通りである。

こうした信仰環境の中でもう一つの大きな流れがあった。禅の信仰がそれである。禅がいつごろ日本に将来されたか。禅宗史の研究者によって様々に論証されているが、『日本禅宗の成立』の著者は、夢窓疎石の『谷響集』(下)の一文を引き合いに出している。すなわち、

禅定の行は諸宗に通ぜり。此行を専にする人を皆禅師と名たり。この故に顕密の先徳にも禅師の号を得給へる人多し。教外別伝の宗師をも、禅師と名たり。(六頁)

この文言に因んで、著者は「本書では、夢窓のいう禅師を改めて〈禅師〉という概念でとらえなお」して同書を展

開している。確かに、日本における禅の系譜は古い。日本佛教の流れを遡っていくと、栄西禅師が『興禅護国論』を撰述された建久九（一一九八）年から五百年も前に、法相宗と共に禅を将来されたといわれる元興寺道昭（六二九〜七〇〇）が最初の人であったといわれる。もちろん、ここにいう禅の初伝は表向きに現れた歴史上の事実として主張されているものであるが、夢窓が「禅定の行は諸宗に通ぜり」と指摘するように、釈迦牟尼佛陀の解脱・開悟の姿勢に佛教信仰の出発があるとすれば、すでに佛教の渡来時に、禅あるいは禅的信仰形態は見られていたというべきであろう。

事実、慶慈保胤選述による『日本往生極楽記』（九八五年）以下の往生伝、また、『法華験記』には、単に念佛往生や法華経持経者の入滅の記録だけではなく、そうした信仰の根底にある禅定、坐禅の姿をみることができる。先ず、往生伝で最も早い時期に選述された『日本往生極楽記』の三六番目にある伊予国越智郡の長官越智益躬なる者の一日は、「朝は法花を読み、昼は国務に従ひ、夜は弥陀を念じて、もて恒のこととなせり」とあって、法華・念佛の重層性が見られる。また『法華験記』（上中下三巻）に記載されている持経者は一二九人を数えるが、十二、三の持経者については〈定慧（禅定）の薫習〉（第六）、〈正念寂静〉（第一九）、〈六根寂静〉（第二六）、〈結跏趺坐して、死門に入れり〉（第三二）、また、〈室に入りて坐禅し、寂静安穏にして、法華経を誦し云々〉（第四五）等々の中に信仰の生活を終えられたと伝えている。この点からも念佛信仰と法華信仰は、つねに禅定・坐禅の寂静の世界に包まれていることを示している。つまり、同時代の信仰は「世々生々見阿弥陀佛、在々処々聴法華経」と伝えているように、当時は阿弥陀佛と妙法連華経の念佛と唱題の声が山谷・村里・町を問わず聞こえていたことであろう。[20] 道元禅師が同時代の京都の街の念佛者の風情を「春の田のかえるの云々」と評された十三世紀とは違って、十世紀、十一世紀における日本人の信仰は、比叡山延暦寺の天台宗にその源泉を発して、一方には佛への帰依を象徴する阿弥陀さまの念佛信仰、他方には法への帰依を象徴する法華経信仰に集約されるものがあった。しかも、それは単に出家者に限るものではなく、聖・上人といわれる在俗の人々に受け入れられたのである。そうした信仰状況の中で『法華験記』が伝える持経者の多くは遁世者であり、また、神祇信仰に厚い人たちであったともいわれる。いずれにしても、『法華験記』に記載されている人たちは寂静、禅定、坐禅の実修者でもあった。従って、日本人と禅の関係は、栄西禅師が出現されるまでの数百年にわたる間も生きていたのである。もちろん、一つの信仰組織体の信仰形態としてではなく、常に信仰の底流にあり、佛教信仰の基本である佛・法・僧の三要素の一つとして日本人の信仰を培っていたのである。念佛と題目、そして禅定の思想信仰は鎌倉新佛教に新たな息吹を与え、日本人に見る信仰事情の土台を形作った。確かに、信仰現象は一人の偉大な宗教人によって大輪の花を咲かせるが、その花を咲かせる栄養素を見逃すわけにはいかない。長い時間と社会的な土壌によって培われ、やがてその機縁が熟し、新たな花が咲かせることになる。禅の信仰にあっては『興禅護国論』の出現がそれであろう。

総じて、鎌倉新佛教の祖師に共通する基本的な思想は末法思想であった。栄西禅師の思想信仰もその例に漏れるものではなかった(21)。例えば、傳教大師の『末法燈明記』を引いて、

末法には持戒の人無し。もし持戒のもの有りといわばこれ怪なり。譬へば市中に虎有るがごとし。

と述べているように、栄西禅師にとってもまた佛教の三時思想が思想信仰の背景となっている。すなわち、末法に

至って、佛教の基本である戒律精神が衰え、佛教の生命さえも消えようとしているという危機感を強く持ったのである。そこで栄西禅師は佛法を永遠に維持し伝えて行く道、つまり、「法を久住せしむ」る道は〈扶律の禅法〉にあるという確信に立ったのである。次いで栄西禅師は第二門として〈鎮護国家門〉を開いているが、その中に延暦寺の第五代座主であって、三井園城寺の開祖でもあった智証大師円珍（八一四〜八九一）が朝廷に提出した表白文を引用して、

智証大師の表に云く、慈覺大師在唐の日、発願して曰く、吾れ遥かに蒼波を渉って遠く白法を求む。儻し本朝に帰ることを得ば、かならず禅院を建立せんと。その意、専ら国家を護し群生を利せんがための故なりと云云。愚もまた弘めんと欲するものは、けだしこれその聖行に従ふなり。仍って鎮護国家門を立つ。

と述べられているが、一体、日本の中世において国家とは何であったか。現代的な国家意識の視点から軽々に論ずることはできないが、一つの同一民族的な組織体あるいは共同体的な意識は十分にあったと見てよい。[22]そのことは『古事記』・『日本書紀』の中にはっきりと見ることができる。例えば、『日本書紀』は、巻一に「天地（あめつち）初めて判（わか）るるに、始めて倶に生（な）りいづるの神は国常立尊」であったと伝え、以下、国づくりの神話が展開することになる。『日本書紀』を通して目につく文言は、〈成る〉・〈化なる〉・〈生あれます〉それに前述の〈とも〉と読まれる倶・具・共・與などの仲間の意味を持つ共同的な表現である。[23]

日本人の国づくりの根本は「天先成而地後定。然後神聖生其中焉」（あめまづなりて、つちのちにさだまる。しかし

てのちかみそのなかにあれます）という、天と地と共に神が生まれ出たということにあった。そして、このことが日本人の世界観そのものを物語っているものであり、また日本人の自然観をも表現している。と同時に、これが日本人の信仰的性格をも決定づけている思想であった。

周知のように、キリスト教は神の啓示への絶対的な信仰を基本として形成された。それは神による創造の世界であった。これに対して日本人の心を捉えているのは生成の世界である。二つの基本的な世界観である。日本の生成神話では天・地・神は同時に誕生しているが、キリスト教の『旧約聖書』の創世記は、この世界の創造について、

「はじめに神天地を創造たまへり」（旧約聖書　創世記　1―1）

「地は定形なくむなしくして黒暗渕の面にあり云々」（同書　1―2）

「神穹蒼を天と名づけたまえり　夕あり朝ありき云々」（同書　1―8）

「神言ひたまひけるは天の下の水は一処に集りて、かわくける土顕べしと斯くなりぬ」（同書　1―9）

と伝えている。[24]『日本書紀』が物語っている生成神話の世界[25]とはまったく様相を異にしている。つまり、『創世記』では七日の間にわれわれが住み、われわれを取り囲んでいるすべてが創りだされたということから出発しているが、日本人の生成神話において天と地の間に生まれた神は国常立尊（くにのとこたちのみこと）を加えた三つの原点から出発したのである。[26]また、『古事記』によると、日本というこの国の生成過程は、【別天つ神五柱】続いて【神代七代（かみよななよ）】となって、やがて伊邪那岐命、伊邪那美命の二柱の出現となり、その二柱は天つ神五

柱のご命令、つまり「この漂へる国を修め理《つく》り固め成せ」と指示で「国土《くに》を生み成さむと以為《おも》ふ」という合言葉によって大八洲を創りあげ、続いて日と月の二神、諸々の神々たちが誕生していく。『記紀』はそうした物語世界である。

　明らかに、『記紀』の生成神話にみる世界と『旧約聖書』が伝える創世記の世界は対照的な違いを見せている。ここに日本人の基本的なものの考え方の一つを理解することができよう。そしてこの考え方は日本人の思想の底流に流れている。常に歴史に生きてきた潜在的意識ともいうべきであろうか。十四世紀に選述された北畠親房の『神皇正統記』（南朝暦応二〈一三三九〉年）は、まさしく『記紀』の思想を基本としたものであり、瑩山禅師とまったく同時代の選述である。『記紀』に見る日本人の国家《くに》観あるいは国土《くに》観が、同時代の人々にとっての一般的理解であったといえよう。

　さて、日本というこの国は、周囲を海に囲まれた本州、四国、九州それに北北海道の四島を主要なランドとして成り立っているが、『記紀』に現れている日本の国土はイザナギ・イザナミの二神によって「みとのまぐはひして洲国隠岐・佐渡、越洲（北陸）大洲、吉備」などと次々に誕生し、ついに「はじめて大八洲国の号《な》」が生まれ、次いで〈山川草木（やまかわくさき）〉を生んで、恵まれた自然の国土が完成するに至った。ところが、日本人にとってもう一つ大切なものが未だに生まれていなかった。「天下の主（あめのしたのきみたるべきかみ）」となるべき天照大神であった。つまり、すでに国土が固まり、国土を治める主人も定まり、やがて天皇《みかど》の時代へと進むことになる。『日本書紀』（巻二十四　神武天皇紀続）に次のような記述がある。

苟も民に利《くぼさ》有らば、何ぞ聖の造《つくり》妨《たが》わむ。かつ当に山林を披払《ひらきはらひ》宮室《おほみや》を経営《をさめつくりて》、恭しみて宝位《たからくらい》に臨み、以て元元《おほみたから》を鎮む。

上は則ち乾霊《あまつかみ》国を授《さづけたまふ》の徳《うつくしい》に答へ、下は則ち皇孫《すめみま》正しきみちを養ひたまひしの心《みこころ》を弘めむ。

然て後に六合《くにのうち》を兼て以て都を開き、八紘《あめのした》を掩ひて、宇《いへ》とせること、亦よからざらむか。

その畝傍に山の東南《たつみのすみ》橿原の地《ところ》を観れば、蓋し国の墺區《もなか》ならむ。是月有司《つかさつかさ》に命《みことおほ》せて帝宅《みやこ》を経《つく》り始む

と。ここにいう乾霊は国常立尊（天御中主尊〈アマノミナカヌシノミコト〉）、高皇産霊、神産霊尊の三神を指しているが、この一文は何を伝えているのであろうか。まず、はっきりしていることは、一つの国を治めるものは民に利を与えることであり、それによって人民は反抗することもなく、宝位＝天皇は元元＝人民を治めることができる。そして第二文では天皇《すめらぎのみこと》は国家《くに》を与えてくれた三神のお徳に答えることであり、皇孫《すめみま》に正しい心を伝えることであるという。さらに第三、第四の文は天地の四方を国家《くにいえ》とし、その中心に当る橿原の地を都と定めたというのである。

ところで、日本人にとって内と外はどのように考えられていたのであろうか。参考までに述べてみると、地理的な意味では外国《とつくに》は畿国諸国《とつくにぐに》ということで、いまの近畿地方の地域を出るものではなかった。それに対して、今日的な呼称である「外国」に対応するものは韓国、唐の国が〈から〉といわれ、任那、新羅、百済という国名は固有名詞で呼ばれている。従って、『日本書紀』で見るかぎり〈内なるもの〉は都を置いた橿原の地であって、徳川幕府が大名諸国を譜代・外様の二つに分けたように、日本の諸国は〈外国〉であった。同様の分け方は信仰にも投影さ

れる。佛教を内教《のり》とし、儒教を外典《とつふみ》としているように[27]、上代の日本人は神道《かみのみち》あるいは惟神《かみながら》をものの考え方の基本にしながら、三宝（ほとけ、ほとけのみち）による内典《ほとけののり》を心の指針とし、また周孔の教え〈儒教〉を社会秩序の憲《のり》として採用したのである。つまり、日本人自身による宗教的にして倫理的な考え方が、この上代において確立されたということができる。すなわち、日本人の魂《スピリット》はこの時代に誕生したともいえる。まさしく、日本人の国家観・国土観も神・佛・儒の交流の中に展開していったのである。そして中世に至って権現信仰が柔らかな潤滑油となって、さらに日本人のものの考え方を幅広く培った。こうした事情を考慮に入れて、北陸地方の信仰事情を考えてみよう。

註

（1）明恵上人高弁（一一七五～一二三二）
解脱上人貞慶（一一五五～一二一三）
栄西禅師（一一四一～一二一五）
法然上人（一一三三～一二一二）
親鸞聖人（一一七三～一二六二）
道元禅師（一二〇〇～一二五三）
一遍上人（一二三九～一二八九）
日蓮上人（一二二二～一二八二）

（2）五教――華厳宗の教判　佛教を小乗教・大乗初教・大乗終教・頓教・圓教の五大判別。

（3）　四教――天台所立の五時八教の教相判釈の中に説かれる。
（4）　五味――佛法接化の方便として味に喩えた一種の教判、乳味・酪味・生酥味・熟酥味醍醐味の五味である。これを華厳・阿含・方等・般若・法華涅槃の各経に応ず。
（5）　元暁は新羅国黄龍寺住職、『宋高僧伝』（中国佛教典籍選刊　上）に「與湘法師入唐、慕奘三蔵慈恩之門」とある。
（6）　慈恩（六三一～六八二）は唐代法相宗の開祖。玄奘三蔵に師事。
（7）　迦才は唐代の僧で道綽の『安楽集』を整理し、『浄土論』を著したという。
（8）　「誓願の所信の法体たる名号を行と呼び、能信の心を信と云ふ」（同書　巻一　三三四頁）、「誓願は自ら其の心を制する。之を誓と曰ひ、満足を志求する。之を願と曰ふ」（真宗大辞典　巻二　一二八二頁）
（9）　信心のこと。「『観無量寿経』に説く三心―至誠心・深心・回向発願心の一つなり」（同書　巻一　一七三三頁）
（10）　真宗大谷派宗務所出版部（東本願寺出版部）刊
（11）　「是歳。皇太子（註・聖徳太子）亦講法華経於岡本宮。天皇（註・推古帝）大喜之。播磨国水田百町。施于皇太子。因以于納斑寺」（『日本書紀』通釋巻五十三）
（12）　「沙門最澄言、最澄聞、一目之羅不能得鳥、一両之宗何足普汲、徒有諸宗名、忽絶傳業人、誠願准十二律呂、定年分度者之数、法六波羅蜜、分授業諸宗之員、則両曜之明、宗別度二人、花厳宗二人、天台法華宗二人、律宗二人、三論宗三人、加小乗成実宗、法相宗三人、加小乗倶舎宗、然則陛下法施之徳、獨秀於古今、羣生法財之用、永足於塵劫、不任区区之至、謹奉表以聞、軽犯威厳、伏深戦越、謹言
延暦廿五年正月三日沙門最澄上表」
（辻善之助『日本佛教史』第一巻上世編　二六五頁）
（13）　天台宗の最高の指導者は天台座主である。

(14)『大日本国法華経験記』は上・中・下に分って一二九人の法華持経者の伝記が記載されている。

(15)「宗祖の道は法華経壽量品の久成釈尊を通じて、文底本佛発見の悦びと、勧持・不軽・神力の諸品等による強い使命感情と、衆生慈愛の心とによって起り、あだかも一子の重病に苦しむのを見る親心の如き、切な心からの伝道であったので、その言動は自然に強烈ならざるをえなかったであろう」(影山堯雄『日蓮教団史概説』五頁)

(16)『教機時国抄』によれば、教とは『法華経』を「第一の経王也」として信仰の核心に置くことであり、機とは一切衆生を指し「日本国の一切衆生は、桓武皇帝より巳来四百年一向に法華経の機也」とし、時とはいわゆる三時思想の末法の到来で、「妙法蓮華経、広宣流布の時刻也」ということにあり、国とは「日本は一向大乗の国なり。大乗の中にも、法華経の国たるべきなり」ということにあった。

(17)「当為国為家。山修山学利益有情。興隆佛法」(「叡山大師傳」)あるいは、「草庵為房。竹葉為座。軽生重法。令法久住。守護国家」(「八条式」)

(18)辻善之助『日本佛教史』第三巻 六〇頁、今枝愛真『禅宗の歴史』七頁、船岡誠『日本禅宗の成立』

(19)『往生伝・法華験記』(「日本思想体系」岩波書店 七一三頁)

(20)『興禅護国論』第三門、「世人決疑門」に栄西の末法観が示されている。諸経——大般若経・法華経・大論・中論・摩訶止観あるいは金剛般若経を例証にして、問答方式で栄西禅師の末法と禅との論点を述べている。例えば、「戒律はこれ令法久住と法なり。今この禅宗は戒律をもって宗とす」また、「問うて曰く、禅宗、何ぞ強ひて戒行を勧むるや。答えて曰く、涅槃の扶律顕常の意なり。遺教経に云く、戒に依って禅を生じ、慧を生ず」さらに、「この宗は戒をもって初めとし、禅をもって究とす」とも述べている。

(21)『興禅護国論』第一門、令法久住門。その一文には大般若を引いて、「『舎利子よ、我が涅槃の後五百歳に、甚深般若相応の経典、東北方において大いに佛事を為さん。なにをもっての故に。一切如来のともに尊重したまふところ、ともに護念したまふところなれば、彼の方において久しきを経て滅せざらしめん』と。これは扶律の禅方によって、法を久住せしむる義を明かしむるるなり」と述べている。

(22) 黒田俊雄氏はその著『日本中世の国家と宗教』で鎌倉・室町時代における「日本国」に焦点を当てて、同時代の支配構図を通しながら国家と宗教の関係を明らかにしようと試みておられる。その〈はしがき〉に「中世は宗教の時代であるとさえいわれる。中世の国家と宗教がさまざまに緊密に結び合っていた状況は、すでに自明であるかにみえる。しかし、それにもかかわらず日本中世の国家と宗教というテーマは、むしろ難問に属するとおもう」という問題を提起して論を進めている。

(23) 生成神話〈国づくり神話〉について日本書紀では以下のようにも書かれている。

いにしへ天地《あめつち》未だわかれず。陰陽《めを》分かれざるとき、渾沌《まろかれ》たること鶏子《とりのこ》のごとく、溟《くく》りて牙《きざし》を含めり。其の清陽《すみあきらか》なるものは、薄く靡き天《あめ》となり、重く濁れるものは淹滞《つつ》きて地《つち》となる。精妙《くわしくたえ》なるが合《あ》へるは易く、重く濁れるは竭《かたま》り難し。故《かれ》天先ず成りて、地後定まる。然して後神其の中に聖生《あれ》ます。故《かれ》曰く、開闢《あめつちのわかるる》はじめ、洲壌《くにつち》浮かれ漂へること、譬えば猶遊魚《あそぶうお》の水の上に浮けるがごとし。于時天地《そのときあめつち》の中に一つの物状《かたち》葦牙《あしかい》の如し。便ち化為《なりませる》神を国常立尊と号す。

(『日本書紀』第一神代　上　神代七代章)

(24) The Books of The Old and New Testaments
from The First Book of moses, called GENESIS ABS (American Bible Society New York)
1-1 In the beginning God created the heaven and the earth.
1-2 And the earth was without form, and void ; and darkness was upon the face of the deep And the Spirit of God moved upon the face of water.
1-8 And God called the firmament Heaven. And the evening and the morning were the second day.
1-9 And God said, Let the waters under the heaven be gathered, together unto one place, and let dry *land* appear; and it was so.

(25)『日本書紀』によると、国をはじめとして地、州、土、郡、という一字を〈くに〉と読み、また国家、国土、社稷をも〈くに〉と読んでいる。その他さまざまの文字と熟字した形で多様な読み方が見られる。その上、国、国家を〈あめのした〉と読み、天下、宇宙、海内をも〈あめのした〉と訓じて、いわゆる天下安静〈あめのしたやすらにしづか〉ならんことを祈り、国家〈あめのしたしづか〉なることを願っている。天地《あめつち》というと一見、二元的対立の宇宙観のように映るが、天下《あめのした》といわれる国、地、国家、国土に重点がおかれているのである。神が在す天国ではなく、「化為神号国常立尊」〈なりませるかみを、くにとこたちのみこととまうす〉いわれるように、その名は永久に変わることなくこの国（国土）が神によって護られることを意味していた。上代の日本人の国家観であり、国土観であった。

(26)『日本書紀』巻第一「八洲起原」章

(27)「今按ずるに、内教は釋教を謂い、外典は儒典を謂う。是浮屠氏の私に言とあり」(『日本書紀通釋』巻之五十三九二六頁)

第三章　《加・能・越》のカミとホトケの世界

一、カミとホトケ

日本人の信仰は多様な形で表現されていることは紛れもない事実である。宗教学的にいえば、一神教に対する多神教の枠に入ることになろう。God と gods, つまり、唯一絶対の神＝God と数知れない神々＝gods の中にある。しかも、『日本書紀』に「神の字読まず。今按ずるに、西域記に佛というは佛神となすと云り。法華経序品に曰く、諸佛の神力智恵希有とあり」とあるように、(1) 文字に限っていうと、すでに〈佛神〉という表現は佛教経典に由来しているということがはっきりしている。唯一絶対の神を精神的支柱とするキリスト教やイスラームの世界では考えられない現実であろう。それだけに、宗教学の視点から俯瞰的に眺めると、日本的な信仰現象――多くの神さま、多くの佛さま、さらには数限りない祠や石佛等々を尊崇する現実についての宗教学的な評価は決して高くはなかったといってよい。その最大の理由は、神といい佛というが、それぞれの言語的意味合いが幾重にも重なって、なにが神であり、何が佛であるのか、説明しきれない点にある。『神祇史体系』の著者宮地直一氏は、大和民族は本来信仰心に豊かにして、その態度頗る敬虔に、日常崇拝の対象たるものを總称してカミといへり。「カミ」の語に神又は神祇の字を充つるも、必ずしもその一致せるにあらず。又之が観念は各時代を通じて尠からぬ変遷を経たれば、今主として古代人の宿りしところを語らんとす。「カミ」の語源は容易に之を定め難し。(2)

と述べ、神という語の言語的印象の誤解を避けようとしている。(3) 事実、〈神〉以前──『記紀』が語る以前の日本人の信仰的な状況は〈カミ〉という語に依る方がよいであろう。また、宗教人類学を確立した佐々木宏幹氏がその著『佛《ホトケ》と霊《タマ》の人類学──佛教文化の深層構造』に、

〝ホトケ〟は佛教側からの意味づけとしての〝佛〟(解脱者)の性格と、伝統的な信仰に基づく(タマ)の性質とを具えた存在であるということになる。そして佛とホトケとタマを包含した包括的な概念が〝ホトケ〟にほかならない。とすると〝ほとけ〟の意味が人にとり場合によってたえずズレを生じるのもむしろ自然であると考えられる。〝ほとけ〟の意味は、僧侶が用いる場合には〝佛〟の側に引き寄せられようし、檀信徒が用いるときには、〝ホトケ〟または〝タマ〟により接近することになろう。

と述べているように、日本人の佛教に対する信仰態度は〈佛さま〉という人間的表現の中に現れているともいえ

る。また、そうした態度はさらに〈神さま〉という言葉によって神への人間的な親しさをも醸し出している。〈かみさま、ほとけさま〉という親しみのある呼び方が、習慣的な日本的表現であるにしても、この語には日本人の信仰的な雰囲気と信仰態度が如実に示されているのである。つまり、本来的には佛とは悟れる人＝佛陀ということになるが、佛陀（お釈迦さまという尊称を別にして）という尊称は日常的には馴染まない呼称である。日本人の信仰にとっては、日常会話上の親しさのある呼び名が信心を深めている。弘法さん、法然さん、親鸞さん、日蓮さん、瑩山さん等々には人間的な親しさが、また、お観音さん、お地蔵さん、お薬師さん、お不動さんの〈さん付け呼称〉あるいは観音さま、地蔵さま、薬師さま、不動さま等々の尊称には日本人の柔らかな信仰態度がうかがえる。

　さて、日本人が生を受けたこの国土を考えてみると、太平洋と日本海という二つの海に囲まれながら、国土の中央は北から南へと山々が連なって走っている。少し平らな土地といえば、北海道地方は別として、関東平野、濃尾平野あるいは筑紫平野というところであろうか。こうした地理的な条件の中で、上代の日本人はおおらかな世界観を作り上げたのである。高天原という想像的な思考の世界、[4]大八洲国と山川草木の国土と自然の現実的世界、[5]そして黄泉〈ヨミまたはヨモツクニ〉という他土の世界[6]の三つの世界を柱にして、その物語が展開していくことになる。

　そもそも、上代の日本人は日本という国を広大な宇宙観の中に描こうとしている。限りなく広がる天空の中に高天原〈たかまのはら〉なる大地を想定し、その中心に天御中主尊を立てて日本国の要としたのである。そして同時的に「天地混成《まろかれなりし》の時、神人《かみ》いま」すというように、すでに人格神的な傾向を見ることができる。それはやがて大八洲という国生み神話へと進み、日本の四季を彩る山川草木の誕生が語られ、日本という国土《くに》を中心に広がっていくことになる。

ここで誤解を避けるために、神話における国土観に触れる必要があろう。『日本書紀』では、普通にいう国については もちろんのこと、国家、洲、土、地などを〈くに〉と読んでいる。一体、上代の日本人にとって〈くに〉とは何を意味していたのであろうか。『日本書紀』巻第一に、

一書曰く、天神《あまつかみ》伊弉諾尊伊弉冊尊に謂《のりのたまは》曰く、豊葦原千五百秋瑞穂之地（とよあしはらの ちあまりいほあきのみずほのくに）あり。宜しく汝往《いまゆ》きて、これを脩《しらす》べし。すなわち、天瓊矛《あまたまのほこ》を賜ふ。

とあるが、すでに日本の国（地）は天神七代の神々、殊に伊弉諾・伊弉冊の二神によって生成され、天神五柱の時代から地《くに》の神々の時代に入ったのである。後に天神地祇といわれるものがそれである。そこで、〈地＝くに〉についてもう少し理解を深めてみる必要がある。このことについて、『日本書紀通釈』の著者飯田武郷氏は、江戸期の国学者鈴木重胤（一八一二〜六三）の言葉として、次のように説明している。

豊葦原は国号の謂ならず。国を成すべき地ありと云意なるか故に。地字を書れたるものなり。是時泥土沙土の漂蕩（ただよ）へるものに未差別なき間の事なりしかども。天神の御心にて国とも地とも成へき事を。おもはし定め玉ひて。二神に斯る物有とは謂らせ玉へるなれば。後に号玉へる瑞穂国などの事は。思及ぼして心得へきにはあらず。(8)

この一文から知られるように、日本書紀では国の土台であるべき地《くに》をこの上なく重要視しており、やがて日の神、月の神という天の神々と同様に、山の神、川の神、野の神、田の神等々と恩恵多き神々へと崇拝の念が広がっている。

さて、近代宗教学の祖といわれるマックス・ミュラー（F. M. Müller〈一八二三〜一九〇〇〉）によって世界の諸宗教が研究対象となったが、当時日本の宗教はまだ研究の枠外にあった。ミュラーは世界の宗教を信仰的な観点から四つの型に分けている。(9)すなわち、一神教（Monotheism）、多神教（Polytheism）、単神教（Henotheism）そして無神教（Atheism）である。この分類はすでに一世紀前の研究成果であるといえばそれまでであるが、基本的には今も留意してよいであろう。もう一つの考え方は歴史的な観点に立つ類型化である。これは次元的な分類で、世界宗教、国民宗教または民族宗教、そして原始的宗教という分類方法である。いずれにしても、ミュラーが確立した比較宗教学の影響下になされたもので、それぞれの信仰現象を判断する基準はキリスト教という座標軸にあったといってもよいであろう。従って、この考え方で日本の宗教事情を説明するとあまりにもお粗末なことになる。

周知のように、日本人には主要ないくつかの信仰現象が見られる。自然の環境条件を率直に受け入れ、それぞれに〈いのち〉を見出そうとした、精霊信仰といわれるアニミズム（Animism）と、ものの一つ一つに〈いのち〉を認めている庶物崇拝（Fetishism）、そして原始宗教の一つとして低い評価にとどまっていたシャーマニズムの信仰等々と、日本人の信仰事情は多様であると同時に、相互にかみ合っている傾向が濃い。そしてさらにもう一つの宗教事情が、佛教信仰という大きくも伝統的な信仰現象である。

佛教が日本人の生活に深く浸透するようになったのは、かなり後世のことに属することは周知の通りである。いわゆる正統的な佛教の進展といえば、多くはその教学的な面についての謂いであった。しかし、日本人の生活的な面に焦点をおいて見ると、民俗学あるいは人類学の立場から指摘されているように、信仰的により具体的に表現されたものがあった。佛像との出会いがそれであった。[10] 一般的な理解という点からみると、佛像はどちらかというと美術史的に捉えられている。また、今日的には観光という面から多くの人々の関心をあつめている。日本の佛教を論じる場合、教義を中心としての信仰思想、日本佛教の特徴的ともいえる多様な宗旨・宗派、あるいは総合的な史的研究がその主流をなしていたため、佛像を中心にした研究は美術史的な観点から、また個々の佛像については佛教美術的な立場からその業績が確立されている。しかし、日本人の日常的な生活に根ざしている信仰的な諸佛像——薬師如来、観世音菩薩、地蔵菩薩、虚空蔵菩薩、不動明王等々——についての研究は、民俗学的な、あるいは宗教人類学的な観点からの研究によって大いに啓蒙されてきたことは事実であり、諸佛における個々の如来信仰・菩薩信仰・明王信仰についての著作も多く見られるが、現実の生活信仰的な立場にある宗派的、教団的な信仰共同体からの留意事項よりは、正統的な佛教教義理論の方に重点がおかれている。つまり、教理ないし教理体系に焦点をおくあまり、信仰共同体を実質的に支えている人々の信仰事情を顧みない状況が、今に至っても続いているのである。一例を示すと、阿弥陀さまを信心の主核とする浄土真宗の寺院にあっても、境内にはお地蔵さんが建てられ、また庚申さまも祀られている。また、曹洞宗について見ると、多くの寺院には地蔵堂をはじめ観音堂、あるいは稲荷堂・秋葉堂もその境内に見ることができる。いわゆる諸堂といわれるものであって、ホトケさまに混在してカミさまが鎮座している寺院が多い。否、曹洞宗寺院のすべてについて、それぞれの寺院境内に、また、それぞれの伽藍の中に神佛が共存しているのである。おそらく、鎌倉時代に確立された諸教団の寺院に見られる姿――俯瞰図的な観点に映る景観には、諸堂に鎮座する〈カミ〉＝〈ホトケ〉が並立・共存的に見ることができよう。つまり、〈神佛〉同座世界である。

ここで目を転じて、初期曹洞宗教団の歴史的環境、つまり、京都から能登の総持寺に至る諸地域の信仰的な風景を眺めることによって、瑩山禅師の思想信仰に接近していくことにしたい。

註

（1）『日本書紀』巻第二十二　推古天皇紀（飯田武郷『日本書紀通釈』巻之五十一による）

（2）『神祇史体系』（第二　上代一）四頁

（3）同書　七十七頁

（4）「一書曰く、天地初めて判《わか》るとき、始めて倶に生之神《なりいづる》、国常立尊と号す。又曰く、高天原に所生《あれま》す神の名を天御中主尊《あまのみなかぬしみこと》といふ。（同書　六十頁）

（5）「次に海を生む。次に川を生む。次に山を生む。次に木祖句句廼馳を生む。次に草祖草野姫《くきのおやかやぬひめ》を生む」（同書　百四十五頁）

「既にして伊弉諾尊伊弉冊尊共に議《はかりてのたま》曰わく、吾れすでに大八洲国及び山川草木を生めり。何《いかに》ぞ天下《あめのした》の主《きみたるべきかみ》者を生まざらめやと。ここに共に日神を生みまつります。大日霎貴《おほひるめのむち》と号す」（同書　百五十頁）

（6）「一書曰く、伊弉諾尊、伊弉冊尊のいます処に追い至りまして、便ち語ての曰く、汝を悲しとおもふが故に来つ。答て曰く、族《うから》や、吾を看《みまし》ぞな。伊弉諾尊従いたまはず。なお看《み》そなはす。故に伊弉冊尊恥恨《はちうらみて》曰く、汝我が情を見

つ。我また汝が情《こころ》を見つ。時に伊弉諾尊また慙ちたまふ」　（同書　二百七十七頁）

（7）神々の系譜については、その資料・観点によって異なる点がある。いまは『日本書紀』にいう神代七代《かみよしちよ》について見ると、次のようになる。

＊神代七代＝天神七神

①国常立尊　②国狭槌尊の二神は、国土の葦牙《あしかい》という芽

③天御中主尊　④高皇産霊尊　⑤神皇産霊尊の三神は造化三神である。

⑥伊弉諾尊　⑦伊弉冊尊の二神は大八洲国を生成した。従って、天神《あまつかみ》でありながら地神《くにつかみ》の祖神である。

（8）『日本書紀通釈』百二十二〜三頁

（9）①一神教　キリスト教、イスラームに見られる唯一絶対の神への信仰

②多神教

③単神教

④無神教

（10）小林敏男「古代における神と佛」（佐々木宏幹編『民俗学の地平　桜井徳太郎の世界』岩田書院　平成十九年所収）

日本の在来信仰（神祇信仰）の対象にある神とインド発の佛教は、異質の「宗教」（信仰）である。それは、神と佛という形で対比される。その場合、佛とは佛像を意味している。佛教の日本への伝来・流入とは、その初期の受容においては、なによりもまず佛像という目にみえる偶像崇拝であった。（六十九頁）

二、神祇信仰の世界——権現さまへの親しみ

日本人の〈こころ〉という精神史的な観点に立つと、長い間、表舞台に立ってきた〈神〉と〈佛〉と〈儒教〉という神佛儒の三位一体的な日本人の精神体系が見えてくる。時にはカミが最先端に立ち、時にはホトケが世間を指導し、時には儒教的秩序が社会形成に重みを増して、神佛に優先するという日本人のこころの歴史でもあった。しかし、日本人の生活の底流あるいは裏面にピッタリと裏打ちされてきた〈こころの襞《ひだ》〉は神佛混合、権現さまへの信仰、つまり、神祇信仰であった。

もともと、神祇信仰は上代日本人に本来的なこころの安らぎを与えていたものであった。神祇については「天神地祇（あまつかみ　くにつかみ）」という呼び方をはじめとして、「天神地祇（あまつやしろ　くにつやしろ）」といい、また「神祇（あまつかみ　くにつかみ）」あるいは「礼祭神祇（やまつかみ　くにつやしろをいやまひいはふ）」とも呼ばれている[1]。おそらく、後世の神祇信仰の原初形態として考えることができよう。つまり、天《あま》への崇敬と地《くに》への崇敬が同時的に存在していたといえよう。『日本書紀』（巻二十六　第十代崇神天皇十〈二〇九〉年）に、

秋七月丙戌朔己酉。詔群卿曰。導民之本。在於教化也。今既礼神祇。災害皆耗」——まへつきみたちに、みことのりして曰く、民を導くの本は、教えおもむくるにある也。今既にあまつかみ、くにつかみをいやまひて、わざわい皆つきぬ

とあって[2]、また、同書（巻三十　第十二代景行天皇三〈二八八〉年）には、景行天皇が紀伊の国に行かれたことの記述として、

三年春二月庚寅朔。幸于紀伊国将祭祀群神祇而不吉」——紀伊の国にゆきて、まさに、もろもろのあまつやしろ、くにつやしろをいはひまつらむと、うらふるによからず——

ともある。明らかに、日本人の国づくり神話における最大の要素は天神（あまつかみ）と国神（くにつかみ）、あるいは同じく地神（くにつかみ）といわれるものにあった。いわゆる〈神祇〉への崇敬であり、〈群《もろもろの》神祇〉への信仰にあったのである。こうした信仰事情は二十一世紀の今も変らない。

目を明治維新に転じてみると、日本の近代化の始点である明治維新は、王政復古という『記紀』への回帰でもあった[3]。と同時に、外から将来された宗教＝佛教を排斥することも重要な要素であった。煩わしいことになるが、明治元年三月十二日の『三月十二日神祇官指考』によると、

従来相伝之神祇道者、皇道固有之大道ニテ一日モ不可廃弛候処、中古以来、外教宇内ニ遍布シ、盛大ニ成立候ヨリ、終ニ一種之小道ト斉ク神道ト唱ヘ候事偏ニ外教ニ対シ候ヨリ起ル俗称ニテ、就中、応仁大乱之後者万民塗炭ニ堕ス。古道盡ク欲煙滅之勢ニテ、因テ一時之権道ヲ以テ、頽壊之人心ヲ繋持し聊常典ヲ万一ニ存セラレ候処、天下昇平ニ属シ、古文之世ニ推移リ、人々識見モ相開天下之耳目一変致シ候得者、愈国体堅牢皇道之基

礎相立、祭政一致之境ニリ候様ニト、侵染之流弊ヲ去リ、純粋ノ古道執心之輩ヲシテ、学館ニオイテ古道執心之者、講習之事、御願之通、被蒙勅許候間、此段可被相心得候事。(4)（下略）

とある。

この一文は明治維新後十九世紀後半に至っての政府資料であるが、これを読み返してみると、原初的な神祇思想が見えてくる。と同時に、日本人の拠って立つ精神的な原初形態が神祇の道に帰着していることに気がつくのである。しかし、この一文では中古以来、外教――おそらくは佛教を指しての表現であろう――の活動が盛んになり、皇室の信仰ともいうべき日本の大道が廃れてしまったと嘆いている。そこで王政復古の今、「古文の世に推移り、国体堅牢なる皇道の基礎を相立し、祭政一致の境によって、侵染な流弊を捨てて、純粋の古道に立ち返る」ことに意義があるとしている。従って、中古以来明治に至る、少なくとも佛教を受け入れた六世紀から十九世紀に至るまでの一三〇〇年間の精神史的な状況は、〈一時の権道〉によって辛うじて〈頽壊の人心〉を繋ぎとめたに過ぎず、〈純粋の古道〉は絶えてなかったと断言している。それでは〈一時の権道〉という権道とは何か。おそらく、神佛混淆の神祇信仰を〈権（仮）の道〉と表現しているのであろう。それはまさしく中古以来、日本人のこころを捉えてきた信仰表現であった。本書の初めに引用した『増鏡』にも同時代のその信仰状況を垣間見ることができる。

『増鏡』（第十八、むら時雨の巻）(5)は後醍醐天皇の嘉暦元（一三二六）年から元弘元（一三三一）年に至る五年間における天皇の周辺事情を書き綴っているが、これは中宮禧子の懐妊をめぐる物語であり、生まれてくる子供の無事を祈る当時の信仰状況が現れている。

山、三井寺、山科寺、仁和寺、すべて、大法、秘法、祭、祓、かずをつくしてののしるさま、いとたのもし。
云々

とあって、それぞれの祈願する対象によって、祈禱する僧も違っていた。七佛薬師の法[6]は青蓮印ノ二品法親王慈道、如意輪法[7]は道意僧正、五壇の御修法[8]の中壇は座主の法親王などというように、それぞれの大きな寺院にあらゆる祈願をかけている。また、奈良の春日大社・比叡山延暦寺の日枝社等に参拝することも日常的な行事であった。こうした寺社への信仰は日本人の特徴であるが、もう少しこの問題について焦点を絞ってみたい。

すでに述べたように、日本人の信仰の原点は天神地神を〈いわいまつる〉という自然崇拝に根差したものであった。その民族的な崇拝現象に中国からの佛教信仰が受け入れられるに至って、日本人の新たなものの考え方――信仰思想に主軸をおいた――が展開しはじめたのである。本地垂迹研究の最初の研究者と称される辻善之助氏（一八七七～一九五五）は、いみじくもその著『日本佛教史』（第一巻　上世篇　四三六頁）に、

本地垂迹説は、佛教が日本の国民思想に同化したことを示すものであって、我国民があらゆる外来の文化を吸収し、之を同化する力にとめることを示す多くの例の中の一つである。

と述べている。すなわち、本地垂迹の歴史的な展開はすでに白鳳時代に始まり[9]、日本の神々は「畢竟神が佛法を悦

び、その供養を受け、これを護るといふにあ」るとして[10]、神宮寺の存在に注目しているが、『日本寺院史』の著者平岡定海氏も、神宮寺の性格について、神宮寺の存在は飛鳥時代の後期以前に遡ることはできないという見解を述べている。いわゆる白鳳時代であり、飛鳥寺において盂蘭盆会が初めて行われ（六五七）、藤原鎌足が亡くなり（六六九）、諸国に放生会を厳修することが命じられ（六七六）、薬師寺が創建され（六八〇）、その後諸国に対して家毎に佛舎を作ることを勧めた（六八五）といわれるように、日本佛教を飛躍的に発展させたと評価されている聖徳太子が亡くなられた推古帝三十（六二二）年から、近々五〇年の間に佛教は生活的な年中行事化が見えはじめ、神と佛の対立的な存在ではなく、共存的な在り方が表現されるようになったのである。神祇信仰の形成がそれであり、日本古来の土着的信仰としての〈神〉と〈佛〉が融合して日本人の信仰意識に新たな要素を注入することになったのである。神宮寺という形成要素とその表現としての寺名がそれを象徴している。平岡氏の論考「大和国の神宮寺」はその事情を明らかにしているので[11]、その所見を参考にして神祇信仰について理解を深めてみたい。

日本人の信仰、殊に日本中世の宗教形態に焦点を当ててみると、神祇信仰、神佛混合、本地垂迹、そして権現信仰等々と多くの表現が見られるであろうが、煎じ詰めると、〈かみ〉と〈ほとけ〉が並存している信仰世界であり、それが日本人の信仰の底流に潜む最大の信仰意識である。その内実は日本佛教の総府といわれる比叡山延暦寺の諸堂位置図に読み取ることができよう。

いうまでもなく、比叡山延暦寺の在所である近江国は平安京の隣国ともいわれているように、日本史の流れからいえば先進地域としての中心的役割を持っていた。従って、この地には今に日本人の精神的な原点を見ることができる。高野山金剛峯寺と双璧をなしている比叡山延暦寺（開創延暦七〈七八八〉年）がそれである。

比叡山延暦寺の塔頭寺院ともいうべき諸堂はかつて三千の数に及んだといわれるが、現在もなお数十の堂塔を有している。そうした中に、後に確立されることになる鎌倉新佛教の源泉が目に映ってくる。宗教における信仰行為は人それぞれの内面的な動きであるが、それを社会現象として捉えることができるのは堂塔伽藍としてであり、板碑石佛などである。それらは信仰が表現された具体像として理解することができよう。このような観点から延暦寺の堂塔を眺めると、そこには〈カミ〉と〈ホトケ〉の共存的な世界が演じられていたことが知られる。つまり、延暦寺の根本中堂を中心に各種の堂塔が存立していると同時に、日本人の原初的な信仰表現である神社が存在している。まず、堂塔について目につくのは戒壇院を始めとして念佛三昧を行ずる常行堂、ひたすら坐禅に打ち込む法華堂、不動明王がいます明王堂などである。そして釈迦堂、阿弥陀堂等々、また、後の建立になるが法然堂、蓮如堂も見られ、また記念碑でいえば、道元禅師得度の碑が立てられている。延暦寺はまさしく日本佛教を総括し、その原点を如実に表現しているのである。それだけではない。傳教大師によって開かれた比叡山という聖地を護る日吉大社（山王社）をはじめ、大富神社、榊神社、そして比叡山の一山の主人公ともいうべき地主神社が存在している。このように、比叡山延暦寺は日本佛教の源泉としての教理的な根幹をなすと同時に、日本人の宗教史に生き生きと表現された信仰の世界をいまに伝えている。これは本地垂迹の信仰であり、神祇信仰の原点をも示しているのである。

さて、先に述べたように、神祇信仰は天と地の神々に対する信仰ということになる。それはわれわれ人間を生かしてくれている環境、つまり、大自然に対する畏敬の念に出発し、自然が与えてくれている恩恵〈めぐみ〉とそれに対する報恩の気持ち〈ありがたみ〉を表現しようとする信仰意識である。

他方、人は常に願いを持った生活を希望している。清らかさ、安らかさ、あるいは和みある無事安穏な生活を望んで止まない。しかし、人は人に対して妬み、憎しみ、あるいは怒りを持って相克し、葛藤し、そして相争う存在であることも事実である。それが恨み、呪いという形となり、人と人、家族同士、隣人同士、地域間、さらに異国に対する報復的な呪いともなって、信仰世界では異国降伏の祈禱となって表現される。まさしく、神祇信仰は多様な様相の世界である。日本人にとって天神・地神（あまつかみ・くにつかみ）といわれる八百万の神神は〈まさに、いま、ここに坐す〉という存在感を持っていた。従って、その存在は、

いにしへは　此世も人も　なかりけり
　たかまが原に　神いましつつ(12)

という道歌にみるような、佛教寺院や神社以前の世界観の中にあった。やがて、古代の日本人は神々を〈ほこら〉に祭祀することになる。先に見た『三井寺法燈記』（寺門伝記補録第五）「新山王祠」によると、比叡山延暦寺を守護しているといわれる山王について、

山王または日吉の神と名く。また比叡の神という。神、大比叡・小比叡にあり

とあって、また神名については、

山徒（比叡山の僧侶たち）の説にいわく、日吉ノ神、小比叡の峯に現じ、傳教大師に告げていはく「我が名は竪の三点に横の一点を加え、横の三点に竪の一点を添う」いいおわりて隠る。

大師おもえらく、

竪の三、横の一は山の字、横の三、竪の一は王の字、ついに崇めて山王と称す。

釈書行円の伝にいわく、(13) 三井の行円つねに山王明神と清談す。明神のいはく、「我が名は山王、公、これを委するや。すなはち三諦則一を表するなり。山の字竪の三面は空仮中なり、横の一面はこれ一なり。王の字横三面は三諦也、竪の一面はまた一なり。二字三一、一貫の形あり。三諦則一を表す。(14) 故に、我立てて名となす。」

と伝えている。比叡山を守護している神は、傳教大師最澄が延暦寺を開創するに及んで天台の教学——つまり、天台の信仰精神について傳教大師に語ったという。次いで同書は、三井寺の法橋上人位の行円が山王明神と天台の信仰について常に対談していたとも伝えている。寺門派の本山といわれる三井の園城寺の信仰の正当性を明らかにしようとしているのである。さらに同書は次のように述べている。

昔日、吾が大師(15)神道を伝う。（智證一流今なお神家に秘す）。円、これを相承しもっぱら神道灌頂を伝う。円が後、錦織僧正にありて深くこの道に達しこれを盛んにす。円、またかって如意輪尊に帰す。一時、この尊の方法を修す。念誦の頃《あい》だ、六臂の聖容忽然として道場に影現す。永承二（一〇四七）年正月七日。終りに臨んで阿弥陀佛および浄土の聖衆を感見し、両方に向て口唱印手し、安詳（祥?）として逝ず。行年七十。

山門・寺門が分立してから半世紀後の三井園城寺の信仰風景が見えてくる記録でもある。この記録に限って見ても〈神道〉という文字をはじめとして、如意輪観世音菩薩、阿弥陀如来、そして浄土の聖衆が描かれているように[16]、三井寺の神佛混淆の信仰風景が現前してくる。いうまでもなく、この事情は境内図が示しているように、比叡山延暦寺においても同じなのである。こうした信仰風景の中で、さらに延暦寺と園城寺には大きな共通点がある。それは土地に対する尊崇であり、比叡山には地主権現が祀られ、三井寺では三尾明神が尊信されたのである。

『今昔物語』は、三井寺の祖と仰がれる智証大師円珍について次のような興味ある物語を伝えている[17]。

天台座主であった円珍が新たな門派を立てる意志を固め、其処此処に然るべき地を探し求めていた折、昔、天智天皇の子であった大友皇子が建立したといわれる一寺を手に入れた。見ればその建物はなお荘厳さを保ち、伽藍の内には丈六の弥勒菩薩が鎮座していた。寺の辺には僧房があってその下に一つの井戸があった。一人の僧が出て来ていうには、「是の井は一つ也と云へども、名は三井と云ふ」と。その意はといえば、「是は、三代の天皇生れ給へる産湯水を此の井に汲みたれば、三井とは申す也」と。話終って大師が僧房に入って行くともう一人の僧が待っていた。その僧が大師を見るや否や話しかけてきた。要をいえば「この寺を円珍のために譲る」ということであった。やがてまた牛車に乗ったやんごとなき尊い人が姿を現した。大師を見て語りかけた。「我れは此寺の佛法を守らむと誓へる身也。而るに今聖人に此寺を伝へ得て、佛法を弘め可給《たまうべ》ければ、今よりは深く大師を頼む」と契って返ぬ。此人を誰と不知らず。然れば、共に有る□、大師、「是は誰人の御《おわ》するぞ」と問ふに、「是は三尾の明神御す也」と答ふ。

ここで三尾の明神について触れることになる。(18) 総じて、『三井寺法燈記』の「園城寺伝記」と「寺門伝記補録」の第一から第八に及ぶ記録には、神祇信仰に関する資料が多くある。その中で三尾の明神についての記述に、

三尾明神ハ太古、伊弉諸尊あとを長等山に垂れ、国家を擁護し群生を利楽す。ついに長等山南境の地主となる。

という言葉に始まって、〈三尾〉の意味と発祥、そして円珍が三井寺に入山した経緯を述べている。次いで、

また、本殿にしの砌、白山権現の祠を建つ。これすなわち三尾の神、北道にありては白山明神と現わる。彼此一体の分身なり。

と語り伝えている。つまり、三尾明神は長等山園城寺の地主として、国家（くに）の守り神として、そして庶民の守り神として存在することになる。それは比叡山延暦寺を守護する〈山王さん〉の存在と軌を一にしている。

山王または日吉の神と名く。また比叡の神という。神、大比叡・小比叡にあり。次のごとく大宮・二宮これなり。延喜式、神祇部にいわく、近江国滋賀郡、日吉神社（大名神）。日吉は近江国滋賀郡にあり。式内一座、二宮大山咋神なり。式外六座、大宮は大巳貴命なり云々と。

さて、大山咋神についてであるが、『古事記』によれば、建速須佐之男神《たけはやすさのおのかみ》の子である大年神が天知迦流美豆比売《あめしるかみずひめの》神《かみ》と結婚して九人の子供を持った。その三番目の子が大山咋神であった。

亦の名は山末之大主神。この神は近つ淡海国（近江の国）の日枝の山に坐し、また葛野の松尾に坐して、鳴鏑《なりかぶら》を用つ神ぞ。

とあるように、大山咋神は比叡山の山を守る〈山ノ神〉であった。そしてまた京都を守る松尾大社に祀られている神でもあった。こうして見てくると、日本人の神にたいする尊崇の念はホトケとの出会いを通してより具象化され、あるいは人間化されてきたともいえるのかも知れない。[19]すなわち、比叡山延暦寺にしても、長等山園城寺にしても、それぞれの寺院が建立されているのは山という大地であり、従ってその寺院を守ってくれているのは大地の神であるという信仰の世界に根差しているのである。まさしく、日本人の信仰――尊崇の念は、山にあっては山、谷にあっては谷、野にあっては野、道にあっては道等々と、目に映じ耳に聞こえるものすべてに〈神さま〉の存在を感じたのである。八百万の神々の世界である。いわゆる〈神祇〉信仰の源流をそこに見いだすことができよう。

こうした日本人の原初的な信仰は、先ず第一に自然が与えてくれている恵みへの感謝、つまり、祭《いは》うということであった。そして第二に表現されたのは祟り、呪詛という表現である。[20] 古代の日本人の自然観、そして人間観は、極めて率直なものであったであろう。美しいものは美しく、悲しい時は悲しく、恐ろしいものは恐ろしく、その状況に応じて素直に感受するものがあった。八百万の神といわれる神々の神名には、日本人の喜怒哀楽の心を表現している神名が多く見られる。[21]

繰り返すことになるが、日本人の原初的な信仰世界は森羅万象すべての〈はたらき〉に〈いのち〉を感じ、それを喜び、それを悲しみ、それを受け入れ、それを退けようとしたものであった。そこには善神もあれば、悪神もあった。これが宗教学の上からは程度の低い精霊信仰と見られてきた日本人の信仰事情そのものである。

しかし、日本人は佛教を受け入れるに及んで、神祇信仰を神佛混合崇拝から本地垂迹の論理を基底にした〈権現信仰〉へと進展させることになる。インド的なものの考え方と日本的ものの考え方が、日本文化の中心に浸透していくことになるのである。この問題は次節「本地垂迹の信仰」で具体的に考えてみたい。

註

（1）『日本書紀』巻第三「神武天皇紀」を中心に記述されている。

（2）『古事記』（中つ巻　崇神天皇）の章に「天神地祇の社を定め奉りたまひき」ともある。

（3）『神々の明治維新』の著者安丸良夫氏は次のように述べている。

「王政復古の大号令に神武創業云々の一句をいれたのは、国学者玉松操の意見によったもので、玉松は、建武の中興よりも神武天皇による国家の創業に明治維新の理念を求むるべきだと主張した」「神武天皇の国家建設が祭政一致の原則にもとづくものとされたのは、即位前の天皇が丹生川の川上に天神地祇を祀ったことや、即位の翌年に鳥見山に霊畤をたてて皇霊を祀ったことなどに由来するとともに、その国土平定過程が神々の霊威に助けられた神政政治的な様相をもっていたからであろう。」

「此度王政復古神武創業ノ始ニ　被為基諸事御一新祭政一致之御制度ニ御回復被遊候ニ付テハ　先第一神祇官御再典御造立ノ上追々諸祭奠モ可被為興儀被仰出候。依テ此旨五畿七道諸国ニ布告シ、往古ニ立帰、諸家執奏配下之儀ハ被止、普ク天下之諸神社神主禰宜祝神部ニ至迄、向後右神祇官附属ニ被仰渡候間、官位ヲ初事万端同官へ願立候様可心得候事。」明治元年三月十三日　第一五三号（伊達光美『日本宗教制度史料類聚考』五七六頁）

（4）『日本宗教制度史料法令集』五七六頁

（5）第十八「むら時雨」は、後醍醐天皇嘉暦元（一三二六）年から元弘元（一三三一）に至る五年間の日常を叙述したものであるが、延暦寺・三井寺をはじめとする諸寺院、春日社・日枝の社以下の諸社参りと、同時代の信仰模様が語られている。また、この件には後醍醐天皇の側近くに仕える宮中人、南北朝時にその名を馳せる人物が登場している。

（6）七佛薬師法　過去七佛を一体と観じて祈願する比叡山の四箇の大法の一つの修法である。

（7）如意輪法　如意輪観音を供養念誦する秘法といわれる。

（8）五壇の修法　五大明王――中壇は大聖不動明王、東壇は降三世明王、南壇は軍荼梨明王、北壇は金剛薬叉明王そして西壇大威徳明王を祈るもので五人の阿闍梨（師と仰がれる僧）によって行われる。

（9）白鳳時代（大化元〈六四九〉年〜和銅二〈七〇九〉年）すなわち、日本の美術史の上での飛鳥時代と天平時代との中間の時代を指している。

(10) 辻善之助『日本佛教史　上世篇』四四一頁
(11) 平岡定海『日本寺院史の研究』六六頁〜一〇七頁
(12) 松尾茂『道歌大観』（明治四十五年三月原本発行）昭和五十七年
(13) 行円について
『三井寺法燈記』（寺門伝記補録第十五）によれば、行円は長久四（一〇四三）年十二月二十八日に法橋上人位に就いている。天平宝字四（七六〇）年に東大寺良辨大僧都の奉請によって四位十三階の僧位が定められたが、清和天皇貞観六（八六四）年に法橋上人位、法眼和尚位、法印大和尚位の三階がさらに定められた。
(14) 空仮中の三諦
(15) 智證大師円珍（八一四〜八九四）
(16) 「浄土の聖衆《しょうじゅ》具さには眷属聖衆と称して、極楽浄土の阿弥陀佛に付随する多くの菩薩及び聲聞をいふ」
（真宗大辞典巻二　聖衆の項）
(17) 巻第十一「智証大師、門徒初めて三井寺を立てたる語《こと》」
(18) 明神と権現について
「明神ノ外ニ大明神アリ。上野国神名帳ニハ、式内ナルヲ大明神ト為、式外ナルヲ明神ト為シ云々」（古事類苑）
(19) 岩木神社のご神体は岩木山それ自体であるが、参道に踏み入れる前の大鳥居の正面から神社の建物が望め、その建物の上方に岩木山が聳えている。白雪を頂いた岩木山神社の光景には神々しさが感じられる。そして神社の景観は人間的な雰囲気を与えている。
(20) 呪詛（のろひとこひ）。飯田武郷著『日本書紀通釈』巻之三十六（一九七七頁）、「トコヒ（詛）は言霊によりてする術、ノロヒ（呪）は言にいはず、念つめてものするなり」と説明されている。

(21)　泣沢女神（なきさわめのかみ）　イザナミ神を失ったイザナギ神が悲しみのあまり泣き悲しんだ折に、その涙から生まれた娘で、香具山の山麓に住む神といわれた。また次章で述べることとなるが、菊理媛神（くくりひめのかみ）は白山神社の主神であって、黄泉に赴くイザナミ神とイザナギ神とが言い争いをした時、菊理媛が中に入って争いを止めたといわれる。『記紀』に伝えられる神々は自然現象的な世界や人間的な関係の心理的な世界に多く出現する。

三、本地垂迹の源泉──白山信仰に見る

加賀、能登、越前についての思いを新たにすると、北陸地方あるいは北陸道という地域名が浮かんでくる。律令制度によって五畿七道が設定され(1)、その七道の一つが北陸道であった。北陸道は歴史的に主要な地理的条件を持っていたのである。一千年の古都京都を中心にした五畿（山城・大和・河内・和泉・摂津）の五国は日本の歴史的先進地であり、そこから七道の一つとされる北陸道が、若狭・越前・加賀・能登・越中・越後・佐渡の北陸七国を結ぶ主要な道路として定められた。もっとも、これらの中で京都と深い関係を持っていた国は若狭・越前・加賀、そして能登ということになろう。また、北陸道には属さないが、京都から北陸道に入るには近江の国を通過することになる。従って、追って考えることになる加・能・越の信仰事情を理解するためにも近江国、つまり、滋賀県における信仰的な風土を理解する必要がある。

周知のように、滋賀県は日本最大の湖である琵琶湖を囲んで、北は越前、西は若狭・丹波、東は美濃・伊勢・伊

賀、そして南は山城の七国を周囲に持っているが、近江国は〈平安京の隣国〉とも表現できる。そして、琵琶湖の南端に佛法の総府と称される比叡山延暦寺と三井の園城寺が並立している。また、現在の時点でみると、滋賀県には寺院数の多いことに驚く。同時に近江国は、琵琶湖の東西に多くの神社が形成された地域でもあった(2)。そこでまず、寺院数を具体的に見てみたい。ここでは現今の県別行政区分によってその傾向を見ることにする(3)。

寺院数に限っていうと、愛知県（四八一九寺院）、兵庫県（三三九二寺院）、大阪府（三三六六寺院）に次いで滋賀県（三一〇八寺院）が三千か寺を越している。ちなみに他に三千以上の寺院数を持つ地域は京都府（三〇四八寺院）と新潟県（三〇〇八寺院）の二地域に過ぎないのである。次に、滋賀県自体の宗派的な傾向について見ると、真宗・浄土系寺院（二〇八二寺院）が全体の六七％強を占め、次いで、曹洞宗（二〇六寺院）・臨済系（一五三寺院）・黄檗宗（五〇寺院）の禅宗系寺院（合わせて四〇九寺院）であるが、その割合は一三％に過ぎない。また天台系寺院は通称山門派（天台宗二七七寺院）、天台寺門派（園城寺系一六寺院）それに天台真盛宗（一〇八寺院）を合わせた三宗派にしても約一三％で、平安佛教を代表する一方の雄である真言宗各宗派総計（十宗派の寺院は九七寺院）は僅かに三％に過ぎず、他は日蓮系宗派寺院の二％、その他となっている。そこで第三点として、寺院数を地理的な分布状況に開いて見ると、琵琶湖を中心に東西における寺院分布数は約九対一の割合で滋賀県の東部に集中しているのである。そして第四点の指摘事項は、各宗派の寺院の分布傾向ということになる(4)。まず平成の大合併といわれる以前の滋賀県の行政区域は六市十二郡からなっているが、西部に属するのはわずか三郡に過ぎない。また、地形的にも琵琶湖に沿った東部・西部の平坦な地域となると、東部の湖岸には彦根市・近江八幡市・草津市などの都市部が並存しているが、西部の湖岸の平坦地は意外に狭く途切れている。その西部地域は曹洞宗と浄土真宗大谷派と本願寺派の三宗派に限られているといってよい。これに対して東部地域は、大別して浄土真宗の大谷派と本願寺派が二分する形で共存し、それに浄土宗が加わり、あたかも他の宗派を受けつけないかのように念佛信仰の諸寺院が全県下に形成されている。まさしく真宗王国の感がある。そして最後に、本来は最初に挙げるべきであったが、第五点として延暦寺と園城寺両寺の存在に留意したい。

山門派・寺門派として知られる天台宗の二大両勢力は、現今の寺院数においては山門派、つまり、比叡山延暦寺系の寺院群が圧倒的に多いが、この二つの寺院には日本佛教界における神祇信仰・本地垂迹・重層信仰の源泉を見出すことができる。この点をより簡潔に理解するには、いたずらに理論的に論及することよりも、広大な境内地に建立されている多くの伽藍や諸堂について俯瞰図的な観察を通してアプローチするのが近道である。

園城寺は天台宗別院として出発した寺院であったが[5]、もともとは古い寺の跡に復活したとも伝えられている[6]。天台宗は佛法の総府といわれる比叡山延暦寺と長等山園城寺が隣接しながらも、現実的には対立へと変わっていく[7]。やがて両者は長い争いの坩堝に陥って行ったのである[8]。殊に、道元禅師が出家し、後に俗系の大叔父に当る園城寺長吏明王院僧正公胤を訪れた時、天台座主は慈円僧正であったが、この時期にもなお両派の対立・騒動は止むことがなかったのである。延暦寺の第七十一前大僧正慈円の座主時代の建保二（一二一四）年四月十五日の項に、「衆徒発向園城寺、焼払金堂以下堂舎僧房」と伝えているが、両派の騒動は単に近江国の大津近郊の範囲における範囲のものではなかった。両派の権力争いは荘園地域にも及んでいる。

事の起こりは、昨日、日吉祭、大津の神人唐崎を御供備進先例に背く。不法の寺社家、神人等を責勘せしむるの処、児□相撲清四郎男一類等在、左方の船に乗りて、公人に向かって矢を放つ。専ら法印の当り疵を被る。為に大衆僉議し、件の張本人等を召し取るとなす。

十五日朝、所司代を差し遣わし、下公人大津浦に□するの間、法師原に諠譁の事、所司帰却の処、三井僧徒大江辺に進み到り合戦に及ぶ。

社頭参詣の大衆、此の事を聞き伝え、時剋を移さず、件の砌に向かう。すなわち、錦織の里浦の在家・北院房舎を焼く。丑剋に及び金堂等を焼き了す。同十六、七の両日の間、粟津御厨・在家を焼く。

とあるが、同時代、延暦寺と園城寺両寺の伽藍堂塔がどのように建立されていたかに触れて行きたい。

まず、たびたび焼失に遭った園城寺であるが、園城寺の信仰の核心は開祖智証大師円珍が座している大師堂であろう。その大師堂を中心に、右側に三重塔、一切経堂、閼伽井屋、金堂、大門（仁王門）、左側に勧学院、観月台、観音堂等々と信仰の歴史を刻んでいると共に、今日の日本人の信心に語りかけている。そしてその間に諸院・諸房が並んでいるが、境内全体を念頭において考えるとき、そこには三尾神社、[9]熊野神社、[10]長等神社[11]があって、また新羅善神堂[12]と護法善神堂[13]がある。〈佛神〉が共存している姿である。この点については、園城寺に関する貴重な資料集である『三井寺法燈記　寺門伝記補録第九』に記録されている「三院図説」によって俯瞰的に述べてみよう。

園城寺は中院と北院と南院、三つの境内からなっている。まず中院は名の如く全体の中心をなすものである。左右に金剛力士が睨みを効かせている二層の楼門をくぐると金堂に至る。その南に唐院、北に門宝殿があり、寺院としてある諸堂として鐘楼、僧房、普賢堂、五大堂、尊星王堂、食堂、大講堂、行動、廟堂、閼加井堂と浴場、毘沙門堂、龍雲祖堂、堂の鐘楼、その西北に法華堂、西南に常行堂、真西に潅頂堂、経蔵等々と二十有余の堂がある。そして神社としての建物は山王社、新羅社、護法善神堂、熊野権現社、鎮守の社として五所明神と八所明神が祭祀されている。

次に北院についていえば、諸堂として僧房、東門の二階楼門、南門の二階楼門、三重塔、経蔵、常在寺の境内、千手堂、金光院（阿弥陀佛）、西蓮房、浴室、本覺院（灌頂堂）、羅惹院（尊星王堂）、龍華院（灌頂堂）、安楽行堂、如法堂、僧房等と、ここにも二十近い堂塔がある。同じ境内には三尾神社、新羅の御旅所、住吉の森、総社、般若神の社、宿王神の社、火御子の社、若宮八幡の社、新羅社、住吉の社が存立している。

最後に南院を俯瞰すると、寺廓の東に総門があって、僧房、勧学院、法輪院、五大堂、大宝院、不動堂、浴場、花王院（潅頂院）法泉房、聖願寺、護摩堂が見えてくるが、中院、北院と同じように南院の境内にも三尾社、十八神の廟、白山権現の社、玉宝社、稲荷社、新宮、山上山王社、（別名　新日吉社）の諸社が建てられている

〈三院図説〉が伝えている園城寺の俯瞰図的な説明は、日本人の生活に根差した宗教意識を明確に示している。佛教全般の研究、あるいは各宗派の専門的研究の立場からどのような理解を得られるかは別として、日本人の日常的な信仰生活は、多くの日本人の家屋空間における神棚と佛壇に見出せるものである。この生活的な信仰現象は主として民俗学あるいは民族学的な研究の対象であり、意外にも佛教学や宗学の研究とは縁の遠いものであった。確かに、佛教学と宗学はそれぞれの教義を体系的に研究し論理づけるものであるにしても、日本人は〈神佛〉一体的な感覚を持っているもので、「カミもホトケもあるものか」という、やや投げやりな捨てゼリフの中に、日本人の心に宿している一種の神佛観が表現されているようにも思える。ともかく、園城寺の〈三院図説〉は日本人の日常

の宗教的心情をそのまま表現しているといってよい。

総じて近江国は、近畿五国（山城、大和、河内、和泉、攝津）に近江と若狭を加えた近畿七国の一国ともいわれ、また北陸四国（越前、加賀、能登、越中）にも加えられ、北陸五国の一つとして上代から中世にかけての重要な地域であった。東仙道と北陸道の陸上交通と琵琶湖の湖上交通が、同時代の京都政治を維持するにもっとも重要な地域であった。政治と宗教の未分化、宗教的な権威と勢力の強さは、寺社数の多さによって測ることができるが、近江国がそのことを端的に表している。従って、本書の主眼点である瑩山禅師の思想信仰について理解を深めるためにも、禅師の出身地である越前国を考えるとき、近江→越前→加賀→能登へと連なる地域的状況、殊に同地域の信仰事情に留意する必要がある。

四、北陸の信仰風土

北陸地方――北陸道七国といわれた若狭、越前、加賀、能登、越中、越後、それに佐渡の中で、越前、加賀、能登の三ケ国にはまさしく瑩山禅師の思想信仰を培うにふさわしい土壌があった。一つは平安時代に培われた天台的・真言的な信仰土壌であり、もう一つは古代から伝承されて来た白山の神祇的な信仰土壌である。もっとも、こうした信仰土壌がいかに瑩山禅師の信仰心情に影響を与えたか、明解な答えはすぐには見えてこない。

しかし、人は全く一人で生きているということはない。生まれ落ちると同時に、時代・社会の中にあって成長するものであり、多くのものを学んでいくために十分な土壌がそこに用意されているものである。また、人々はそうした土壌に培われているものを吸収しながら、地域的な事情から大なり小なり影響を受けることになる。

さて、瑩山禅師が宝鏡寺を訪ね、寂円塔主[14]（？～一二二九）に教えを求めたのは、弘安八（一二八五）年、禅師十八歳の時であった。道元禅師が亡くなられた建長四（一二五三）年から三十二年後のことである。時代は『増鏡』が伝えているように、なお平安的な哀愁を残しながらも、武家層の勢力が全国的に広がっていった頃である。つまり、天皇の存在を中心に、やがて来る南北朝の抗争を前にして幕府政治が弱体化し、地方の武士層が大きな存在となってきた時代である。そして、道元禅師の求道経歴が象徴しているように、中央的にして出世主義的な経歴尊重から、自由にして新鮮な求道的な雰囲気が当時の佛教世界を包んでいた。日本の佛教史上におけるもっとも自由な活動世界が展開したのである。瑩山禅師はそうした時代の最後を飾るにふさわしい祖師であった。瑩山禅師の求道の出発となった越前、自らの師となった徹通義介が開かれた大乗寺がある加賀、そして禅師が開かれた総持寺が存在する能登と、瑩山禅師にとって、この三国の信仰事情は深い関心事であったことであろう。

道元禅師の信仰を求め、その精神を継承し、自らの信仰を見出した系譜は『傳光録』をはじめとする多くの著作、開創された寺院等に読み取ることができる。そこでまず、越前の信仰風土にわけ入ってみよう。

五、北陸・能登路の寺社風景

平安の古都京都ともっとも交流のあった地域、つまり、北陸道を足場とした越前・加賀・能登の三国は、近江国にも劣らぬ寺社共存の地域でもあった。神社についてみると、〈一の宮〉として越前には気比神社の存在があり、加賀には白山比咩神社が君臨し、能登には気多神社が地域民の尊崇を集めていたのである。そして寺院では白山信仰の膝下にあった平泉寺がその典型的な存在である。

瑩山禅師の出現、すなわち、十二世紀後半から十三世紀の前半における北陸道周辺の信仰事情は、大きく三つの特徴を示しているようである。一つは平安時代の顕密二教の寺院が北陸三国における佛教信仰の主体であったということで、二つには日本人古来の信仰的な心情を満足させてきた神社尊崇が盛んであったということ、そして三つ目が修験道における神と佛の融合的あるいは混合的な形である。当然のことながら、瑩山禅師の信心に接近するためには、これら北陸地域の信仰事情を理解することも無駄ではないであろう。

後に触れることになるが、瑩山禅師が永光寺において示された『山僧遺跡寺寺置文記』にある八ケ寺の存在的な意味合いは、同時代に至る顕密二教の寺院とは違ったものを持っていた。顕密二教の寺院と瑩山門下の寺院にはその成立において基本的な相違があるということである。『加越能寺社由来』によって二、三の例を引いてみよう。[15]

十四世紀以前の加越能三州の寺院状況、すなわち、瑩山禅師が加賀・能登二州に寺院を開かれる以前の状況は天台・真言二宗の寺院がすべてという形であり、能登の総持寺がその事情を物語っている。[16]元々は真言宗の盛んな土地にあり、信仰が寄せられる本尊佛は観音さまであるということが明らかになる。総持寺を譲られた定賢律師とそれを受け継がれた瑩山禅師は、同時的な夢告によって寺を譲渡されたという。[17]興味あることであるが、いずれにしても、同時代の加賀・能登の信仰事情は平安的な要素が強く投影されていたのである。そのもっとも大きな事情は、白山信仰の膝下にあったという事実である。

従来白山信仰と瑩山禅師、あるいは曹洞宗との関係についてはあまり論じられていない。しかし、後章で触れることになる『瑩山清規』の〈回向〉によって知る限り、瑩山禅師と白山信仰との関係には深いものが見受けられる。越前・加賀・能登地方は白山信仰を無視して同時代の宗教事情を理解し難いものがある。それには鎌倉新佛教以前、つまり、少なくとも平安末期の宗教事情を理解しておくことと、総持寺が存在した同地域の信仰世界に着目する必要があろう。(18)

大正年代における鳳至郡内の町村数は三町二十三村であり、その集落数は二九八を数えたが、当時の神社数は実に三三九を数えるほどであった。しかし、この神社数は明治三十九年四月における内務大臣の地方長官への訓示後の数字である。(19)それまでの神社数はさらに多く、五二七社である。二九八の集落数に対しての五二七という数は、同地域の神社崇拝がいかに密なるものであるかを如実に示すものである。佛教寺院はというと、浄土真宗寺院九七寺、曹洞宗寺院二九寺、真言系寺院二五寺、日蓮宗寺院五寺、浄土宗寺院四寺、真宗本願寺派寺院三寺、合わせて一六三寺となっている。集落数に対するこの数の差をどのように読みとることができるか。極めて概括的にいえば、一つの集村に二つの神社が存在しているが、寺院は二つの村落にわたって一つがあるということになる。

日本人の崇拝感情は自然への畏敬、(20)土地（生産）への感謝、(21)そして祖（おや）への尊敬(22)が基本的な要素をなしている。日本人の本来的な心情と考えてよいであろう。住民のいる一定の地域にはそうした心情を受け止めてくれる〈場〉が必要であったのではなかろうか。社《やしろ》といわれる神社がそれであった。(23)おそらく、社はどんなに小さい集村にもあったことであろう。そしてそれがその地域の人々が寄り集う〈場〉であったのであろう。いずれにしても、杜と社は日本人の歴史と共に古く、日本人の精神史を培って来た存在であったのである。それを証明するかのように、北陸路――越前・加賀・能登の人々の心を捉えたのは白山信仰であった。

六、加・能・越の信仰

是時菊理媛の神亦白す言あり。伊弉諾尊聞しめして嘉との玉ひて云々。(24)

とあるように、菊理媛神は白山信仰の中心をなしている。菊理媛神はどのような神であるか。伊弉那美神が火の神迦具土神を生み終わると他界した。その夫伊弉諾尊は妻の死を嘆き悲しんで、菊理媛神に何かと言葉をかけた。菊理媛神はその悲しみをいつも聞いてやったということで、聞く＝菊という見方もあるという。そのことは別として、ここに白山信仰の源流を読み取ることができよう。日本人の天神地祇の自然崇拝は、修行的な実践信仰を形成しながら、山への信仰を深めていったのである。と同時に、山への信仰——山の頂きの清らかな白雪への信仰が、農耕生産に必要な豊潤な水への感謝となる。そして神（自然崇拝）への畏敬と佛（諸佛信仰）との融合の形が具体的な表現として〈権現信仰〉を培っていったとも考えられるのである。

諸佛信仰といえば、鎌倉新佛教以前の本尊ともいうべき信仰対象はまさに多様であった。(25)それとは対照的に、鎌倉新佛教は撰択の信仰へと展開して行ったことは繰り返していうまでもない。殊に、念佛信仰における帰依の主体は阿弥陀如来であり、禅の実践的な信仰では釈迦牟尼佛であった。しかし禅の立場にあっても、必ずしも釈迦牟尼佛のみに信心を投げ入れるものではなかった。貞和四（一三四九）年七月十八日の宝慶寺への「圓聰寄進状」がその信仰事情を如実に物語っている。

奉寄進　宝□□□領之事

越前国大野郡小山庄之内木□□佐ニ役定

右当所者、沙彌圓聰重代之領地、□□爰依□□□当御代武音深広、而為　□荘厳□□□□故将軍家長壽寺殿并□□□□御菩提永代所奉寄附于本寺□□然者、整月別両度布薩之回向并五箇日　五日　十四日　十五日　十八日　晦日　釈迦・阿弥陀・弥勒□□□観音・地蔵・文殊・虚空蔵・達磨　法儀、盡未来際、可被擬彼御追福、当寺者曹洞一宗建立、正法修錬　去貞和年中（一三四五〜五〇）申賜故将軍家御長　御同身多門・持国二天、已来御長久御子孫繁昌之御祈禱、于今無退転、安堵御下文、愈以可被精也。将又有地頭請所之地者、有限領家御無懈怠可有其沙汰且者当寺開闢檀那　圓・圓　里一・真空・善蓮・禅忍・追厳及圓聰・圓清以下、後々将来家嫡正傳、信心檀那没後之追善不可有退転也。

この一文はさらに続くが、ここまでの文言を整理してみると次のような事柄を指摘することができる。すなわち、土地の寄進・安堵の理由の第一は、すでに政治の中心に君臨している支配者の冥福を祈願すること、第二にはその一族の子孫繁昌の祈禱に努めること、第三にはこの寺を開いた人々への追善供養に努めること、第四にはお釈迦さまを始めとする阿弥陀如来・弥勒・観音・地蔵・文殊・虚空蔵などの諸菩薩、そして中国へ禅を将来された達磨大師など佛陀、如来、菩薩、大師と多くの信仰・礼拝の対象を持っていたこと、そして最後に「曹洞一宗」と表現されているように、禅佛教における信仰共同体がより明確に確立され始めたことが示されている。次いで後半の文言

によれば、

凡当門者、以面授□□嗣承分明、而為規模。然子孫之中、称後代檀那者、於本寺住職不辨嗣法之正邪、不稟正□之指揮、或依権門勢家之吹擧、或以親族□之私儀、而猥不可勧請之於開山門派。猶以可擇正傳嗣法、何況致不信不忠。剰於寺領、或押妨違亂輩者、永以可為不孝之仁、故於圓聡遺跡不可有知行者也。仰冀、佛祖納受龍天擁護令此善願永劫不朽也。仍寄進之状如件。

貞和四年乙巳七月十八日　□薩戒沙彌圓聰（花押）(26)

とある。ここには禅宗、殊に曹洞宗の信仰の核心である面授嗣法の精神が明確にされている。と同時に、寺院の建立が檀越の寄進によっていることが示され、住職と檀那との微妙な関係も語られている。つまり、信に重きをおく《法》の立場と、住持を囲む周辺環境＝権門勢家や親族の私儀との間、すなわち《在世》との関係の在り方が明らかにされている。

こうして考えてくると、佛教の寺院の形成は一般的には檀越＝檀那関係に求められるもので、現代の寺院形成においてもその要素は変わることがない。これが日本佛教における寺院形成の基盤であったともいってよい。そしてその寺院形成は檀那という個人的な背景の力の有無が影響しているのである。

以上、瑩山禅師が出世された北陸道に焦点を当てたのであるが、改めてその地域の信仰風土を指摘することにしたい。当地域の原初的な宗教的な土壌は、越前の気比神社・加賀の白山比咩神社・能登の気多神社と、いずれもが同地域の一の宮として地域における信仰共同体的な権威を持っていたということである。次いで、佛教的な信仰は真言信仰を主流として平安的な信仰事情を維持していた。そしてこうした宗教土壌に活気ある信仰要素を加えていたのが平泉寺を拠点とした白山信仰の広がりであったということができる。白山信仰は日本的な大地に根ざした〈観音信仰〉の威光を背負った権現信仰にその本質があった[27]。おそらく、これも瑩山禅師の信仰・思想を培ってくれた大きな要素であったであろう。それは『瑩山清規』の「回向」に投影されることになる。

註

（1） 五畿七道　五畿は山城・大和・河内・和泉・摂津の五カ国である。七道は東海道・東山道・北陸道・山陰道・山陽道の五道・南海道・西海道である。詳しくは次のようになる。
東海道（十五国）伊賀・伊勢・志摩・尾張・三河・遠江・駿河・甲斐
伊豆・相模・武蔵・安房・上総・下総・常陸。
東山道（八　国）近江・美濃・飛騨・信濃・上野・下野・陸奥・出羽
北陸道（七　国）若狭・越前・加賀・能登・越中・越後・佐渡
山陰道（八　国）丹波・丹後・但馬・因幡・伯耆・出雲・石見・隠岐
山陽道（八　国）播磨・美作・備前・備中・備後・安芸・周防・長門
南海道（六　国）紀伊・淡路・阿波・讃岐・伊予・土佐
西海道（十一国）筑前・筑後・豊前・豊後・肥前・肥後・日向・大隈・薩摩・壱岐・対馬

（2）延長五（九二七）年に完成した『延喜式』神名帳（律令細則集の九、十巻）には二八六一社が記載されている。その中で現在の滋賀県（近江国）に分布した神社は八九社として記載されている。同時代の日本国六八か国の神社数地域平均は四二社ということになり、近江国の神社は平均数をはるかに越えていることになる。

（3）『全国寺院名鑑』（全日本佛教会寺院名鑑刊行会　昭和四十五年）を参照。

（4）『全国寺院名鑑』における滋賀県の主要な宗派を示す。

①大津市　天台宗　⑦滋賀郡　本願寺派　⑬愛知郡　本願寺派
②彦根市　本願寺派　⑧栗太郡　大谷派　⑭犬上郡　浄土宗
③長浜市　大谷派　⑨野洲郡　本願寺派　⑮坂田郡　大谷派
④近江八幡市　浄土宗　⑩甲賀郡　浄土宗　⑯東浅井郡　大谷派
⑤八日市市　浄土宗　⑪蒲生郡　浄土宗　⑰伊香郡　大谷派
⑥草津市　浄土宗　⑫神崎郡　本願寺派　⑱高島郡　曹洞宗

＊『滋賀県史』第六巻の「付図一　三教信徒及寺院分布図」（大正十四年一月一日）は滋賀県の全寺院を記号によって漏れなく紹介している。

（5）『三井寺法灯記』「園城寺伝記　五」八十九頁

右太政官今日近江国府滋賀郡擬少領従七位上大友村主夜須良麿に下す解状に偁く、謹んで案内を検ずるに、太政官貞観四（八六三）年十月十七日下国、偁、大領従八位上大友村主黒主等の解に偁く、件の寺、購読を停め、摂するに十禅師伝灯大法師位円珍を以て別当に任じ修治を加えしめ、兼て法音を演ず、国司覆審するに陳るところ実あり、謹みて官栽を請う、右大臣宣す、請に依れ乃至望み請う、長く別院と為し、件の円珍を以て主持の人と作し、其の別当は無尽に円珍の血脈を用う云々

貞観八年五月十四日正六位上行左大史広階宿祢八……

（6）古い寺とは崇福寺のことであるが、『三井寺法灯記』（「寺門伝記補録　第六」聖跡部甲）に「崇福寺縁起付山号」と記載している。縁起によれば、崇福寺は天智天皇六（六六七）年に大和の飛鳥宮から近江志賀郡大津宮に遷都した折に、翌七年の春に佐佐名美長等山《ササナミナガラヤマ》に精舎を建立したことに起原があると伝えている。

（7）一、慈覺　智証門徒を引いて別れる事（『三井寺法灯記』「園城寺伝記　四」）
一条院御宇正暦四（九九三）年八月十日なり、智証御入滅（八九一）の後一百余歳なり」とあって、『天台座主記』（第二十二　少僧都暹賀の項）に、「（正暦四年）八月一日、慈覺人等切払千手院房、并追却門徒一千余人了。其後証門人等各占別所、不住叡山」とあるように、山門・寺門の分立が決定的となった。その前兆は『天台座主記』（第二十　大僧都余慶の項）が伝えているように、新座主余慶が入山の際、寛和元（九八五）年（九月二十九日）、叡山の僧衆がそれを拒んだため延暦寺に入山するに至らなかったが、一ヶ月後の十月十九日にようやく入山することができた時にあったという。それからわずか三か月後（十二月二十日）には座主の座から引くことになったが、その後山門と寺門両派の争いが激しくなったのである。

（8）両派対立・暴動の跡を『天台座主記』に辿ると、「第二十七　権僧正慶命」の時、長元二（一〇二九）年の騒動、「第二十八　大僧都教円」の時、叡山内騒動（永承二〈一〇四七〉年）、「第二十九　大僧正明尊」、「第三十一　権僧正源泉」、「第三十四　法務大僧正覺円」の座主はいずれも座主職三日間ということで、「第三十五　法印覺尋」の時（永保三〈一〇八一〉年）六月四日に園城寺の堂舎・僧房が焼失、さらに同年九月十三日には「所残寺塔房舎悉以焼失」とある。智証門系の「第三十九　法務大僧正増譽」、「第四十四　法務僧正行尊」、「第四十七　前僧正覺猷」はいずれも智証門系の理由によって座主在任三日、六日、三日という短期間に過ぎない。その後も争いが続いた。

（9）三尾神社　地主神といわれる。
伊弉諾伊弉冊の変化、……称徳天皇の御宇、神護慶雲三（七六九）年春、今の所に影向す。凡そ赤黒

（10） 熊野神社　白三尾、普賢文殊観音の応験なり。（『三井寺法灯記』「園城寺伝記　四」）

「常在寺の山内にあって、白河院の御宇永久年時、（在位一一一三〜一一八年）平等院前大僧正行尊、常在寺を創め修験道練行の場となす」（『三井寺法塔記』「寺門伝記補録第五　熊野権現詞　常在寺」）

「承和年時（八三四〜八四八）、智証大師、一紀の棲山、期満ちて山を出す、これにおいて、また役の行者の跡を慕い、大峯・葛城の嶮岨に攀じ入り、熊野三山の幽深に跋歩す。……法務前大僧正増譽（長吏　二十六世）、熊野三所を勧請して修験道の鎮守となし、以て一宗を弘む云々」とある。（『三井寺法灯記』「寺門伝記　補録第十八」）

（11） 長等神社　この神社には祭神として建速須佐之大神・三尾大神・八幡大神・大山咋大神・市杵島姫命を祀る。

（12） 新羅善神堂　園城寺の鎮守神といわれる。『三井法灯記』（園城寺伝記　四）に「高祖智証大師円珍御在唐の時、青龍寺に於て、彼の明神神体虚空に声ありて曰く、我が現身を以て入我我入、釈迦佛の習これなり……」とある。また、「新羅明神の御本地は文殊と治定する事」ともある。

（13） 護法善神堂　四天王・帝釈天等の佛法に力を与えてくれている諸神を祀るお堂。

（14） 寂円塔主　『洞谷記』に「十九歳にして、寂円塔主に参ず云々」とあるように、道元禅師に随身し、永平寺の開山堂である承陽庵の塔主を務めた。

（15） 『加越能寺社由来』上下二巻は金沢大学教授故井上鋭夫氏が、「延宝二（一六七四）年、貞享二（一六八五）年、文化三（一八〇六）年の加賀藩の寺社書上を中心に、さらに明治十年代の神社明細帳、寺院明細帳を加えられ、文字通り加賀・能登・越前の寺社の由来を網羅したものであります」と述べているように、貴重な史料である。

（16） 前書「寺社由来記」には、総持寺について、

惣持寺者、元来号諸嶽寺。行基菩薩の創建、真言宗之地、住持定険律師也。元享元（一三二一）年辛酉四月十八日之夜、律師有本尊観音大士之霊夢。同宵、今之開山瑩山和尚又夢願之。則彼此等合、律師感奇端而譲与寺

於瑩山和尚、改教院禅刹。具有夢記。

と記録されている。

（17）　夢告　明慧上人高弁（一一七三～一二三二）の著作に『夢記《ゆめのき》』があるように、信仰には往々にして夢告ということがある。

（18）『石川県鳳至郡誌』（大正十二年）による。

（19）　同書一七一頁を以下引く。

　神社の数濫りに多きものあるは、其維持及び体面を毀ぶるの素因にして、政府に於いても之が廃合を望みつつあり。之を本県下の統計に徴するに、一町村の神社数三十社乃至三十四五社に当たり、無格社はもちろん、村社中に在りても、規模の小ニして維持の方法立たず。為に神社の体面を保ち難く、崇敬の実挙がらざるもの多し。此等は其状態に就き慎重に調査し、必要に応じて之が合祀を勧誘し、以て神社将来の維持を確立するの方法を講ずべし。

（20）　日本人の自然観を直接的に表現しているのは、神の婚姻関係による生成神話が示している。大山津見神（山ノ神）、大綿（海）津見神（海ノ神）、天之水分神と国之水分神（水ノ神）そして大国主命（国ノ神）等々がある。

（21）　日本人の主食は米であり、その豊饒を願う心情は稲田姫命に象徴されている。

（22）　日本人にとって祖・祖先は倫理思想の基本となるもので、儒教における五倫五常の考え方とは違い、生成的な観点から極めて重視されたものである。『日本書紀通釈』巻之四によれば、四神出生では海・川・山と続いて木祖《キノオヤ》↓草祖《クサノオヤ》と生まれている。祖＝親の思想であり、子の親に対する倫理精神は、孝順（オヤニシタガフ）にあった。第二六代継体天皇の項には、「元（五〇七）年春、……男大迹王性慈仁孝順」（ヒトトナリ、メグミアリテ、オヤニシタガフ）とある。また同書には遠祖〈トホツオヤ〉、始祖〈トホツオヤ〉と祖父、先祖をオヤと表現している。

（23）『日本書紀通釈』（巻之二十三　神武天皇記）に記されているが、ある時、天皇の夢に天神が現われて言うには、天香具山の社の中の土《はに》を使って甕を作って「天神地祇を敬祭《ヰヤマツ》」るとあるように、杜＝社＝神社は日本人の森であり、寄り集う処であったといってよい。

（24）『日本書紀通釈』（巻之六）二八六頁（原文は漢字）。同書の著者飯田武郷は菊理媛神についての古来の諸文献を紹介し、白山比咩神との同一性を述べている。

（25）佐藤道子編『中世寺院と法会』所収の佐藤道子氏論稿「悔過会　中世への変容」では、平安時代の佛教寺院の法会において最も盛んに行われた一つに悔過会があったとされている。佐藤氏は当時悔過会が実施されていた代表的な寺院九十一ヶ寺を挙げているが、本尊佛についてみると、およそ次のようになる。

観音菩薩　三十五ヶ寺、薬師如来　十九ヶ寺、阿弥陀如来　十ヶ寺、吉祥天女　八ヶ寺　佛頂尊　七ヶ寺、毘沙門天　四ヶ寺、地蔵菩薩　三ヶ寺、釈迦牟尼如来　三ヶ寺等

観音菩薩のなかでは、十一面観音十五ヶ寺、千手観音十ヶ寺、その他の観音菩薩が十ヶ寺となっている。意外なことに、阿弥陀如来、地蔵菩薩を本尊とする寺院は少なく、また、お釈迦さまを本尊とする寺院の少ないことにも驚く。

（26）『越前若狭古文書選』（昭和八年）二六三頁

（27）『白山大鏡』、作者は藤原能信（九九五～一〇六五）という。この中に、

時を待ち人を待つも未だ本地垂跡の実体を現さず。蓋し三僧祇の行者泰澄和尚の智行に酬え、三十三身・一身・十九説法の一化に親しむ。十一面観音応じ、嬰児の形を作り現ず。その後、半身池中に入りて九頭八龍の形を現ず。時に天地響き、虚空に震動し、恩波を四海に洒ぎ利を玄象に周らし、誓を素鶩に齊しくす。それ豈白山霊神本則の如し。天神（一如）伊奘冊尊（日天子・越智娘）

〔白山娘これなり〕

十一面観自在尊、白山妙理大菩薩

蓬萊神仙ノ峯の主なり。（釈梵輪王后の形）

とあるように、白山信仰における神佛混合の原初形態が知られるところであるが、日本人の日常の精神生活にとって観音菩薩を対象とする本地垂跡の信仰は古い歴史を持つ。その最初の信仰形態は村上天皇に始まるともいわれる。

〔補注〕　日本人の観音信仰と神祇信仰について、三橋正は著書『平安時代の信仰と宗教儀礼』（続群書類従完成会）の中でいくつか興味ある事柄に触れている。その一つに、日本人の観音信仰を考える上で村上天皇〔在位天暦元（九四七）年〜康保四（九六七）年〕の観音信仰に留意すべきである、という指摘がある。つまり、村上天皇は毎月十八日を神事とは別に内裏で天皇自身の個人信仰として観音供の日としていたという。しかも、これは父醍醐天皇〔在位昌泰元（八九七）年〜延長八（九三〇）年〕から受け継がれた信仰であったという。さらにもう一つの信仰事象として、観音信仰と神祇信仰の関係がある。院政期以降顕著となる本地垂迹説は、堀河天皇の頃にまず八幡と熊野においてなされている。そのことを示す『江談抄』（第一・佛神事）の「熊野三所本縁事」には、

又問云熊野三所本縁如何、被答云、熊野三所ハ伊勢太神宮御身云々、本所並新宮ハ太神宮也、那智ハ荒祭、又太神宮ハ救世観音御変身云々、此事民部卿俊明所被談也云々。

とあり、最初の本地垂迹思想が〈熊野〉＝〈伊勢〉＝〈観音〉という形で表わされている。このように、観音信仰は神祇信仰と密接な関係を有しているが、白山信仰もまたその本地に観音信仰が存在している。従って、註25でも知られるように、観音は平安時代における最も広く、多くの人々の心を捉えた〈佛さま〉であったといえよう。

第四章　『傳光録』の精神――歴史と信仰を導く

一、『傳光録』の信仰事情

宗教を宗教として成り立たせる根本的な要素は〈信ずる〉ということにつきるであろう。それは、「疑わない」という心の状態であり、ある人、あるものに自分の心を任せ、そこに、あるいはそれに随っていくということである。親鸞聖人が法然上人の仰せに対して、

よきひとのおほせをかぶりて信ずるほかに別の子細なきなり

と述べ、

念佛はまことに、浄土にむまるるたねにてやはんべらん、また地獄におつべき業にてやはんべるらん、惣じて

もて存知せざるなり

と示し、最後に、

たとひ法然上人にすかされまひらせて、念佛して地獄におちたりとも、さらに後悔すべからずさふろう

と、自分にいい聞かせている表白に、親鸞聖人の信心のすべてが滲み出ている。

それでは、瑩山禅師の信心はどこに、どのように表現されているのであろうか。それは、『傳光録』全体に表白されている。つまり、「釈迦牟尼佛」に始まり、「孤雲懐弉大和尚」に至る各祖師一人ひとりに対する表白に、瑩山禅師の心情が吐露されているのである。その中でも、すでに拙著『道元思想の本質――道元禅師の垂語参究』の結びに述べたように、『傳光録』（第五十一祖永平道元禅師）に述べられている垂語は、瑩山禅師の道元禅師に対する敬愛・敬信の心情を余すところなく表現されているものであろう。

あだかも西天二十八祖。達磨大師はじめて、唐土にいるが如し。これ唐土の初祖とす。師また、かくのごとし。

大宋国五十一祖なりといへども、今は日本の元祖なり。ゆへに師はこの門下の初祖と称したてまつる。

と示された文言の意は、信仰とは信ずる主体への帰順にあるということに尽きるといってよいであろう。禅でいう〈不立文字・教外別伝〉の世界がそれである。ところが皮肉なことに、禅の世界にはあまりにも多くの文字・文章が見られる。それだけではなく、日本人の日常の生活の中には、禅の文字がいつもいきいきとしている。床の間の掛け軸、お茶の席の禅語、スポーツの世界、あるいは人生への指針の言葉として多様に生かされている。むしろ、日本人の本来的な文化を内外に示しているのが、禅の表象世界であるのかも知れない。

周知のように、ヨーロッパ的な思考ではつねに論理思考が尊重されている。正反合の三段論法、中国的な論旨でいえば起承転結の文脈、一般的には序論・本論・結論といわれる論理構成があるように、禅語の世界にも一定の論考が用意されている。それは公案・祖録語録・禅問答などに見ることができる。論理なき論理という禅語世界であろうか。ここにみる『傳光録』もまたこの枠から出るものではない。光地英学篇『瑩山禅』では、第一巻から第四巻にわたって『傳光録』講解となっているが、ここで編者は「元来、『傳光録』各章の本則・機縁・拈提・頌古の区分は毛筆本にはなく、近年の出版時、理解の便宜上からのものに他ならない」と説明しているように、機縁、拈提、偈頌についても次のように指摘している。

機縁はその祖師の悟道、これを広くして付法を中心にしての行実であり、拈提はその章の祖師の如く悟道、つまり心地を開明するようにと、太祖の学人への懇切な垂誡である。頌古は、その章の精神を踏まえての偈頌で

あるが、悉くの頌古が、その章の趣旨を表示しているものとも断じ得られない。然しその章の結語であることは否み得ない。(1)

『傳光録』の諸問題については、永久岳水氏が『傳光録物語――傳光録参究の手引』に詳細に論じられているのでここでは差し控えることにするが、『傳光録』における信仰心情は、ここにいう本則・機縁・拈提・頌古の論旨に沿うた形の中に吐露されている。と同時に、ここにおいて禅の論理が展開されている事実に接することができるのである。『傳光録』は師から資へと何を伝え、資は師から何を受け継いで来たか。それは、信心あるいは信仰という姿なき世界の継承史である。言いかえれば、この書は佛祖から祖師、そして各祖師へと続く信心の継承・伝承という禅信仰の歴史を述べられたものである。永久氏の表現を借りて言えば、「悟則」という本則に見る〈悟り〉と、瑩山禅師自身の心情の表白といわれる「頌古」に留意する必要がある。

そこで、『傳光録』の信仰理念に近づいてみたい。ここでは、釈迦牟尼佛から第五十二祖孤雲懐弉禅師までの本則―悟則(何に動機づけられて開眼したかという趣意)と、各祖師に対する瑩山禅師の心情が表白された頌古を提示して、幾人かの祖師について述べてみたい。この点について留意すべきことの一つは、釈迦牟尼佛から五十二祖までということは、禅佛教あるいは禅信仰すべての歴史であるということである。当然のことであるが、〈悟り＝大悟〉という点からいえば、重要なのは歴史というよりも信心、あるいは信仰ということになる。道元禅師が示された〈大悟現成〉の世界に入ることになり、ここに禅信仰における歴史と信仰の問題が提起される。

禅の歴史―本則と頌古―

章別	佛祖	本則	頌古
首章	釈迦牟尼佛	同時成道	一枝秀出老梅樹　荆棘與時築著来。
第一章	摩訶迦葉尊者	涅槃妙心	可知雲谷幽深処、更有霊松歴歳寒。
第二章	阿難陀尊者	門前刹竿	藤枯樹倒山崩去、溪水瀑漲石火流。
第三章	商那和修尊者	和修袈裟	万仭巌上無源水、穿石払雲湧沸来、 散雪飛花縦乱乱、一条白練絶塵埃。
第四章	優婆毱多尊者	豈拘身心	家破人亡非内外、身心何処隠形来。
第五章	提多迦尊者	自心通達	得髄須知得処明、輪扁猶有不傳妙。
第六章	彌遮迦尊者	当証無性	縦有連天秋水潔、何如春夜月朦朧。 人家他是要清白、掃去掃来心未空。
第七章	婆須密多尊者	無性本性	霜暁鐘如随扣響、斯中元不要空盞。
第八章	佛陀難提尊者	悟無生理	善吉維摩談未到、目連鶖子見如盲。 若人親欲会這意、鹽味何時不的当。
第九章	伏駄密多尊者	行與道合	莫言語默渉離微、豈有根塵染自性。
第十章	婆栗湿縛尊者	誦修多羅	転来転去幾経巻、死此生彼章句区。
第十一章	富那夜奢尊者	無性法忍	我心非佛亦非汝、来往従来在此中。

第十二章　阿那菩底尊者　鋸義木義　野村紅不桃華識、更教霊雲到不疑。
第十三章　迦毘摩羅尊者　三明六通　聒渺波濤縦滔天、清浄海水何曾変。
第十四章　那伽閼羅樹那　有相無相　弧光霊廓常無昧、如意摩尼分照来。
第十五章　迦那提婆尊者　以一針投　一針釣盡滄溟水、獰龍到処難蔵身。
第十六章　羅睺羅多尊者　宿因　惜哉道眼不清伯、惑自酬他報未休。
第十七章　僧伽難提尊者　我非我我　心機宛転称心相、我我幾分面目来。
第十八章　伽耶舎多尊者　非風非鈴　寂寞心鳴響万様、僧伽伽耶及風鈴。
第十九章　鳩摩羅多尊者　發宿命智　推倒宿生廓歴身、而今相見旧時漢。
第二十章　闍夜多尊者　心本清浄　豫章従来生空裏、枝葉根茎雲外榮。

＊豫章＝樟・楠のこと＝三十米以上にも伸びる。

第二十一章　婆修盤頭尊者　心無所希　風過大虚雲出岫、道情世事都無管。
第二十二章　摩拏羅尊者　十八界空　舜若多神非内外。見聞聲色倶虚空。
第二十三章　鶴勒那尊者　無上大法宝　粉壁挿雲巨嶽雪。純情絶点異青天。
第二十四章　獅子菩提尊者　無作是佛事　若欲顕空須莫覆。沖虚浄泊本来明。
第二十五章　婆舎斯多尊者　密伝心印　開華落葉直彰時、薬樹王終無別味。
第二十六章　不如密多尊者　当為佛事　本地平常無寸艸、宗風何処作按排。
第二十七章　般若多羅尊者　転甚深修多羅　潭底蟾光空裏明、連天水勢徹昭清。

再三滂漉縦知有、寛廓旁分虚白成。

第二十八章　菩提達磨尊者　法性最大　更無方所無邊表、豈有秋毫大者麼。

第二十九章　太祖慧可大師　了了常知　空朗々地縁思盡、了了惺惺常廓明。

第　三十　章　鑑智僧璨大師　覓罪不可得　性空無内外、罪福不留蹤

心佛本如是、琺僧自曉聽

第三十一章　大医道信禅師　無人縛　心空浄智無邪正、箇裏不知縛脱何。

蹤別五蘊及四大、見聞声色終非他。

第三十二章　大満弘忍禅師　性空故無　月明水潔秋天浄、豈有片雲点太清。

第三十三章　大鑑慧能禅師　以箕米三簸　打臼声高虚碧外、簸雲白月夜深清。

第三十四章　青原行思禅師　何階級之有　鳥道往来猶絶跡、豈堪玄路覓階級。

第三十五章　石頭希遷禅師　無人道得。　一提提起百千端、毫髪未曾分外攀。

第三十六章　薬山惟儼禅師　汝師石頭　平常活発潑潑漢、喚作揚眉瞬目人。

第三十七章　雲巌曇晟禅師　得見海兄　孤舟不棹月明進、回頭古岸蘋未揺。

第三十八章　洞山良介禅師　眼処聞声　微微幽識非情執、平日令伊説熾然。

第三十九章　雲居道膺禅師　向上更道　名状従来不帯来、説何向上及向下。

第　四十　章　同安道丕禅師　恁麼人　空手自求空手来、本無得処果然得。

第四十一章　同安観志禅師　既得恁麼　心月眼華光色好　放開劫外有誰翫。

第四十二章　梁山縁観禅師　密　水清徹底深沈処。不待琢磨自瑩明。
第四十三章　太陽警玄禅師　有相無相　圓鑑高懸明映徹、丹雘盡美畫不成。
第四十四章　投子義青禅師　掩其口　嵯峨万仭鳥難通　剣刃軽氷誰履践。
第四十五章　芙蓉道楷禅師　三十棒分　紅粉不施醜難露　自愛瑩明玉骨粧。
第四十六章　丹霞思淳禅師　埋没宗風　清風敷匝縦揺地、誰把将来為汝看。
第四十七章　真歇清了禅師　登鉢盂峰　古澗寒泉人不窺、浅深未聴客通来。
第四十八章　天童宗珏禅師　向上事道得　宛如上下橛相似、抑不入兮抜不出。
第四十九章　雪竇智鑑禅師　世尊有密語　可謂金剛堅密身、其身空虚明々哉。
第　五十　章　天童如浄禅師　打不染汚処　道風遠扇堅金剛、匝地為之所持来。
第五十一章　永平道元禅師　脱落身心　明皎皎地無中表、豈有身心可脱来。
第五十二章　孤雲懐弉禅師　穿了也　虚空従来不容針、廓落無依有誰論。
莫謂一毫穿衆穴、赤洒洒地絶瑕痕。

以上のように、『傳光録』は佛祖をはじめとする五十二代にわたる〈お祖師さま〉が大悟せられたといわれる直接的な動機、つまり、師匠の文言・所作によって感じられた〈悟り＝光り〉を表現している本則と、各祖師に対する感慨を述べられた頌古を列挙したのであるが、ここには幾つかの信仰理念を見出すことができる。

そもそも『傳光録』の精神を理解しようとする場合、まず第一に『傳光録』は瑩山禅師の信仰提唱を綿密に書き留めたものであるということ、第二には、〈本則〉は伝統的に伝えられてきた幾つかの高僧の伝記によること、第三の〈機縁〉は各祖師の事歴を述べられているもので、第四には〈拈提〉によって〈本則〉と〈機縁〉を通して各祖師の信仰の意味合いについて語っているものであることを知らなければならない。そして最後の〈頌古〉においてて、これが瑩山禅師自身の真撰であるといわれるように、禅師の信仰心情が率直に吐露された詩偈となって完結しているのである。(2)『傳光録』に関する解説・注釈書は決して多いとはいえないが、瑩山禅師の信仰思想を理解する上で『傳光録』はもっとも基本的なものであることは確かである。史料的な問題はしばらく措くとしても、本章の初めに述べたように、『傳光録』の全体像は師が弟子に何を伝え、弟子は何をどのように受け止め、それをどのように自分自身のものとして消化し、さらに自分の弟子たちにどのように伝えようとしたかという、師↓資への信仰授受の信仰理念の体系として捉えることができよう。まさしく、最初の〈本則〉は禅信仰の歴史的系譜であり、最後の〈頌古〉は禅信仰の心情表現であるというべきである。『傳光録』が単なる高僧伝でないといわれる所以がここにある。(3)とすれば、『傳光録』の全体に流れる瑩山禅師の信仰理念がどのようなものであるかという点に細心の注意を払わなければならないだろう。「本則」は悟りという本旨を伝えているものであり、「頌古」が文学的な深みの中に禅の世界を表白しようとしているとすれば、それらにおいて釈迦牟尼佛から孤雲禅師に至る五十三祖についての本則（悟境＝与え手）と偈頌（心情＝受け手）に触れることになる。

ところで、道元禅師が勧められた坐禅は〈只管打座〉の禅であり、何かの悟りを得ようとする禅を〈待悟禅〉として否定してきた歴史的な事実は周知の通りである。すなわち、

諸宗坐禅、待悟為則。譬如仮船筏而度大海、将謂度海而可抛船矣、吾佛祖坐禅不然、是乃佛行也。(4)

ということにあった。しかし、道元禅師は〈悟る〉ということそれ自体を否定したのではなかった。道元禅師にとって大事なことは、〈大悟〉ということであった。それは迷いあるいは悟りという抽象的な言葉に煩わされず、釈迦牟尼佛に照らされながら、各祖師たちの光をいただきながら、その信仰に身心を投げ入れて行くこと、つまり、随順する信心こそ佛佛の大道が伝わり、祖祖の実践が誰にでも平等に展開されるという確信に立たれていたのである。これが〈大悟現成〉の信仰ということになる。

佛佛ノ大道、ツタハレテ綿密ナリ、祖祖ノ功業、アラハレテ平展ナリ、コノユヱニ大悟現成シ、不悟至道シ、省悟弄悟し、失悟放行ス、コレ佛祖家常ナリ(5)

いま『傳光録』五十三章の「本則」を通してみると、本則は師資の間に交わされた問答表現、つまり、〈悟る〉という表現によって展開しているのである。〈悟る〉という表現の中でもっとも多いのは〈大悟〉という語で、十五箇所ある。次いで〈開悟〉の四箇所と〈契悟〉の三箇所があり、続いて省悟、自悟、豁悟、信悟、感悟、深悟という表現がそれぞれ一箇所ずつある。その他に悟道、有省というような表現もあるが、〈悟〉自体の一文字は一箇所である。つまり『傳光録』においては、五十三祖に関わる「本則」の中で、三十一則はその表現文字に若干の相異を含みながら、〈悟る〉ということを重視しているのである。道元禅師が示されている〈大悟〉である。すなわち、「大悟」の巻に、三界ヲ拈シテ大悟ス、百艸ヲ拈シテ大悟ス、四大ヲ拈シテ大悟ス、佛祖ヲ拈シテ大悟ス、公案ヲ拈シテ大悟ス、ミナトモニ大悟ヲ拈来シテ、サラニ大悟スルナリ、ソノ正当恁麼時ハ、而今ナリ。

とあるような、また同巻に、

諸佛ノ大悟は、衆生ノタメニ大悟ス、衆生ノ大悟ハ、諸佛ノ大悟ヲ大悟ス、前後ニカカハレサルヘシ、而今ノ大悟ハ、自己ニアラス、他己ニアラス、キタルニアラサレトモ塡溝塞壑ナリ、サルニアラサレドモ切忌随佗覓ナリ、ナントシテカ恁麼ナル、イハユル随佗去ナリ。

と示されているものである。『傳光録』五十三祖の師資次第はまさしく、

佛祖ヲ拈シテ大悟ス、公案ヲ拈シテ大悟ス、ミナトモニ大悟ヲ拈来シテ、サラニ大悟ス

を深められてきた祖師たちが大悟された、その瞬時を伝えようとすることにあった。いうところの大悟には師もなく、資もなく、連綿と伝えられてきた諸佛の心に包まれているものであり、そして空間的には自他の対立もなく、そこには溝もなければ堰もない。まさに、この今というここに現成し来たったものである。事実、『傳光録』の本

則は祖師一人一人について、而今の大悟を表白されたものであり、これが、

佛祖ハ大悟ノ邊際ヲ跳出シ、大悟ハ佛祖ヨリ向上ニ跳出スル面目ナリ。

と示されている。つまり、『傳光録』の世界は、佛祖＝大悟→佛祖であり、大悟＝佛祖→悟するという「百尺竿頭進一歩」底の向上の世界を願いとしているのである。従って、「さとり」という世界は一時の閃きではなく、常に新たな閃き＝〈悟り〉＝心が吾に返る＝還家穏坐の世界である。それでは、何が悟られるのかということになる。それは首章「釈迦牟尼佛」の、「大地有情の外に釈迦牟尼佛を見ること勿れ」の文言に帰することになる。佛教信仰の原点であり、禅信仰の理念をもそこに見出すのである。

さて、インドにその源泉を発する釈迦牟尼佛への信仰の姿は北へ、南へと広がって行った。その一つの現象として〈坐〉を実践信条とした禅の流れが中国・チベット・朝鮮、そして日本へと進展してきた。インドから北に向かった佛教の歴史であるが、そうした発展の中で〈坐〉による身体的表現を実践信仰とし、後に総称的に禅宗と呼称されるようになった流れは、釈迦牟尼佛大和尚から二十八代目にあたる菩提達磨大和尚に至り、やがて日本へと進展していく系譜を信仰の基本としてきたのである。と同時に、佛陀の〈坐〉の相（すがた）が佛教の象徴として礼拝され、佛教文化を培って来たのである。つまり、〈坐〉といわれる身体的表現が、その根底にある〈禅〉という言語的表現と共に広く受け容れられてきたのである。日本人の佛教信仰に限ってみると、禅信仰と並んで信仰を形成している南無阿弥陀佛への念佛称名と南無妙法蓮華経の題目呼称の信仰は、『法華験記』や各種の『往生集』に

見るように、その基本に〈坐定〉の姿が見られる。

しかし、それ以前の南都（奈良六宗）の佛教についていえば、学問を中心とした学問佛教といわれながら、信仰的には法隆寺の観世音菩薩、東大寺の毘盧遮那佛、興福寺の弥勒菩薩、薬師寺の薬師如来など、〈坐する〉佛像に対する生活的な礼拝信仰が同時代の支配層に受け容れられたのである。(6) それは、佛陀像あるいは佛陀の内面的な精神を表現した諸佛像（Buddha Image）への尊崇信仰である。従って、日本人の佛教信仰の主要点は佛・法・僧の三宝、つまり、鎌倉新佛教で顕揚された南無阿弥陀佛・南無法蓮華経の称名・称題の信仰と僧（僧伽）への帰依、すなわち、信仰共同体への自覚的隋喜が大勢を占めるが、加えて、佛教が将来されて以来、奈良佛教から平安佛教へと続く諸佛像への尊信という四つの大きな流れを指摘することができる。こうした日本佛教の流れに在って、瑩山禅師は信仰共同体の新たな展開を動機づけたのである。それは後に触れることになる『洞谷記』や『瑩山清規』などの多くの語録に現れている。

道元禅師は『正法眼蔵佛祖』の巻に過去七佛大和尚から釈迦牟尼佛大和尚、そして先師天童如淨大和尚に至る五十七祖を敬慕し、その前後に次のように垂示されている。

　ソレ佛祖ノ現成ハ、佛祖ヲ挙拈シテ奉観スルナリ、過去現当来ノミニアラス、佛向上ヨリモ向上ナルベシ、マサニ佛祖ノ面目ヲ保任セルヲ拈シテ礼拝シ相見ス、佛祖ノ功徳ヲ現擧セシメテ住持シキタレリ。

そしてその結びに、

道元大宋国宝慶元（一二二五）年乙酉夏安居時、先師天童古佛大和尚ニ参持シテ、コノ佛祖ヲ礼拝頂戴スルコトヲ究盡セリ、唯佛與佛ナリ。

とある。

道元禅師にとって、いうところの信仰は〈佛祖ノ現成〉であった。そしてそのことは〈佛祖ノ面目ヲ保任セルヲ、拈シテ、礼拝シ、相見ス〉ることであった。つまり、〈佛祖ヲ礼拝頂戴スルコトヲ究盡〉することにあった。『傳光録』に明らかにされている師→資の関係は師→資の歴史性を確信するものであると同時に、師→資＝師←資と展開することによって師⇕資と並置されることになるといえる。それは師と資の礼拝・相見の形となり、そこには師に資が包まれ、師もまた資に包まれる〈啐啄同時〉にして〈唯佛與佛〉の世界、すなわち、さとり＝大悟という境涯の世界が現成するのである。『傳光録』の拈提はまさにその世界―歴史を超えた、変わることのない信心の世界を描きだしているのである。

二、禅の信心――祖師と拈提

〈大悟〉の世界

すでに述べたように、『傳光録』において、本則に対し各祖師の出自・経歴について語っているのが機縁といわれる部分であるが、さらに本則とその経歴を下地にして述べられているのが拈提である。ここでは拈提の表白を中心にして、本則で大悟せり、あるいは悟ったという中身について考えていく必要がある。いうまでもなく、佛教の中にあって、道元禅師→瑩山禅師の信仰は、釈迦牟尼佛陀と尊称される佛陀の悟りを出発点として、同時にそれを信仰実践の理想とし、さらに歴代佛祖を通して継承し、傳承していくことにその信仰理念をおいて来たのである。まさしく『傳光録』の精神はその象徴的な表現であるといってよい。ここでは、『傳光録』に見える各祖師の言語表現を通して瑩山禅師の信仰に接していくことにしたい。

『傳光録』における第二十三祖鶴勒那尊者についての拈提に、

須らく自心本性の霊廓妙明なることを知て、能く保持し深く純熟して、さらに佛祖傳燈の事あることを知て、始めて得べし。

とある。この拈提は、第二十三祖と師匠である第二十二祖摩拏羅尊者との間で交わされた、次の問答について垂示されたものである。

第二十三祖鶴勒那尊者、因摩拏羅尊者示曰、我有無上大法宝。汝当聴受化未来際。師聞契悟。

我れ無上の大法宝あり。汝当に聴受し、未来際に化すべしとあって、尊者の垂語によって忽ち悟りを得たということにある。これに依って考えてみると、〈佛祖傳燈〉という基本を明らかにしているように、これは〈伝えられて来ている〉という事実に対する基本的な認識である。そこで〈無上大法宝〉ということになる。ここで、『傳光録』の「首章　釈迦牟尼佛章」に宣言されている〈與大地有情、同時成道〉という原点に帰ることになる。それは佛教信仰の原点であり、禅信仰の出発であった。

明らかに〈佛祖傳燈〉といわれる歴史は、師から資へと変わりゆくものである。しかし、〈與大地有情、同時成道〉という佛陀の大悟は変わりゆくものではない。むしろ、歴史と共に生きていくものであり、歴史の道しるべとして光を放っていくものであろう。『傳光録』における一佛五十二祖の系譜は歴史における歩みの世界であり、各祖師が、師僧の言語的表現と身体的表現によって大悟されたものは穏坐する信心の世界である。そしてそれが釈尊の〈與大地有情、同時成道〉へ趣向するものであり、摩訶迦葉尊者の拈華瞬目が語る〈涅槃妙心〉の世界に穏坐するものとなる。そこで、師＝釈迦牟尼佛と資＝摩訶迦葉尊者に語られた瑩山禅師の垂語に帰ってみよう。

大地有情・同時成道

〈坐〉という身体的表現を実践信仰とする禅の流れは、称名・称題を眼目としている念佛信仰あるいは法華信仰とはその趣を異にし、祖師への人格的な随順を通して佛陀・釈尊への信仰を深めることに眼目がある。しかし、それは単に人格への帰依ということではない。拈提に、我とは釈迦牟尼佛に非ず。釈迦牟尼佛も、この我より出生し来る。唯釈迦牟尼佛出生するのみに非ず。大地有情も皆是より出生す。
釈迦牟尼佛成道するとき、大地有情も成道す。唯大地有情成道するのみに非ず、三世諸佛も皆成道す。

と垂示され、さらに、

この大地有情の外に釈迦牟尼佛を見ること勿れ

と示されているように、大地有情　釈迦牟尼佛という垂語に留意する必要がある。すなわち、〈大地有情〉が表面に出ると〈釈迦牟尼佛〉は陰に隠れることになる。また、〈釈迦牟尼佛〉が表に出てくると、今度は〈大地有情〉が見えなくなる。いうなれば、大地有情＝釈迦牟尼佛ということになる。〈大地有情〉なるものに目を注ぐ時、大地有情の相そのものを体得することになる。〈大地有情〉は諸行無常・諸法無我の真実相として現前していることに気が付く。それが佛教の出発点であった。言いかえれば、変転極まりない〈大地有情〉の実相が寂静の一点、つまり、菩提樹下の釈尊に映ったとき、まばゆいばかりの一つの光が釈尊の心を捉えたのであろうか。それが悟り(Enlightenment)という閃光であったことであろう。(7) 明らかに、釈尊は生きとし生ける世界の現実体を体得されたのであるが、それではこの現実体のど真ん中に生きるものの救い——佛教的、殊に禅的な悟りは何かということになる。その答えは〈寂滅為楽〉である。つまり、〈涅槃妙心〉への道であった。『傳光録』第一章「摩訶迦葉章」にその答えが垂示されている。

涅槃妙心

この章の本則に見る重要な点は〈有正法眼蔵涅槃妙心。付嘱摩訶迦葉。〉ということである。禅信心の帰趣するところは涅槃妙心であり、佛教信仰の帰着するところもまた涅槃妙心である。それは安心立命といわれるものであり、一宗の安心という境涯の表現である。瑩山禅師は拈提の中に〈涅槃妙心〉の精神（スピリット）を摩訶迦葉に寄せて語られている。いうところの文言は、

経師論師多くの禅師の知るべき所に非ず

といい、

恁麼の公案、霊山会上の公案に非ず

とも述べ、

傳灯録、普灯録等に載る所は、是れ霊山会上の説といふこと非なり

と垂示している。

明らかに、『傳光録』に示されている師資相承の骨子は経文の解読、信仰論の解説、禅問答の説明に類したものではないというにあった。それでは何か。瑩山禅師は〈世尊拈華瞬目、迦葉破顔微笑〉の中にあると垂示された。〈拈華微笑〉の世界の現出にあったのである。大勢の弟子たちの前でひとり摩訶迦葉尊者が其の意を体得したのであった。云わず語らずの中に人と人との間に理解し合える世界、人の心が人の心と融合し会う世界、これが〈拈華瞬目・破顔微笑〉の世界であろうか。

〈大地有情・同時成道〉を基本的な理念としてこの世界を捉えられた釈迦牟尼佛は、この世に生を受けたすべてのものが逃れることができない生老病死の四聖諦、千差万別の人生の中で遭遇する生老病死の四苦、愛別離苦・怨憎会苦・求不得苦・五蘊盛苦の四苦、つまり、四苦八苦の現実世界の最大の願いは、釈尊がそれとなく一輪の花を翳した。その瞬間、微かに笑みを見せた弟子がいた。この世界のすべての人、ものが何の不安も、何のこだわりもない世界を見出すことにあった。信仰、つまり、宗教の帰結点はキリスト教の信仰に伺えるように、所詮〈救い〉ということにあり、釈迦牟尼佛の誓願―到彼岸の救いにあった。しかし、佛教の世界に見る佛教的な救いは、自らの思い（自覚＝大地有情の変転世界）をもって、自らに語り、その誓願を釈迦牟尼佛の誓願に託して行く、あるいは任せて行くという信仰の世界である。ここで、日本佛教的な表現を借りれば、親鸞聖人の「よきひとのおほせをかふりて信ず」るものであり、「たとひ法然上人にすかされまひらせ」て、それが「浄土にむまるるたねにてやはん、また地獄におつべき業にてやはんべるらん」というように、その絶対帰順の世界に自らの身心を投げ入れることが、佛教にいう解脱の世界であり、禅信心の世界でもあったのである。

事実、禅の信心は摩訶迦葉尊者に授けられた〈正法眼蔵涅槃妙心〉が『傳光録』に述べられている五十二祖に伝えられていく信仰の核心であった。しかし、『傳光録』の一祖一祖の大悟についての表現はそれぞれ異なっている。当然のことであるが、全体的にみるといくつかの主要点を見出すことができる。以下に主要点と各章との関係を示してみたい。ここでは菩提達磨尊者までの祖師と太祖慧可大師以降の祖師の二段階に大別して、『傳光録』の信仰に触れることにする。

拈提に読む

第二十八祖　菩提達磨尊者まで〔インドから中国へ〕

主要項目	祖師名	拈提
禅の世界	佛祖　釈迦牟尼佛	大地有情の外に釈迦牟尼佛を見ること勿れ。
	四祖　優婆毱多尊者	聖凡共に解脱し、身心同じく脱落し来る。虚空の内外なきが如く、海水の表裡なきに似たり。
	二十七祖　般若多羅尊者	初機後学に似たりとも、一念若し機を廻せば、本来具徳を顕はして、一毫も都て欠たることなし、如来と同共し諸尊と和合す。
	二十八祖　菩提達磨大師	本来物なきに非ず、……物の比倫するなく、曽て他の伴い来ることなき故に、最大にして最大なり。故に謂ふ。大を不可思議と名く

師と資

一祖　摩訶迦葉尊者

三祖　商那和修尊者

七祖　婆須密多尊者

十二祖　阿那菩底尊者

十七祖　僧伽難提尊者

二祖　阿難陀尊者

八祖　佛陀難提尊者

亦不可思議を名て法性と曰ふ。

と。

瞿曇乃ち滅却し了ることを、迦葉破顔せし所に迦葉乃ち得悟し来る事を、是れ則ち吾有に非ずや、正法眼蔵却て自己に付属し畢りぬ。故に喚で迦葉と為すべからず、喚で釈迦と為すべからず。

阿難も重ねて迦葉を師とし、阿難陀また和修を接し、師資の道傳通す

夫れ真箇の浄者は、浄もまた立せず、故にまた立せず。故に師資の道相契ふ、通途無碍なる故に。

鋸義、師と平出す。木義、汝我に解せらる。

聖凡隔てなく、師資の道合す、此の道理を見得する時、乃ち佛祖に相見す。故に自己を以て師とし、師を以て自己とす。

祖師

祖師の道　阿難は多聞を好む。……釈迦佛は精進を修す

祖師の道……純情絶点にも住まらず、虚空明白にも住まらず。

自己

十一祖　富那夜奢尊者
五十祖　天童如浄禅師
五祖　提多迦尊者
九祖　伏駄密多尊者
十六祖　羅睺羅多尊者
十九祖　鳩摩羅多尊者
二十一祖　婆修盤頭尊者

実に是れ祖師の道は、理を以て通ずべきに非ず、心を以て辨ずべきに非らず。……宗旨を定ること勿れ。

古風を学す。

自己の宝蔵を打開して、一大蔵経を運出せんとき、聖教自づから我有なることを得ん。

必ずしも修証に依りて到るべしと謂はず、参学に依り窮むべしと謂はず、只汝が心汝と親し。是れ道なりと謂ふ。

若し自己を明めん時、何をか有情といひ、何をか無情といはん。古来今に非ず、根境識に非ず。

久遠劫来恁麼なりと覺触するを……本来一段の光明あることを知るを宿命智と謂ふなり。

都自己あることを知らずんば、恰も手に持ちながら東西に求めるが如し……今日委悉に見来るに、諸佛の妙道も祖師の単伝も、唯此一事に在り。敢て疑ふべからず。

心

二十六祖　不如密多尊者

本心知得の時、……在家と恐るべからず、出家と驕るべからず。只外に向て求ることを息めて、須らく己れに向て辨ずべし。

六祖　彌遮迦尊者

其主人公、面目なく、体相なし。然れども動著して止む時なし。之に依て、此心生じ来る、之を名て身といふ。

十三祖　迦毘摩羅尊者

自心の外に大地寸土を見ること勿れ。性海の外に河水一滴を着ること勿れ。

十四祖　那伽閼羅樹那尊者

設非世間の珠なるも、全く外より来るに非ず、悉く人の自心より發現し来る。

十五祖　伽那提婆尊者

恁麼の針水豈是れ他ならんや、即是汝等が身心なり。

十八祖　伽耶舎多尊者

伽耶舎多より六祖に到るまで、時代遥かに隔れり。然れども更に隔たらず。故に風幡同に非ず、仁者心動なりといふ。

二十祖　闍夜多尊者

本心を見得せんと思はば、万事を放下し、諸縁を休息して、善悪を思はず、且らく鼻端に眼を掛て本心に向て看よ。

二十三祖　鶴勒那尊者　須らく自心本性の霊廓妙明なることを知て、能く保持し深く純熟して、更に佛祖傳灯の事あることを知て、始て得べし。

求　道

二十四祖　獅子菩提尊者　真実に求道せんとき、道豈用心に拘はるべけんや。

二十五祖　婆舎斯多尊者　一切諸佛諸祖、本より曾て悟らず、一切の愚癡諸人卒に迷はず。……菩提發心、本と終なく始なし。

世界観

二十二祖　摩拏羅尊者　目は色に通じ、耳は声に通ず、和融して隔てなく、混合して蹤跡なし

経典観

十祖　婆栗湿縛尊者　道は山の如く、登れば益す高し。徳は海の如し、入れば益す深し。深きに入て底を究め、高きに登て頂を究めて、始めて真の佛子たらん。

以上、すでに明らかなように、釈迦牟尼佛と摩訶迦葉尊者を別として、二祖阿難陀尊者から二十六祖不如密多尊者までの各尊者について、師資相承を表現するキー・ワードには〈悟り〉という表現が先行していることが知られよう。ところが、二十七祖般若多羅尊者と二十八祖菩提達磨尊者についての拈提はその事情を異にしている。以下

引用してみたい。

二十七祖般若多羅尊者　夫れ傳佛心印の祖師、心地開明の聖者、或は羅漢或は菩薩なることは、不昧本来の道なる故に、久遠成の如来なるものあり。設ひ初機後学に似たりとも、一念若し機を廻せば、本来具徳を顕はして、一豪も都て欠たることなし、如来と同共し諸尊と和合す。

二十八祖菩提達磨尊者　未来際護持保任すべき用心を参徹し、四十年左右に給仕し、委悉に究辨す。来記を忘れず六十年を送り、三周の寒暑を巨海の波濤に経たりき。終に不知の国に至て、冷坐九年の中に大法器を得て、始て如来の正法を弘通し、先師の洪恩を報ず。

ここには、機縁・拈提を通しても、〈悟り〉という文字は見当たらない。二十七世祖般若多羅尊者の章は、〈如来と同共し、諸尊と和合す〉とあるように、禅の信心における実践理念、つまり、共に在って、共に信仰の道を歩まんとする信仰共同体の在りようが示されている。それはインドの禅佛教の個人の解脱あるいは悟りという個人的な傾向から離れてゆく、達磨大師によって将来された中国の禅佛教の行き先を暗示する一文でもある。二十八祖達磨大師は、師である般若多羅尊者の許にあること四十年、ひたすら禅の信心に生き、師の指示を尊重して自らの内容を深め、ついに不知の国（中国）に至って〈面壁九年〉の〈坐〉の生活に入ったのである。ここに〈冷坐九年の中に大法器を得て〉とあるが、この文言はどのような意味合いを持っているのであろうか。面壁九年の一途の実践を通じて勝れた禅者としての達磨大師を指しているのであろうか。それとも二十九祖太祖慧可大師といわれる程の良き

弟子を得たというように理解すべきであろうか。第二十九章「太祖慧可大師章」の拈提に、

達磨設ひ西来すと、師（太祖大師）若し傳通せずんば、宗風今に及び難し。
誰よりも勝れ、志求何れよりも超たり。

とあることと思い合わせると、伝えられる「慧可断臂」の話の光景が浮かんでくる。と同時に、同章の機縁に「大師、是れ法器なり」と述べて、達磨大師が慧可大師について良き継承者を得たと称讃していることから推しても、拈提にいわれる〈大法器〉なる人物は禅佛法の継承者としての慧可大師であろう。こうして、二十七祖般若多羅尊者から二十八祖菩提達磨大師、そして二十九祖太祖慧可大師へとインド↓中国の禅信仰の系譜を尊重し、

西天と東土と傳通し、漢朝と和国と融接す。古も是の如く今も是の如し、唯古を慕ふこと勿れ、今を過さず修すべし、聖を去ること時遠しと思ふこと勿れ、已れを捨てず明らむべし。

と垂示されている。

繰り返すが、『傳光録』は禅の信心の系譜についての歴史書である。しかし、それはただ単に「古を慕」うという歴史への感傷論ではない。むしろ「今を過さず修す」べき実践について各祖師を顕彰し、「已れを捨て」ずに信仰を深めることを明らかにしている信仰の実践書であるというべきである。しかし、ここに重要な疑問が見えてく

る。道元禅師は『永平広録』（五）に「汝等須らく慕古之志気に励」むことを垂語されている。また、佛教の信仰、あるいは一般的にも〈我を捨てろ〉という言葉が聞かれる。ところが、瑩山禅師は「己を捨てず明らむべし」と教えられるのだ。そこで、二十九祖以降の中国から日本に至る各祖師についての拈提にはその辺の事情がどのように表現されているか。少しく考えてみたい。

第二十九祖　太祖慧可大師から〈中国から日本へ〉

主要項目	祖師名	主要文言
宗　風	二十九祖　太祖慧可大師	只古を慕ふこと勿れ。今を過さず修すべし。聖を去ること時遠しと思うこと勿れ、おのれを捨てず明らむべし。師若し傳通せずんば、宗風今に及び難し
	三十祖　鑑智僧燦大師	罪性不可得なることを了知し、心法本清浄なることを覚悟す。之に依りて佛法二つなしと聞き心法如然なりといふ。何をか択び何をか捨てん。取ることも得ず、捨てることも得ず。
	三十八祖　洞山良介禅師	豈見ずや弥陀経に曰く、水鳥樹林悉皆念念法と。（無情説法）諸師の提訓を受て、真箇の無情を会し故にし、一門の曩祖として恢に宗風を興[8]す。
	四十六祖　丹霞子淳禅師	蔵身の処に跡なしと。実に見聞覺知悉く息み、皮肉骨髄皆盡て、後

祖師　四十五祖　芙蓉道楷禅師

心　三十一祖　大医道信禅師

三十二祖　大満弘忍禅師

四十八祖　天童宗珏禅師

作務の信心　三十三祖　大鑑慧能禅師

神秀　「身是菩提樹、心如明鏡台、

更に何物の跡とすべきかあらん。佛佛祖祖換面回頭し来れども、必ず背面なく上下なく、邊表なく自他なく、相受底あり。之を喚で不空の空と名く。すなわち是れ諸人実帰の処なり。

抑も忝く九代の法孫としてなまじゐに宗風を唱へ……歩を先聖に継ぎ、眸を古佛に交えて、設ひ末世澆運なりと雖も、市中に虎を見る分あるべし、若しは笠下に金を得る人あるべし。

生佛尚ほ汝を縛することなし、更に何の生死の相関るべきかあらん。……心と説き境と説き煩悩菩提と説くも悉く是れ自の異名なり。身心を以て論量すべきに非ず、迷悟を以て辨別すべきに非ず。前後両身、古今一心と。両身既に換れりと雖も古今別心なし、知るべし無量劫来より只恁麼なることを。（宏智禅師の忍大師真讃）

二十八代皆傳心と説て傳語と説かず。先より蹤跡なし、唯睡時のことの如し自尚ほ知らず、他豈辨まふべけんや。来由なく、唯明々として、無悟法なるのみなり。

明窓下古教照心の学解なかりしかども、尚ほ一句の聞経に無所住の心生じ、今杵臼にたづさはりて碓坊に勤労す。

時時勤払拭、勿使惹塵埃」
六祖「菩提本非樹、明鏡亦非台、
本来無一物、何処惹塵埃」

禅世界　三十四祖　青原行思禅師
三十五祖 石頭希遷禅師
三十六祖　薬山惟厳禅師
三十七祖　雲巌曇晟禅師

臼を打つこと三下するに米粒自から揃ひて、心機忽ち露はる。米を簸ること三度して祖即傳はる。諸佛の成道、本より久近の時節を以て量るべからず、祖師の伝道何ぞ古今の分域を以て辨ずることあらんや。

実に設ひ階級を立せんとするとも空気に本より界畔なし。梯磴何れの処にか按排せん。

設ひ痛きことを語り、辛きことを示すとも、若し他、骨に徹する分なく、舌を破る分なくんば、卒に通路なし霊性豈他を隔ることあらんや、心地何ぞ通ぜざることあらんや。唯志を發すと發せざると、明師に逢ふと逢はざるとに依て、昇沈形異に苦楽の品同じからず。青原南嶽両家各別なきこと分明に知りぬべし。実に是れ曹谿の両角、元是れ露地の白牛、迥迥なる者なり。

夫れ参禅学道本心を明らめ、旨を悟るを以て其指要とす。……目前の生死を奈何せんと。実に是れ初心晩学一大事とすべき所なり、無常迅速生死事大なり。夫れ善知識として徒に衆を集め、人をはごこむに非ず、只人をして直に根源に透り、速かに本分に承当せしめんとす。

四十一祖　同安観志禅師

心月燿きて円明なり。眼華綻びてびて、紋鮮かなり。仔細に精到して、須らく恁麼に相応すべし。先ず須らく一切の是非善悪、男女差別の妄見を解脱すべし。次に無為無事無相寂滅の処に住まること勿れ。……此体未だ萌さざりし以前に向ひて、親く眼を着くべし。

四十七祖　真歇清了禅師

内に向て見ること勿れ、外に向て求むること勿れ、念を静めんと思うこと勿れ、形を安からしめんと思ふこと勿れ。唯親しく知り親しく解し、一時に截断して暫時座して見よ。

四十九祖　雪竇智鑑禅師

夫れ一切の言を開かんに、必ず心を会すべし。言に滞ることなかれ。火と謂ふ、是れ火ひ非ず、水と謂ふ、是れ水に非ず。故に火を語るに口を焼かず、水を語るに口を湿ほさず。知りぬ水火実に言に非ず。

五十祖　天童如浄禅師

参禅は道心ある、是れ初めなり。……一々に心を到らしめ、実を専らにして、当世に群せず、進で古風を学すべし。本来明浄にして、都て染汚を受けざることを。故に尋常に曰く、参禅は身心脱落と。

自己　三十九祖　雲居道膺禅師
　　　四十祖　同安道丕禅師

師資相見の、人を見ること、旧情を以てせず、因て名は什麼ぞと問ふ。知るべし洞山、師の名を知らざらんや、然れども是の如く問ふ、是れ来由なきに非ず。師答るに道膺と。

恁麼の事を得んと思はば、すなわち是れ恁麼の人なり。……永平開山曰く、我といふは誰ぞ、誰ぞといふは我なる故に。無心なること草木の如しと思ふこと勿れ。佛道の参学豈草木と同じかるべきや。……是れ身口意の分つ所に非ず、是れ心意識の辨ふべきに非ず。

選佛場　四十二祖　梁山縁観禅師
　　　　四十三祖　大陽警玄禅師

本より人をして在家を離れ、塵労を出さしむるの心、何事にか有る。唯是れ佛智見に達せしめんが為なり。煩はしく叢林を設け四衆を集むる、唯此事を開明せしめんが為なり。故に僧堂を名て選佛場と畏怖。

諸禅徳、幸ひに洞家の児孫と為りて、既に古佛の家風に遭へり。……正に是れ洞家の児孫、青原の枝派ならん。実に夫れ参学尤も切要とすべきは、便ち是れ無相道場なり。形を帯びず名を受けず。……実に是れ洞上の一宗一時の声価是の如くなるのみに非ず、累祖見得する皆以て是の如し。

末法観（四十二祖の章）同　上

この一大事因縁正像末の時隔てなく、漢和国異ならず。故に末法悪

正　法　四十四祖　投子義青禅師

日本曹洞宗　五十一章　永平道元禅師

五十二章　孤雲懐弉禅師

世と悲しむこと勿れ。遠方辺地の人と嫌ふこと勿れ。

五家七宗と對論することなく、唯当に心を明らむべし。是れすなわち諸佛の正法なり。豈人我を以て争はんや、勝負を以て辨ずべからず。

身心脱落　大宋国五十一祖なりと雖も、師は日本の元祖なり。故に師は此の門下の初祖と称し奉る。

夫れ法を重んずること師の操行の如く徳を弘むること師の真風の如くならば、扶桑国中に宗風到らざる所なく、天下遍ねく永平の宗風に靡かん。

以上、達磨大師以前の尊者と以後の禅師に関する拈提を二つに分けたのであるが、前者と後者にはその力点と表現に微妙な違いがある。各祖師についての幾つかの視点に集約してみよう。

視　点

菩提達磨大師まで　　太祖慧可大師から

1、禅の世界

釈迦牟尼佛　　三十四祖　青原行思禅師

四祖　優婆毱多尊者　　三十五祖　石頭希遷禅師

二十七祖　般若多羅尊者
（伝道の信心）　二十八祖　菩提達磨尊者
「祖師西来の佛法」

三十六祖　薬山惟厳禅師
三十七祖　雲巌曇晟禅師
四十一祖　同安観志禅師
四十七祖　真歇清了禅師
四十九祖　雪竇智鑑禅師

2、心

六祖　彌遮迦尊者
十三祖　迦毘摩羅尊者
十四祖　那伽閼羅樹那尊者
十五祖　迦那提場尊者
十八祖　伽耶舍多尊者
二十祖　闍夜多尊者
二十三祖　鶴勒那尊者

三十一祖　大医道信禅師
三十二祖　大満弘忍禅師
四十八祖　天童宗珏禅師

3、自己

五祖　提多迦尊者
九祖　伏駄密多尊者
十六祖　羅睺羅多尊者

三十九祖　雲居道膺禅師
四十祖　同安道丕禅師

十九祖　鳩摩羅多尊者
二十一祖　婆修盤頭尊者
二十六祖　不如密多尊者

4、宗　風

二十九祖　太祖慧可禅師
三十祖　鑑智僧璨禅師
三十八祖　洞山良介禅師
（家風）四十三祖　太陽警玄禅師
四十六祖　丹霞思淳禅師
（祖師と家風）五十一祖　永平道元禅師
五十二祖　孤雲懐弉禅師

5、祖　師

二祖　阿難陀尊者
八祖　佛陀難提尊者
十一祖　富那夜奢尊者
四十五祖　芙容同楷禅師
五十祖　天童如浄禅師

6、師と資

一祖　摩訶迦葉尊者

7、選佛場
三祖　商那和修尊者
七祖　婆須密多尊者
十二祖　阿那菩提尊者
十七祖　僧伽難提尊者
四十二祖　梁山縁観禅師
四十四祖　投子義青禅師

8、求　道
二十四祖　獅子菩提尊者
二十五祖　婆舎斯多尊者

9、作務の信心
三十三祖　大鑑慧能禅師

10、経典観
十祖　婆栗湿縛尊者

11、末法観
四十二祖　梁山縁観禅師（選佛場にも記す）

12、二元融合　二十二祖　摩拏羅尊者

以上のような項目によって考えてみると、『傳光録』の全体はまず「禅とは何か」、すなわち、広く禅の世界を提示することに力点が置かれ、次に「心」という基本に視座を置いている。いうまでもなく、〈こころ〉に迫ることは「自己」自体を問うことになる。それも単に他に対する自分という存在ではなく、禅・心・自己という関係において問われるものであろう。この三要素の関係が『傳光録』の基本課題となっている。次いで、禅・心・自己を参究するための基盤となっている周囲状況に留意する必要がある。つまり、「祖師」という人格によって指標を与えられるということである。求めんとする者に一つの転機、あるいは心の転換を与えてくれるのは人であろう。「師」といわれる存在である。信仰における「伝道」の世界が開かれるのである。人格から人格へと伝えられるものは釈迦牟尼佛の〈大悟〉の世界であるが、伝えてくれる存在、つまり祖師と仰がれる人は、それぞれの人格的な雰囲気を持っている。祖風とも家風ともいわれる人格的な包容の世界である。信じる者、信じようとする者にとって最も重要な事柄であるといってよいであろう。『傳光録』で強調されている「宗風」といわれる信心の世界でもある。

次に留意することは、「伝える」ということである。この信仰精神は「祖師西来意」の話頭によって知られる、二十八祖菩提達磨大師に象徴されていることはいうまでもない。さらにまた、伝える者と伝えられる者、あるいは求める者と求められる者とを結びつけて行く「場」は何処にあるかということになる。それが、いうところの「選佛場」である。明らかに、瑩山禅師の『傳光録』に垂示されている禅の信心は、各祖師たちの精神を通して深められ、そして形成されてきたのである。

三、『傳光録』の精神

すでに述べたように、『傳光録』の骨子は禅・心・自己ということを深めることにあるが、それを包み、そして支えていく基盤を無視することはできない。伝道↑禅・心・自己↑教師↑伝道↑禅・心・自己↑教師という同時円環する世界である。ここに禅信心の原点を見出すことができよう。

『傳光録』の二十七祖般若多羅尊者についての文であるが、「一念若し機を廻せば……如来と同共し諸尊と和合」すという文言に続いて、

今日見るは久遠を見るなり、久遠を顧りみれば今日を護るなり。汝と同生せり、我と同居せり、絲毫も離るることなく、片時も伴なはずといふことなし。

という垂語が示すように、二十六祖不如密多尊者と信心を共にしている信仰生活を「今日を見るは久遠をみるなり」と称讃してやまないのである。次いで二十八祖菩提達磨大師の章には、

先佛の己證を明め得て、須らく是れ佛祖の児孫なるべきこと、此尊者に於て殊に其例証あり。

と達磨大師への尊信の念を傾け、そして、すでに触れたように、

終に不知の国（中国）に至て、冷坐（面壁）九年の中に大法器（二十九祖太祖慧可大師）を得て、始て如来の正法を弘通し、先師（二十七祖　般若多羅尊者）の洪恩を報ず。

と示されている。本師般若多羅尊者（禅）→菩提達磨大師（心）・自己→伝道（太祖慧可大師）という禅信心の構図がはっきりと示されている。インドから中国への伝通によって、五世紀から六世紀の形成期を経て、七世紀に入ると禅の信仰は中国的な展開を見せることになる。爾来、五百年にわたって中国禅の信仰は、中国佛教の進展にもっとも大きな役割を担うことになった。その後、十二世紀の後半に至って中国禅―臨済宗と曹洞宗の宗派的な禅の信仰が日本佛教に新しい息吹を与えることになる。その大きな流れの一つに道元禅師―瑩山禅師へと継承される禅の信仰があった。この日本的展開ともいうべき禅の流れを、瑩山禅師は『傳光録』の中にどのように垂示されているのであろうか。

師……浄和尚を訪ひて、一生の事を辨じ、本国に帰り正法を弘通す。実に是れ国の運なり人の幸なり。恰も西天二十八祖、達磨大師の初めて唐土に入るが如し。是れ唐土の初祖とす。師亦是の如し。

この文言は、瑩山禅師が道元禅師を尊信して「大宋国五十一祖なりと雖も、今は日本の初祖なり」という垂示の前

に述べられている。また、次のようにも示されている。

仰も正師大宋に満ち、宗風天下に遍ねくとも、師若し真師逢て参徹せずんば、今日如何が祖師の正法眼蔵を開明することあらん。

良き師に出会うことなく帰国しようとしていた矢先、道元禅師は天童如浄禅師に遭遇することができた。『傳光録』同章にいう。

浄和尚獨り洞山の十二世として、祖師の正脈を傳持せしに、尚ほ神秘して以て嗣承を顕はさずと雖も、師には隠す所なく、親訣をのこさず祖風を傳通す。

改めていうまでもなく、瑩山禅師の信仰理念には祖師の正脈の傳持、祖風、宗風そして伝通する事の大事さが内包されている。過去、現在、そして未来への確かなる進展が約束されるものであった。『傳光録』孤雲懐弉の章にも、

夫れ法を重んずること師（孤雲禅師）の操行の如く、徳を弘むること師の真風の如くならば、扶桑国中に宗風到らざる所なく、天下遍ねく永平の宗風に靡かん。汝等今日の心術、古人の如くならば、未来の弘通大宋の如

くならん。

と垂示されている。師と資―個から個へと継承されて行く信仰の広がりが、やがて、一つの信仰共同体として「扶桑国中に宗風到らざる所なき」ことを願ったのである。

さて、禅の信仰が菩提達磨大師から太祖慧可大師とインドから中国に伝えられ、それが天童如浄禅師の信仰となり、道元禅師によって日本に将来され、孤雲懐弉禅師は道元禅師の宗風を「未来の弘通」とする担い手となった。それでは、『傳光録』に刻まれている各祖師に伝えられて来た宗風、あるいは祖風とは何であろうか。

四、禅信心の精神

禅の世界

『傳光録』に尊称されている一佛五十二祖についての系譜は、それ自体が禅信心の歴史を刻んでいる。ただし、〈機縁〉、〈拈提〉は各祖師等の信仰内容について提唱なされたものであり、各祖師についての特性を述べられているものである。従って、各祖師一人ひとりについて論考すべきであるが、一つの共通点に要約してみると、すでに列挙したように十項目近くの重要な事柄を見出すことができる。その最初の事柄は〈禅とは何か〉いうことである。それはいうまでもなく、「釈迦牟尼佛」章の〈大地有情〉の認識に出発すると同時に〈同時成道〉の世界を体解することにあった。いわゆる〈大悟〉という世界への認識である。まず〈禅の世界〉への深い認識が要請されている。それは四祖優婆毱多尊者の章に明らかなように、自然の景観に擬してその理解を深めることにあった[9]。あるいはまた、二十八祖菩提達磨大師以降の祖師について挙げるとすれば、その頃禅の信仰の歴史における大発展期を迎えようとしていた、三十三祖大鑑慧能禅師の継承者、三十四祖青原行思禅師章の〈頌古〉に、自由に飛び交いその跡を残さない鳥に寄せて、禅に何の優劣階級があるかと、偈頌に託して示されている。すなわち、「鳥道往来猶絶跡、豈湛玄路覓階級」と。また、三十七祖雪巌曇晟禅師についての拈提に、

夫れ参禅学道本より心を明らめ、旨を悟るを以て其指要とす。

あるいは、

夫れ善知識として徒に衆を集め、人をはごこむに非ず、只人をして直に根源に透り、速かに本分を承当せしめんとす。

と垂示されているが、〈頌古〉には、

孤舟不棹月明進、　孤舟棹さず月明に進む、
回頭古岸蘋未揺。　頭をめぐらせば、古岸の蘋未揺がず。

と垂示されているが、三十七祖は初め百丈懐海禅師に法を求め、近くに仕えること二十年、後に三十六祖薬山惟厳禅師を訪ね、その法を継がれたのである。この求法の姿を自然の一光景に寄せ、「小さな小舟が月明かりに照らされながら、棹すこともなく流れるままに浮かんでいる。ふっと岸辺に顔を向けると、そこには草が風にふわふわと吹かれている様子もなく、静かさそのものの中にあるようである」と静寂の世界を表現している。

ところで、ここに「参禅学道本より心を明らめ」とあるように、『傳光録』では〈心〉ということを重視していることを知らされる。『傳光録』全体を通じては、〈心〉という文字がもっとも多く見られる。摩訶迦葉尊者章の拈提に、「佛心印を傳ふる祖師に非ざれば、彼の拈華の時節を知らず、又彼の拈華を明らめず」とあって、また、二十七祖般若多羅尊者章の拈提の冒頭に、「夫れ傳佛心印の祖師、心地開明の聖者」とも述べられているように、確かに〈心〉という文言は極めて肝要なものであった。これは道元禅師も同様である。『正法眼蔵辨道話』に「五家ことなれども、ただ一佛心印なり」という垂示に見られるように、禅の世界では〈心〉という文字が大事なキー・ワードであるともいえよう。

心ということ

一般的にいって〈こころ〉という語は、良きにつけ悪しきにつけ、つい口に出る言葉である。遊び心、勉強心、道徳心、求道心、信仰心等々、どのような場合にも〈……心〉と使われる。具体性を含んだ意味で日常会話の中に聞くことができる表現である。もっとも、古代の日本人は〈こころ〉という表現に、多様な意味を含んで幾つかの漢字を使用している(10)。

ところが、『傳光録』で垂示されている〈心〉とは、多様な意味合いを内包しながら、深く広い内容、つまり、禅の信仰における特性を持った内容を持った言葉である。禅にいう「涅槃妙心」がそのことを象徴しているともいえる。一祖摩訶迦葉の〈機縁〉の最後に当る部分で、

霊山会上八万衆前にして、世尊拈華瞬目す、皆心を知らず、黙然たり。時に摩訶迦葉獨り破顔微笑す。

とある。まさしく、禅の信仰はここに出発して、釈迦牟尼佛の拈華瞬目と摩訶迦葉尊者が破顔微笑したその瞬時の〈心〉と〈心〉の融合した世界を求めることにあった。五十二祖といわず、禅の各祖師の求めた信仰はこの一点にあったのであり、そこに禅信仰の歴史が形成されて行く。信仰は変わらざる核心であり、それが師から資へとつねに変わり行く中で、信仰の核心が連綿と伝えられ、受け継がれていくことになる。六祖彌遮迦尊者の章に、

汝等が心も亦是の如し。動著して止む時なし。故に皮肉骨髄と顕はれ来り、四大五蘊と使用し来る。又桃花翠竹と顕はれ来り、得道明心と悟証し来る。声色品分れ見聞道異なり、著衣喫飯と受用し、言語事業と運用す。

分れ分れども、差別の法に非ず、顕はし顕はるれども、体相に住まらず。……鏡中に万像千変万化すと雖も、只此一面の鏡なり。

と説かれ、人の心の活発な動きを明確に表現している。しかし、〈心〉それ自体はそうした働きを持ちながらも、〈心〉という本体には変わることはないという。十三祖迦毘摩羅尊者の章に、

衆法を合成して此身とす、万法を泯絶して更に一心と説く。……自心の外に大地寸土を見ること勿れ、性海の外に河水一滴を着ること勿れ。

と述べられている。さらに降って三十二祖大満弘忍禅師の章に、

夫れ参禅学道は本是れ根本に達し心性を廓明せんが為なり、若し根本に到らざれば、徒に生じ徒に死して己に迷ひ他に迷ふ。

と示されたように、〈心性〉を明らかにすることにあって、

心を明らめ得ることなふして、妄りに自己目前を称し、自身他身を分つ。之に依て物毎に情執し、時と共に迷惑す。

と教示されている。この垂示に限っていえば、〈心性〉を明らかにするということは一切の物事や周囲の出来事に気を奪われないことであり、一つのことにくよくよしない、大らかな、サラリとした世界に落ち着くことにあるというべきであろうか。瑩山禅師は同章の結びに、清々しい秋の中天に浮かぶ光景に寄せて、次のような偈頌を寄せている。

月明水潔秋天浄、　月明かに水潔く秋天浄し、
豈有片雲点太清。　いずくんぞ片雲の太清に点ずることあらんや。

そこで〈心性〉あるいは〈心〉という点について考えることになる。〈心〉とは何か。二十祖舎夜多尊者の章は〈心〉について次のように説示されている。

本心を見得せんと思はば、万事を放下し、諸縁を休息して、善悪を思はず、且らく鼻端に眼を掛て本心に向て看よ。一心寂なる時諸相皆盡く。その根本の無明既に破るるが故に、枝葉業報すなわち存せず。

人は思わざる事態を引き起こしたり、あるいは予想だにしないことに出会うことがままある。四苦八苦の世界である。意に任せない現実がこの世―此岸というものであろうか。こうした現実態、つまり、『傳光録』に示されている〈不覚〉の世界を直視しながらも、それに惑わされないことも必要であろう。まさに〈万事を放下し、諸縁を休

息〉し、〈一心寂なる時諸相皆盡く〉る世界が現前するのであろう。瑩山禅師は、

此不覚を覺知すれば自己心本清浄なり、自清霊明なり。

と説示されている。そこで、〈不覚〉ということになる。勝ち負けを争う競技で負けた時に往々にして「不覚にも」とか「不覚をとった」などと残念がることがある。『傳光録』同章には〈不覚〉について次のよう示している。

自己の本源を知らず、万法の生処を知らず、一切処に智慧を失ふ、之を無明と名く。是れは思慮なく、縁塵なし、是心本清浄にして余縁に背くことなし。この心の一変するを不覚と謂ふ。此不覚を覺智すれば自己心本清浄なり、自性霊明なり。

瑩山禅師は〈自己の本源〉、〈万法の生処〉、〈一切処に智慧〉と教示されているが、ここに禅師の信仰思想を見出すことができる。すなわち、自己とは何か、この〈自然世界〉(広く宇宙といわれる世界)とは何か、そして〈世間〉(一般にいう世間ではない)という〈場〉への賢明な捉えが禅信心の基本であるという。こうした現実社会、大自然に包まれた自己、世間そして世界に迷うのが我々自身であろう。しかし、我々自体は変わるものではない。自分という現実と自己という本源、この間に迷惑顚倒しているのが我々である。そして、〈自己心=本清浄〉といわれる〈自己〉について思いを寄せることになる。

自己

「八風吹不動」の一句は〈自己心＝本清浄〉を表現しているようにも思える句であるが、十六祖羅睺羅多尊者の章に、

若し自己を明めん時、何をか有情といひ、何をか無情といはん。古来今に非ず、根境識に非ず。能断なく所断なく、自作なく他作なく、大いに須らく仔細に参徹して、身心脱落してみるべし。

と説示されている。すなわち、本当に自己自身を参究する時、そこには有情無情という隔てはなく、時間という制約もなく、認識上の主客もなく、能・所動、自他の区別もなく、ひたすらに身も心をも安ずることがあるといわれる。ここにいわれる〈自己〉について、二十一祖婆修盤頭尊者の章に垂示されている一文を開いてみたい。

子細に見来るに、自己本分の心、佛を見ず衆生を見ず。豈迷と厭ひ悟と求むべけんや。其人をして直に見せしめんとして、祖師西来より以来、有智無智を言はず、旧学新学を言はず、一片に端坐せしめて自己に安住せしむ。すなわち是れ大安楽の法門なり。

明らかに、自己といい、本心といい、心性といい、心といわれるものには、佛も衆生もなく、迷いも悟りもない。

また、智慧が有るとか無いということも、信仰の道に古い、新しいということもない。つまり、九祖伏駄密多の章に読み取れるように、禅の信仰においては、我々の父母は両親であるが、しかし本当に親しい存在ではない。また、諸佛がそのまま信仰の道ではない。

正く道なることを知らんと思はば、諸佛に学すべきに非ず。所以者何となれば、汝が見聞卒に他の耳目を仮らず、汝が手足他の動静を用ひず。衆生も恁麼なり、諸佛も恁麼なり。

これは、道元禅師が示された「他は是れ吾にあらざ」るの〈自己〉であるというべきであろう。自らの耳でそれを聞き、自らの目でそれを見、自らに手足を動かして感得し、体得するものである。二十六祖不如密多尊者の章に、出家者は言うに及ばず、一般の人にしても、道を求めるためには「只、外に向て求ることを息めて、須らく己れに向て辨ずべし」と示されている。

禅信心とは〈自己〉というもっとも身近にして、もっとも遠い課題と取り組むことでもある。だからこそ、二十一祖婆修盤頭尊者の章の結びに、

曠劫より以来将来り将去り、片時も離るることなしと云とも、都て自己あることをしらずんば、恰かも手に持ちながら東西に求めるが如し。是れ幾ばくの錯とかせん、是れ只自己を忘れたるのみ。今日委悉に見来るに、諸佛の妙道も祖師の単傳も、只此一大事に在り、敢て疑ふべからず。

とあるのである。禅の信仰では〈悟る〉という表現に困惑することがあるが、つまるところは〈自己の保任〉ということであり、一大安楽門を見出すことにある。〈諸佛の妙道、祖師の単傳〉もここにあったことになる。〈師〉という世界である。

祖師

文化が歴史の中で育まれていくということは、あるものが、ある人に伝えられ、その人がそれを受け止め、さらに後の人に伝えていくということであろう。その展開自体に、文化を培う〈ひと〉、あるいは〈人間〉が存在する。ごく当たり前のことであるが、機械・技術一辺倒の文化を謳歌しているかのように思える今日にしても、その過程における人間存在を否定することはできない。『傳光録』を通して見る禅の信仰の継承は、光を伝え来った〈ひと〉そして〈ひとびと〉の信仰における多様な結晶であり、一則一則に禅信仰のページェントを読む思いがある。つまり「本則」がそれである。師匠と弟子の織りなすドラマであると言っては、不遜な態度と非難されるであろうか。

弟子→師匠＝師匠→弟子、人が良き師匠を求めて信仰を深めようとする時、師匠は弟子として迎える。ある時、師匠の一つの言葉、一つの体の動きによって、ハッとと気がつき、新たな光に照らされた思いを体得する。この時に「師資の道相契ふ」ものであり[11]、弟子・師匠の関係が確立することになる。十二祖阿那菩底尊者の章に、

夜奢復問ふ。鋸の義とは何ぞや。師（阿那菩底尊者）曰く、師と平出《ひんすい》す。馬鳴又問ふ。木の義とは何ぞや。汝

我に解せらる。師豁然として省悟す。

と説示されている。阿那菩底尊者は馬鳴師のことであるが、師匠である十一祖夜奢多尊者に教えを乞うた。師匠さまが逆に質問された。「鋸とは何だい」馬鳴が答えた。師匠さまも弟子も鋸の刃のように上、下なく皆同じように歯並みが揃っています。そして師匠さまに尋ねた。「木とは何でしょうか」と。師匠さまの答えは「お前さんは、この師匠に溶け込んでいるよ」ということであった。その時、馬鳴は心に明るく閃くものを感じたのであろう。師の内に資が融合し、弟子の中に師匠が解け合った瞬間であろう。「豁然として省悟」した瞬時の信仰の世界である。この禅の信仰世界は、十七祖僧伽難提尊者の章にさらに明確に垂示されている。

実に夫れ真実我を見得する人は、自己尚ほ存せず、豈万法の眼に遮ぎることを得んや。見聞覚知終に分たず、一事一法更に分つことなし。故に聖凡隔てなく、師資の道合す、此道理を見得する時、乃ち佛祖に相見すとす。故に自己を以て師とし、師を以て自己とす。

この一文に「此道理を見得する時[12]」、とあるように、禅信心における核心は師＝資の関係が確立された時点にあるが、〈師〉とは何であるか、ということがつねに新しく問われているものであろう。八祖佛陀難提尊者の章に、

祖師の道、殊に大悟大徹せずんば其人に非ず、故に純清絶点にも住まらず、虚空明白にも住まらず。

とあって、また、十一祖富那夜者尊者の章には、

実に是れ祖師の道は、理を以て通ずべきに非ず、心を以て辨ずべきに非ず。故に法身法性万法一心を以て究竟とするに非ず。……僅かに小徳小智己見旧情を以て、宗旨を定ること勿れ。

と示されている。祖師の道はいずれのところにも住するものでなく、理による教義理解でもなく、心でものごとを捉え、判断することでもないという。従って、禅の信仰は「宗旨を定ること勿れ」といわれるように、そこには自由にして、開かれた世界が展開しているのである。つまり、二十七祖般若多羅尊者の章に教示されている、

一念若し機を廻せば、本来具徳を顕はして、一毫も欠たることなく、如来と同共し、諸尊と和合す。

という世界であろうか。禅の信仰は、道元禅師が『正法眼蔵』生死の巻に、

タダワカ身ヲモ、心ヲモハナチワスレテ、佛ノイヘニナゲイレテ、佛ノカタヨリオコナハレテ、コレニシタカヒモテユクトキ、チカラヲモイレス、ココロヲモツヒヤサスシテ、生死ヲハナレ、佛トナル。

といわれる説示に帰することになる。一切の区別、一切の対立もなく、師匠としての存在、弟子としての存在すらなく、自らが自らに親しみ、語りかけていく、すなわち、瑩山禅師が教示される「只、汝が心、汝と親し。是れ道なり」という世界に導かれていくものであろう。ただし、そこには欠くことのできない羅針盤がある。それは二十三祖鶴勒那尊者の章に、

須らく自心本性の霊廓妙明なることを知て、能く保持し深く純熟して、更に佛祖伝燈の事あることを知てはじめて得べし。

と垂示されている。これは禅の信仰に関わる二つの要素を示唆しているものである。一つは「自心本性」であり、二つ目は「佛祖傳燈」ということである。つまり、自己と祖師である。親鸞聖人は「よきひとの仰せ」といわれ、道元禅師は「正師」と示されている。いま、瑩山禅師は『傳燈録』の随所に佛祖と示され、祖師と尊称されて禅の信仰を顕揚されたのである。後に触れることになるが、ここにも瑩山禅師が日本佛教における祖師佛教を明確に確立された一端を見るのである。

さて、『傳燈録』の全体を通しながら、瑩山禅師の垂語への理解を深めることを試みてきた。第二十八祖菩提達磨大師に至る祖師についての拈提と、大師以降の祖師についての拈提は、その力点に若干の相違が感じられる。前者は〈禅の世界〉、〈心〉、〈自己〉といった禅信仰の内容的な面についての垂示が多く見られる。そして後者は祖風、宗風、つまり禅信心の共同体的な〈場〉を明確にしようとしている。この相違は鎌倉時代の思想的な時代性と

いう問題にも関連している。少しくこの点にも触れてみたい。

五、信仰共同体への道

〈人〉は一人で生存することはできない。〈人と人〉が共に生きようとしている存在である。そこに人間社会が形づくられ、良きに悪しきにつけ、いろいろな集いが生まれる。信仰を軸とした集まりは、もっとも古くからあった文化現象であり、国家や民族を越えた、もっとも幅広い集合体を形成してきた社会現象でもある。

菩提樹の下で悟りを開かれた釈迦牟尼佛の実践坐相から出発した禅の信仰は、中国に到って大輪を咲かせたともいえる。大鑑慧能、すなわち、六祖の許に南嶽懐譲、青原行思という二人の勝れた弟子の出現を見るに至り、禅の信仰は二つの大きな流れとなって中国における禅佛教を形成したのである。その一つである南嶽懐譲の流れにおいては馬祖道一、百丈懐海の両師によって禅信仰の共同体の基盤が形成されたのである。この流れの禅風というべきか、禅信仰の風格は悟りを得るということが前面に出ている。その基準というべき行の実践が公案、いわゆる禅問答として知られる看話禅であった。これに比較される禅風が青原行思、石頭希遷の両師である。同時代に曹洞宗に伝持されてきた第二十八祖菩提達磨大師から三十三祖大鑑慧能禅師、そしてその継承者である青原行思、石頭希遷に至る流れが、現今言われる黙照禅として伝えられることになる。(13) 三十四祖青原行思禅師章の機縁に、

会下の学徒衆しと雖も、師首に居す。亦猶ほ二祖の言はざれども、少林之を得髄と謂が如し。

と示され、これが大祖慧可大師が法を求めて達磨大師の面前にありながら、ついぞ言葉を発することもなく、得髄—達磨の法を受け継いだということに触れている一文である。また、拈提には、

実に群居論道せず。殊に黙群たる不群の行持なり。是の如き功夫用心の力、曹谿にして問来るに当に何の所務か階級に落ちざるべきと云ふ。

とあるように、青原禅師はただ黙然として禅の信仰を深めたのである。いうまでもなく、このことはすでに「拈華微笑」の世界に象徴される摩訶迦葉尊者の禅信仰に見出せるのであるが、後に十二世紀に至り、大慧宗杲（一〇八九～一一六三）が看話禅を鼓吹し、四十六祖丹霞子淳禅師の資宏智正覚（一〇九一～一一五七）を〈黙照邪師〉と厳しく批判したのであった。[14]

こうした事情は別にして、いずれにしても、禅信心の流れは二大潮流となって日本に将来されるのである。ここには既に道元禅師が主唱された〈只管打坐〉の禅信心が見えると言えよう。

さて、これまで『傳光録』の全体にわたって、その中に示されている瑩山禅師の垂語を読み取りながらその精神に近づくことに努めてきた。もちろん、その他にも留意すべき諸点がある。すでに引用した拈提に見られるように、十祖婆栗湿縛尊者章には経典観、二十二祖摩拏羅尊者章の佛教世界観、四十二祖梁山縁観禅師章では〈末法思想〉、二十四祖獅子菩提尊者章と二十五祖婆舎斯多尊者章の両章に見る求道観、三十三祖大鑑慧能禅師章の作務観、

先に挙げた四十二祖梁山縁観禅師章と四十四祖投子義青禅師章では〈選佛場〉について等々と、一佛五十二祖を通して禅信心の主要な課題を提示されている。しかし、なお考えるべき課題を垂示されている。祖風あるいは宗風という表現がそれである。

宗風ということ

『傳光録』の最終章に、「扶桑国中に宗風到らざる所なく、天下遍ねく永平の宗風に靡かん」とする『傳光録』の表現は、瑩山禅師のこんこんと湧き出てくる道元禅師→懐弉禅師→義介禅師への懐いであり、やがて将来するであろう明峰素徹・峨山韶碩両師を始めとする多くの弟子への願望を託したものであろう。〈宗風〉という文言は二十八祖菩提達磨大師以降の各祖師への拈提に現れてくるが、殊に、二十九祖太祖慧可大師の章には、道元禅師によって将来された禅伝通のスピリットが詳細に表現されているといってよい。瑩山禅師の垂語を通して参究したいと思うが、その前に宗風について考えてみたい。

〈宗風〉という文言が文献上に見え始めたのは『臨済録』であるといわれる。「宗風嗣阿誰」とあるが、道元禅師もまた〈宗風〉について垂示されている。

　上堂に曰く、諸人祖師を識らんと要すや、海嶽を掀翻して知己を求む。二祖を識らんと要すや、乾坤を撥動して太平を建つ。隻履知らず何処にか去る。宗風千古嘉声を播《ほどこ》す。

道元禅師が説示されている〈宗風〉は、一つの宗派的な意味を含んだ表現でないことはいうまでもない。また、いたずらに教義的、教理的な背景を映している言葉でもない。「祖師、つまり、中国への禅伝来の祖師である達磨大師を理解したいか、という思いがあるとすれば、それは海や山を引っくり返してから友達を探し当てようとするものだ。また、その信仰を中国に根づかせた慧可大師を知りたいと思うならば、それは天地を引っくり返してから平和な世界をつくり出そうとするようなものである。そうはいっても、達磨・慧可の両大師の偉大さは千年も伝えられて行くであろう」と、道元禅師が称えている。「宗風千古嘉声を播」すという宗風は、師・資との〈啐啄迅機の世界〉(15)を示されているのである。従って、それは一宗一派という枠の世界ではなく、禅の信仰の全体を包む世界である。より明確に言えば、宗派以前の宗風の世界である。してみると、臨済禅師あるいは道元禅師の垂示は、宗派的な枠組を越えた、禅の思想信仰の中の師・資の伝承・継承の世界にあると理解すべきであろう。

そこで瑩山禅師が示されている〈宗風〉ということになるが、慧可大師に関する拈提をいま一度考えてみたい。拈提の初めに、

> 抑も、師は諸祖の尊徳何れも勝劣なしと雖も、重きが中に重く、貴きが中に貴し。所以者何となれば、達磨設ひ西来すとも、師(慧可)若し傳通せずんば、宗風今に及び難し。

とある。ここに言われる〈宗風〉とは、まさに一つの宗派・教派に関わりない、禅宗派の進展の過程に形成された五家七宗以前、つまり、達磨大師→慧可大師=師→資と受け継がれた、禅信心における伝通の本質を示されたので

ある。それでは伝えられたものはというと、

初祖（達磨）も眞機を待て久しく説かず、殊に二祖（慧可）の為に指説せず。

と説かれているように、達磨大師は禅の信仰を継承する人物が現れるのを待ち、幸いにも慧可という人物を得た。だが、慧可のために特段に教えを説くということではなかったという。しかし、一つだけ伝えられたものは、

外諸縁を息め内心喘ぐことなく、心牆壁の如く以て道に入るべし。

というにあった。ここに道元禅師によって伝えられた〈只管打坐〉の禅の骨髄、すなわち、禅信仰の骨子が明らかにされるのである。さらに拈提の語が続く。

是の如く言ふを聞て牆壁の如く無心ならんとす。是れ親く心を見得せず。乃ち曰く、了了として常に知ると、能く是の如くなれば諸佛の諸證と謂ふ。

そうではあるが、自己自身の本体を摑むことはできない。それについて二祖大師は次のようにいわれる。本当に牆壁のように静寂の中に在れば、かえってそこにあらゆるものが素直に映り出されてくるのである。つまり、それ

は、

諸縁を息れば内万慮なし。惺惺として昧まさず、了了として本明なり、古今を分たず、自他を隔てず。

という、時間的にも、空間的にも枠を取り払った世界であり、比較・対立のない世界であるという。そしてこうした世界それ自体が佛陀の證しがあり、各祖師が伝えて来られた以心伝心の禅それ自体の世界である。いうまでもなく、この信仰は、

西天東土と傳通し、漢朝と和国と融接す。古も是の如く今も是の如し、唯古を慕ふこと勿れ、己れを捨てず明らむべし。

と結ばれている。『傳光録』の精神は、太祖慧可大師の章に集約されているといってもよい。

さて、一佛五十二祖にわたって垂示されている瑩山禅師の信仰理念を参酌するに、おおよそ次のよう事柄に集約できないであろうか。

第一点は、禅の原点である佛陀の精神は〈坐〉自体にあるということ。

第二には、その精神が伝承されてきた前提は〈祖師〉にあるということ。

第三には、禅語あるいは道元禅師の説示に「一器水瀉一器」(16)とあるところの一器水とは、〈心〉自体を問うてい

るということ。

第四には、誰がそれを受け止めるか。それは、〈自己〉にあるということ。

第五には、これらの諸要素を包み込んでいる世界は〈家風・祖風・宗風〉であるということ。

以上、大まかな類推であるが、『傳光録』に読みとれる主要な事柄を挙げてみた。一般的に言えば、『傳光録』は曹洞宗における佛佛祖祖に信仰的な来歴、師資相承の系譜を顕揚したものであると評価されるであろう。事実、曹洞宗の教団体制における尊い宗典であることに間違いない。しかし、『傳光録』は単に曹洞宗という宗派的な範囲に留まる宗典ではないであろう。『傳光録』は、禅とは何か、禅の信仰とは何かという基本的な課題を提起しているのである。ここでは同時に、日本佛教史上における瑩山禅師の存在も新たな提題として投げかけられる。こうした点については最終章「祖師佛教の確立者としての瑩山禅師」で述べることになるだろう。

いずれにしても、『傳光録』は瑩山禅師における信仰の核心を率直に垂示されたものである。そうした信仰理念はどのようにして実現（realize）されるのであろうか。ここで、『瑩山清則』について参究することになる。

（なお本章では「禅の信心」あるいは「禅信仰」などという表現を用いた。「信仰」には仰ぎ見るという意味合いがある。対して「信心」には心を信《まか》せるという内容がある。祖師の教えに自分の心を任せるということであり、場合に応じて双方を用いた。）

註

（1）「『傳光録』の諸問題と基本精神」（『瑩山禅』第四巻）三八七頁

（2）『傳光録』の構成について

「『傳光録五十二章』を拝閲するに、其の一章を四種に分類することが出来る。第一は本則、第二は機縁、第三は宗要、第四は偈頌である。其の中、第二と第三とは瑩山古佛の講演開示に列した人々の教養の如何に依りて、異同を生ずるのは止むを得ないことである。『傳光録』は瑩山古佛の著述でなく、開示説法の聞書であるからである」

永久岳水「『傳光録』研究の苦心」（瑩山禅師奉賛刊行会『瑩山禅師研究』昭和四十九年　五六三頁）

（3）「大蔵経の中には伝灯録というものが相当する。それは高僧伝と同じであって、佛教を護持加担した名僧大徳の伝記を紹介するもので、できるだけ多数の高僧の伝を集めているが、『傳光録』はそれとはちがい、釈尊の正法がそのまま、瑩山禅師に至っていることを力説するのであるから、禅師に至る以外に就いては語らない。禅師が特に『傳光』という文字を撰ばれたのには、それゆえ、深い思召があってのことである」

榑林皓堂「傳光録講話」（『曹洞宗通信講座』一三　曹洞宗宗務庁　昭和二十六年　三頁）

（4）『永平寺広録』第八

（5）『正法現蔵』大悟の巻

（6）『続日本紀』巻十五、聖武天皇天平十五年十月十五日の条に、

菩薩の大願を發して舎那佛の金銅像一軀を造り奉り、国の銅を盡して象を鎔し、大山を削りて以て堂を構え、広く法界に及んで朕が知識となす。遂に同じく利益を蒙らしめて、共に菩提を致す。それ天下の富をもつ者は朕なり。天下の勢いをもつ者は朕なり。此の富勢を以て此の尊像を造る。事や成り易く、心や至り難し。但、おそらくは人を労することありて、聖を感ずることなし。或は誹謗を生み、反て罪辜に堕せん。この故に知識に預かる者は懇ろに至誠を發し、各介福を招く。宜しく毎日舎那佛を三拝す。自ら正に念を存し各々舎那佛を造るなり。如更に人一枝　一把土を情願するものあらば、像を助け造らんと。恣にこれを聴せよ。

次いで十六日の条に、

壬午、東海・東山・北陸三道二十五国の今年調庸　の物皆紫香楽の宮に貢がしむ。

さらに十九日の条、

乙酉、皇帝紫香楽宮に御し、舎那佛の像を造り奉らんがために、始めて寺地を開く。是において行基法師弟子等を率いて、衆庶を勧誘す。

また、『傳光録』（五十一祖　永平道元章）の拈提の冒頭に「夫れ日本佛法流布より七百余歳に、初て師、正法を興す。謂ゆる佛滅後一千五百年、欽明天皇一十三壬申歳、初て新羅国より佛像等渡り、十四歳癸酉にすなわち佛像二軸を入れて渡す。然しより漸く佛珐の霊験顕はれて、後十一と云ひしに、聖徳太子佛舎利を握りて生る」とある。

（7）悟り――この言語表現について、外国語では悟りをどのように表現しているかを考えてみる。まず、日本語で表示する〈悟り〉の原点はパーリ語・梵語＝bodhi＝bodha→菩提である。Franklin Edgerton『BUUDHIST HYBRID SANSKRIT GRAMMAR AND DICTIONARY』（一八七五）に〈enlightenment in the technical Buddhist sense〉とある。また〈佛陀〉は〈Enlightened One〉と訳されているが、〈enlighten〉はen＋light＋enからなっている。すなわち、接頭語の〈en〉はcourage（勇気）と合成されてencourage（勇気づける）という動詞となる。次に〈en〉の接尾語もまたheight（高度）→heighten（高度を高める）となり、heart（心）→hearten（励ます＝encourage）というように動詞となる。つまり、〈enlighten〉はlight（光）の動詞的な用法となって、照らす、明らかにするということになって、〈悟る〉と訳され名詞化して〈enlightenment〉として〈悟り〉を意味する。その他にも〈さとり〉と読む文字はいくつかあるが、一般的に〈さとる〉と読むことができる。いずれにしても、〈悟〉には禅的要素が濃く、〈描く〉と〈解〉は佛教一般の用語表現と考えてよいであろう。

（8）七世紀から八世紀、唐の禅佛教はもっとも盛んな時を迎えていた。すでに、六祖以後、禅の流れは青原行思・南嶽懐丼の二大潮流となっていた。従って、同時代の禅者は一定の枠に滞ることなく、良き指導者を求めて門を敲いたのである。洞山良介もその一人であった。洞山は、初め馬祖道一（七〇九～八八）の弟子五曳礼黙（七四七～八一八）に師事し、また、馬祖の弟子南泉普願についても参じ、さらに潙山霊祐（七七一～八五三）、南陽慧忠（？

〜七七五）と多くの師を訪ねている。
（9）第四章・優婆毱多尊者に「心は秋月の皎潔たるが如く、眼は明鏡の翳なきが如し」とあるように、自然の理に託して禅の境涯、つまり、「心を求めず、性をも望まず」という自然体が求められている。また、同章に「毱多尊者忽ち大悟す」に次いで、「晴天に忽雷の霹靂せるが如く、大地に猛火の発生するに似たり」と表現している。
（10）『日本書紀』では「心」を始めとして情、意、懐、身意、身心という語をも〈こころ〉と読んでいる。
（11）第七章「婆須密多尊者」
（12）道理ということ。道理という文言は上代日本人が〈ことわり〉と訓じて、大義、事理を意味するものであった。鎌倉時代、慈円僧正著『愚管抄』（一二二〇年）は道理の思想書として知られ、日本人の論理的な正しさを示す語となって日常的に表現されている。
（13）宏智正覺（一〇九一〜一一五七）は大慧宗杲によって〈黙照邪師〉と批判された。これに対して宏智は「黙照」の二字について四言七十二句の銘を以てその理念を明示した。その中に「黙照理圓、蓮開夢覺」、黙は一切のものを照らして包み込み円やかに、蓮は夢から覚めて華を開く、と詠じている。これが後に道元禅師が言われる「只管打坐」の世界へと受け継がれていく。

ここで参考までに、ドイツの医学者マックス・ピカート『沈黙の世界』（佐野利勝訳、「Die Welt des schweigens eugen」Rentsch Verlag, 1948）の冒頭文を引用しておきたい。キリスト教信仰の上に立つ論旨であるが、興味深いものがある。

沈黙は、単に人間が語るのを止めることによって成り立つのではない。沈黙とは、単なる『言葉への断念』以上のものである。つまり、人間が都合次第でおのが身をそこへ移し置くことの出来るような単なる一つの状態ではなく、それ以上のものなのだ。（「まえがき」）

沈黙は一つの始原の現象、もはやそれ以上何物にも還元され得ない一つの本源的な事象である。沈黙は、造物主以外のものによっては何物によっても置き代えられ得るものではなく、また、何ものとも換え得られるものでもない。沈黙の背景にあって、われわれが沈黙をそれに連関させるものは、ただ造物主だけである。（「始原の現象としての沈黙」）

（14）明和六（一七六九）年、面山瑞方は『宏智古佛黙照銘聞解』を選している。

（15）「億千万劫するも本枝一如なるなり、また啐啄の迅機んあるなり」（『正法眼蔵』面授）

（16）「南嶽大慧禅師懐譲和尚、そのかみ曹渓に参じて執持すること十五秋なり、しかうして伝道受業すること、一器水瀉一器なることをえたり」（『正法眼蔵』行持　上）

第五章　信仰共同体の確立㈠――瑩山清規の背景

一、二つの信仰規約――〈規律〉と〈清規〉

ベネディクトゥスの『戒律』を支える霊性とは何かというと、神を求めること（quaerere Deum）、神を求める生活を行うことである。霊的であることとは、神を求めることであり、霊的生活とは神を求める生活以外の何ものでもない。神がそれを求めるからである。(1)

現実の生活において、人はその安寧を心から望んでいる。生活的な満足感をも含めて、より精神的な安心感を切望して止まない。その究極の世界が、宗教的な安心の世界を見出すことにあろう。そうした世界を実現しようとしたのが、西洋にあってはキリスト教の世界であり、東洋では佛教の世界であった。当然のことながら、そこには大きな集い――信仰的共生の世界が形成されることになる。信仰共同体がそれである。信仰はある中心に向かって結ばれていく。キリスト教の信仰者にとっては、神が人々に手を差し伸べてくれている。佛教の信仰者は、悟りを開かれた佛陀によって導かれる。そのいずれにも多くの人々が集り、その精神的な安心の世界に身も心も託そうとする。そして、安心して心が通い合う場が自然と形成されていく。それが教会であり、精舎である。そうした中から、さらに神へ、また佛陀へ近づこうとする一群の人々が生まれる。キリスト教の信仰がイタリアに広がり、やがて〈修道院〉が誕生したように、佛教が中国に入ると、禅林ともいわれる叢林が広大な中国全土に誕生することになったのである。同じ思いを共有する世界は、やがて相互存在を確認し、一つの秩序を形成し、そのために明確な規則が編み出されるのである。キリスト教でいう〈修道院規律、rēgula〉であり、中国では佛教の主力となった禅にいう〈叢林清規〉である。

さて、信仰の世界における規律あるいは清規に触れようとする時、それらを研究する場合はその信仰的な規律・規則を客観化して論ずることができる。それに対して「参究」となると、主体的な自己自身の行動的な規範を考究することになる。つまり、「神を求める生活を行う」ということになる。このようなキリスト教の信仰の表現を借りて禅の信仰を言い表すと、「悟りを求める生活を行う」ということになろう。ここに救いの信仰と解脱の信仰における、それぞれの戒律観が形成される。

キリスト教世界ではベネディクト（四五〇頃～五五〇頃）によって『ベネディクト聖父の戒律』(2)が確立するに至ったが、その緒言に、

我今汝に諗《つ》ぐ、凡て人自身一個の意志を擲ちて、真正なる君子吾主《あるじ》耶穌基督の旗幟《きし》の下に戦はむと欲すれば、服従と云ふ堅甲栄器を執らざるべからず。

とあって、さらにその半ばに、

吾等は信仰と善業の実行とを以て腰を装ひ、靴を足に穿ち、福音の嚮導に伴はれて其道を歩み、天郷に到りて吾等を招きたる主を仰ぎ見奉らむことを　期せざるべからず。

と示しているように、福音、つまり〈よき知らせ〉あるいは〈キリストの言葉〉に伴われて救済の道を歩めるよう、信仰と戒律の中に生活することを勧めている。そして最後に、

吾人は主に奉仕する道を学ぶ学院を建設せざるべからず。……門は実に狭し、然れども門に入りて善道と信仰とは進むに従って、心開けて神誡の道を歩むに無限の快味を覚ゆ。

と断言し、七十三章にわたる信仰生活の条文が創出され、キリスト教の信仰とヨーロッパ文化の基盤となった修道院が確立されたのである。

他方、佛教―禅の信仰生活は、百丈懐海（七二〇あるいは七四九〜八一四）が示した『百丈清規』によって確立されたと伝えられる。しかし、現在はまったく伝わっておらず、後に成立した『禅苑清規』にその存立を垣間見ることができる。そもそも、『禅苑清規』は中国崇寧二（一一〇二）年、『百丈清規』に準じて出来上がったともいわれ

るが、その第十巻に収められている「百丈規縄頌」の初めに次のように記されている。

按ずるに百丈大智禅師、禅宗肇めて少室より曹渓に至るまで已来多く律寺に居し、すなわち院を別にすと雖も然も説法住持において未だ軌度に合わざるをもっての故に、常に爾く懐を介む。すなわち曰く、「祖宗の道欲誕《おおい》に化を布かんことを欲す。その将来永く泯びざらんことを冀う者なり。あにまさに諸部の阿笈摩経と随い行なうことをなすべけんや。云々

続いて、その趣意を頌に示されている。すなわち、

昔時居律寺　　昔時は律寺に居し
別院啓禅門　　院は別にして禅門を開く
大智禅師後　　大智禅師の後に
方知祖道尊　　方に祖道の尊きことを知る(3)

と。また、瑩山禅師と同時代の南宗咸淳十(一二七四)年には『叢林校定清規總要』二巻が撰述されている。この清規もまた『百丈清規』について触れている。(4)

その初めには、

礼は世に大経となす。人情の節文なり。沿革損益以て時を越ゆ。故に古今の人情、綱常の制度を得、以て道を撥む。故に天地の大経在る。且て吾が聖人波羅提木叉を以て寿命となす。百丈清規はこれによって出ず。これ固より聚林礼法の大経なり。

と強調しているが、この一文から二つの点が明らかになる。第一点は、清規は『百丈清規』にその原型を見出しているということであり、第二点は、中国における道徳・秩序の理想とされる儒教の影響があったであろうということである。いうまでもなく、何かを信じ求めるという内面的な心情が言語的に身体的に表現されると、我々はそれを信仰行為あるいは宗教行為として理解する。神さまに柏手を打つ、佛さまにお拝をする、神に十字を切る、礼拝、五体投地、瞑想、観想、祈り、称名、称題、坐禅等その他数限りなくある。もちろん、こうした信仰行為は個人的な行為であるが、それが集団的に同一行動となって現れると、集団的な信仰行為と信仰生活の指針が示されることになる。〈戒律〉と〈清規〉に象徴されているものがそれである。しかし、キリスト教徒と佛教徒の信仰生活には、その信仰行為と同じように基本的な違いがある。〈神による救済〉と〈苦からの解脱〉である。すなわち、前者は〈主に奉仕する道を学ぶ学院〉としての修道院であり、後者は〈私の意楽を存せずして、衆に随ひ古人の行履に任せて、行じゆく〉べき叢林であり、僧堂であった。[5] 信仰において自らの信心を投げ入れるということは、キリスト教にあっては〈主に奉仕する道〉を学ぶ場であり、禅佛教においては〈衆に随ひ、古人の行履に任せて、行じゆ〉く場であったのである。キリスト教は主である神の教えに生きることに信仰の中心があり、禅佛教では佛陀を慕い、その教えに順じ、仲間と共に信仰の生活に生きることにある。従って、両者における信仰は、その根底は〈信を以て順ずる〉ことに変わりはなく、信心の友とその生活を共にすることにおいても変わらないが、異なるものがあるということになろう。その異なるものは何か。それは信仰の主体である。それぞれ〈耶蘇基督〉であって、〈古人の行履〉ということになる。ここに信仰の主体性が明らかになり、信仰共同体の〈ありよう〉も具体的に見えてくる。

さて、これまでしばしば信仰共同体という表現を用いてきたが、キリスト教の信仰世界についてはしばらく措いて、まず佛教においては、菩提樹下の釈迦牟尼佛陀を慕って集った会衆が、僧伽といわれる信仰共同体を形成することになる。道元禅師が『正法眼蔵随聞記』に、天童如浄禅師の説示として僧伽について述べられている。

夜話に云く、悪口を以て、僧を呵嘖し希毀訾すること莫れ。設ひ悪人不当なりとも、左右なく悪み毀ることなかれ。先づいかにわるしと云ふとも、四人巳上集会しぬれば、これ僧体にて国の重宝なり。最も帰敬すべきものなり。

佛教信仰においては、四人以上の同信の人たちが一つ所で共に生活する場所を僧伽と呼んでいた。その信仰生活でもっとも大切な環境、あるいは雰囲気は、穏やかに和み合うことにあった。僧伽が〈和合衆〉といわれる所以である。もっとも、信仰に平安な環境が求められるのは、ひとり佛教に限ったことではない。修道院の信仰生活においても常に静寂さが求められている。また、叢林あるいは修道院で信仰生活を共にする信仰者は、お互いに友達・

仲間であるという親しみを大切にしている。叢林では勝友といい、(6) 修道院では修友という。(7) 信仰の世界における共同的にして実践的な場としての叢林と修道院に共通する人間関係である。さらにまた、信仰の世界にはより基本的なものがある。〈静寂〉という共通項である。(8)

『禅苑清規』の「坐禅儀」に、

欲坐禅時、於閑静処、厚敷坐物、寛繫衣帯、令威儀斉整、然後結跏趺坐。

とあって、また、同清規の「自警文」には、「神心洞照、聖黙為宗」とあるように、禅の信仰の基本的な要素は〈閑静なる処〉であり、〈黙〉なる世界である。この世界について『聖ベネディクトの戒律』（第六章　沈黙）の中には、

沈黙の重要なるを考へて、道に完き門弟にも会談を交すの許可を容易に與ふべからず……語り且聴く事は弟子の責務なり。

と教示され、これは修道院における信仰生活の基本であり、特に沈黙の章を設けているほどに厳しいものであった。沈黙は二つの意味を持っているという。つまり、一つは修道院における個人的な沈黙に邪魔するような行為を慎むという意味の silentium＝silence であり、この語は物理的に声を発しないことに使われる傾向があるという。

もう一つは心が内的に集中し充溢している表現としての沈黙[9]、つまり静謐なる心を強調するという taciturnitās という語であるという。[10]信仰における沈黙あるいは静寂は明らかに意志的な帰依の行為によるものである。修道院に在って〈聖務〉[11]を実践する基本的姿勢は沈黙の世界からの出発である。いずれにしても沈黙あるいは静寂は、信仰の世界を包む、基本的にして重要な宗教的環境である。そこにこそ祈りが広がり、そして禅で言えば坐禅が深められていくのである。一本の扇は〈かなめ〉と〈ほね〉によってその形が作られ、〈ほね〉に紙を張ることによって〈扇〉という働きが生まれてくる。扇の〈かなめ〉は祈りであり、坐禅である。そして竹と紙によって生まれた扇の持つ働きが信仰における戒律であり、清規であろう。仮に一本の竹が折れることになったなら、その扇は働きを失う。また、〈かなめ〉が壊れた時もまた扇は扇ではなくなる。修道院の信仰生活と叢林の信仰生活を思い浮かべるならば、その生活共同体は祈り・戒律・坐禅・清規が表となり、裏となって表裏一体の世界を現出している。と同時に、扇が持つ働き――爽やか涼風――を宿した沈黙と静寂の世界に包まれているのである。

禅信仰の歴史の上で、第三十三祖大鑑恵能禅師に因む禅話に「暴風刹旛」がある。この話は中国の儀鳳元（六七六）年の正月八日に、広東州の法性寺住職であった印宗法師の講経の席に参じた折のことであった。[12]その日は大変に風の強い日であった。二人の修行僧が何やら口論をしている。一人の僧がいう。「あれは旗が動くのだ」と。相手の僧が言った。「いや、風が動くんだ」と。二人の口論は収まらない。それを聞いていた恵能禅師が言われた。「旗でもなく、風でもない。あなたの心が動くのだ」と。この禅話は「仁者心動」とも称されているが、ここに言うところの〈心〉とは何かが問われることになる。

瑩山禅師は『傳光録』で、〈心〉の問題を大きく捉えられている。[13]「暴風刹旛」の話はその一例にすぎないが、ここで〈心〉と言われるものは、単に〈われわれの心〉という範囲のものではない。〈仁者心動〉というからには、「あなたの心が動いているに過ぎない」という狭いものではないであろう。もっと広い心が予想されているはずである。『正法眼蔵』（三界唯心巻）冒頭に、

釈迦大師道、三界唯一心、心外無別法、心佛及衆生、是三無差別

と示され、三界唯一心の〈三界〉については、

イマコノ三界ハ、如来ノ我有ナルカユエニ、盡界ミナ三界ナリ、三界ハ盡界ナルカユエニ、今此ハ過現当来ナリ、過現当来ノ現成ハ、今此ヲ罣礙スルナリ、我有ハ、盡十方界真実人体ナリ、盡十方界沙門一隻眼ナリ。

と示され、〈心〉については、

唯心ハ一二ニアラス、三界ニアラス、出三界ニアラス、無有錯謬ナり、有慮知念覺ナリ、無慮知念覺ナリ、牆壁瓦礫ナリ、山河大地ナリ、心コレ皮肉骨髄ナリ、心コレ拈華微笑ナリ、云々

と続いて説示されている。道元禅師の教示によれば、三界は唯心であり、唯心は三界であるが、しかし、唯心は三

界でもなく、一、二と数えられる唯心でもない。佛教でいう、あるいは禅でいう〈心〉は時間的には過去・現在・未来にわたって現前するものであり、空間的には盡十方に現在するものであり、いわゆる「父母未生已前」の世界である。すなわち、時空と共に在って、時空と関わることもない存在である。それは信仰の根底を支えている沈黙の世界であり、静寂の世界に他ならないということができよう。ここでピカートの『沈黙の世界』[14]を引用したい。(もちろん、この論旨がキリスト教の信仰における神・創造主を根底に置いていることはいうまでもない。)

沈黙は一つの始原の現象、つまり、もはやそれ以上何物にも還元され得ない一つの本元的な事象である。[15]

また、

人間は沈黙と結びつくとき、ただ単に沈黙という元初的なるものに参加するのだ。沈黙は、人間のために常に用意されている一つの始原の現象なのであって、沈黙のように何時いかなる瞬間にもそのように現在している始原現象はない。

とあるように、われわれの生存を成り立たせている奥の奥に静なる世界が現在しているのである。殊に信仰の世界にあっては沈黙・静寂の無限なる背景によって祈り・坐禅の世界が深められることになろう。

静寂な世界については瑩山禅師が各所において説示されている。そのもっとも深い垂語は、「亡者回向」に、浄極まり光通達し、寂照にして虚空を含む。却来して世間を観ずれば、猶夢中の事の如し。

と陳白されているように、広大にして、無限無辺の世界こそ静寂そのものの真実相である。禅の信仰生活は、まさしくこの静寂の世界の背景を持ったものであり、禅信仰の共同体生活が出発することになる。いうところの世界は釈迦牟尼佛陀が教示された『諸行無常、諸法無我、寂滅為楽』＝父母未生以前の世界にその出発があることになる。

註

（1）矢内義顕「聖ベネディクトウスの『戒律』とその霊性」（上智大学中世思想研究所編『中世の修道制』創文社一九九一年　所収）

（2）『救主生後一千九百六年　ベネヂクト聖父の戒律　完』日本トラピスト院蔵版

（3）『訳註　禅苑清規』曹洞宗宗務庁　昭和四十七年

（4）『禅林備用清規』は十巻から成り、元の至大四（一三一一）年の秋、盧山東林寺の澤山弌咸の編集によるもので、異称として「澤山清規」とも言われる。

（5）『正法眼蔵随聞記』第一

（6）勝友　僧ハ勝友ナルガユエニ帰依ス、……僧ハ西天ニハ僧伽ト称ス，震旦ニハ和合衆ト翻ス（『正法眼蔵』帰依三宝）

堂中ノ衆ハ乳水ノコトクニ和合シテ、タガヒニ道業ヲ一興スベシ（『正法眼蔵』重雲堂式）

（7）「修友」fraters については、『聖ベネディクトの戒律』“Regula Sancti Benedicti”の翻訳者である土田堯氏によると、心から愛する修友は fraters　carissimi とあり、frater には兄弟と修道士の二つの意味があって、その他に monachus が修道士を意味しているとある。

（8）「静寂」について道元禅師は『普勧坐禅儀』に「夫れ参禅は静室宜しく」と示され、瑩山禅師もまた『坐禅用心記』に「寂静無漏の妙術あって、これを坐禅と謂ふ」と教示されている。

（9）「沈黙」については『聖ベネディクトの戒律』の第六章に沈黙の精神（taciturnitas あるいは silentium）について述べている。また、第五十二章には「禱務を畢りたるときは、修友皆深く緘黙して出で、神に対する尊敬を守るべし」と明記されている。

（10）西暦二〇〇〇年十二月二十五日のクリスマスを記念して出版された古田暁訳『聖ベネディクトの戒律』を参照。また、沈黙についての言語的な点は『羅和辞典』によって見るに、medium silentium＝真夜中の静けさとあるように、場合によっては破られる可能性がある静寂さということにもなろうか。他方、taciturnitas は寡黙、沈思というように意志的な意味合いを与えている表現である。

（11）聖務とは、神を信じ、神に仕え、神と共に在る生活、つまり、起床から就寝までのすべてが〈神の業〉officium Diuinim, opus dei（神事）である事。

（12）印宗（六二七～七一三）は大般若涅槃経に精通した人で、初め五祖弘忍の門を訪ね、後に六祖大師に会い弟子となった。

（13）〈心〉に関しては、『傳光録』全般に見られる。つまり、〈心＝覚〉あるいは〈心＝悟〉が一佛五十二祖に展開してきたもので、各祖師の共通課題となっている。しかし、〈心〉についてもっとも大きく提唱されているのは『信心銘、拈提』であろう。

(14)　マックス・ピカード『沈黙の世界』みすず書房　一九七九年
(15)　同書一四頁

二、清規の理想

『百丈清規』への道程

一つの目的、あるいは一つの理想を現実のものにしようとする時、明日を前提にして、そうした思いを同じくして集まった人々の理想を前面に出そうとする。当然のことながら、次の段階でその集まりをいかに維持するかという現実的な課題を負うことになる。一般的にいって、政治団体にしろ、経済団体にしろ、またスポーツ団体にしろ、その形成は横への幅広い展開が基本となる。この点に関しては信仰共同体にしても同じ方向性を持っている。しかし、その理想とするものは原初的世界へ帰趣することである。キリスト教では信ずる神に対する自らの献身と神の共同体への服従を基本とし、現実の地上に神の国を実現することにある。また、禅の信仰では祖師の道を自覚し、その道を通して原点である釈迦牟尼佛陀の悟り＝安心立命＝安穏なる世界を実現することにある。信仰共同体の理想はつねに原初に帰ることであり、そしてその理想に向って歩む仲間を、聖ベネディクトは〈修友〉といい、道元禅師は〈勝友〉を信じて、と説示されている。そこに信じあう共同体が形作られて行くことになり、その共同生活を相互に守り、さらに広く同信の友を集めようとすることになる。その基盤が〈戒律〉であり、〈清規〉である。

すでに述べたように、禅の信仰共同体の生活規範は『百丈清規』にその理想を求めるものであるが、もはやその姿は見ることができない。しかし幸いにも、『禅苑清規』がその精神を伝えている。

震旦の初祖達磨大師から六祖大師に至るまで、禅の信仰共同体は形成されることはなかった。第三十三祖大鑑恵能禅師（六三八〜七一五）―南嶽懐譲禅師（六七七〜七四四）―馬祖道一禅師（七〇三〜七八八）―百丈慧海禅師（七二〇〜八一四）と継承されていくが、各禅師が出家された当初は、総じて律師の門を敲いている。(1) しかし、百丈懐海禅師に至って、律寺から独立して禅の信仰生活に入っている。禅寺の出発がそこにあったともいえよう。

昔時居律寺、別院啓禅門。大智禅師後、方知祖道尊。

この頌には、失われた『百丈清規』を再生しようという願いが充溢している。〈禅門〉を開き、〈祖道〉の尊さを知らせようとする信念が彷彿としている。『禅苑清規』の編者はこの偈頌の前文に、百丈禅師の精神を忖度して、自問自答の形で「祖宗の道おおいに化を布かんこと」を願い、「将来永く泯びざらんこと」を願ったのだろうと懐いを寄せている。最後の自問は「瑜珈論・瓔珞経は大乗の戒律ではないか、これに随っていくことでもう良いではないのだろうか」というものである。こうした疑問について、百丈禅師の応答として自ら答を用意している。

吾が宗とするところは大小乗に局《かぎ》るにあらず。大小乗に異なるにあらず。博約折中して、制範を設け、その宜しきを務むべきなり。

さらに編者は「於是創意、別立禅居」として『禅苑清規』の作成の精神を述べている。
ここで、佛教の信仰生活の上に『禅苑清規』の持つ意味を考えてみたい。

『禅苑清規』に読む

佛教信仰全般についていわれることであるが、とかく修行という文言を好んで使う傾向がある。この言葉は日常生活においてもごく普通に用いられ、「修行が足りない」というように、半ば常套語になっている。そして修行という語は、一種の重々しい語感を持っている。我々の持つこの重々しい印象に、信仰と修行という語の持つ課題が提起されているとも言える。「清規」における信仰と修行という点について、『禅苑清規』の中に読み取ってみたい。

夫禅門事例、雖無両様毘尼、衲子家風別是一般規範。若也途中受用、自然格外清高。如其觸向面牆、実謂滅人瞻敬。是僉謀開士、遍摭諸方、凡有補於見聞、悉備陳於綱目。

ここでは「禅門には毘尼と言われる二つの戒律はないが、我々が信心している禅には〈家風〉として一つの規範がある。いま、求道の途中でこの規範を受け入れて道を歩むことは、その信心を一段と清々しく高めてくれるだろう。しかし、もしそれに反するものとなれば、人々の厚い尊敬を裏切ることになる。ここで多くの同信のものが相寄って、各地方に見られる各規範を集め、総括的な禅信仰の生活綱目を備えたい」と述べている。『禅苑清規』が編集された趣旨が明らかである。

『百丈清規』の原型を目にすることはできないが、その後『百丈清規』を踏襲する形でいくつかの清規が編集されている。[2] その冒頭に〈家風〉という表現を見ることができる。編者である長蘆宗賾[3]が自ら「衲子の家風は別に一般の規範なり」と述べ、これは家風といっても別に変ったものではない、というぐらいの意味であろうか。〈家風〉という文言は中国における禅の信仰共同体に生まれたものであろう。瑩山禅師も『瑩山清規』に〈家風〉という表現を使われている箇所がある。

曹源一滴點而派流繁興、二株嫩桂覆蔭而枝條欝茂。五家家風無不通、七宗宗要悉皆。[4]

しかし瑩山禅師は家風や宗風という文言よりも、祖師あるいは祖道という表現を多く選ばれている。もちろん、道元禅師にも家風という垂語が見られる。[5] いうまでもなく、震旦初祖の達磨大師の時代には禅の信仰共同体というような組織体はなかった。〈家風〉という表現が現在することになったのは、おそらく『百丈清規』が成立してからのことであろう。そもそも、〈家風〉という語の意味は、社会的な存在としてある最小単位としての家族生活を包み込んでいる、それぞれの流儀や在りようあるいは雰囲気等々と、一概に説明し切れない要素を含んでいる。禅の家風という表現もその一つである。『禅苑清規』が編集された十二世紀の中国佛教はすでに禅の信仰共同体が全国的に展開されていた。『曹洞宗主要祖師住山地名並地図』[6]によると、その題名が示しているように、二六一人の祖師と住山された山号との関係を中心に中国全土にわたって書き込まれているが、同時代の禅の信仰はいくつかのグループに分散していた。『中国佛教史』の著者鎌田茂雄氏は、六祖大師を祖とした百丈懐海に至る八世紀における中国初期禅信仰の状況について、『禅門師資承襲図』によって六宗を挙げている。まず、六祖慧能（六三八～七一三）の南宗、その弟子神秀（？～七〇六）の北宗、四祖道信の弟子で牛頭山幽棲寺に住した法融（五九四～六九七）の牛頭宗、五祖弘忍の門下から出た念佛禅と言われる系統で浄衆宗、さらに荷沢宗である。荷沢神会（六六八～七六〇）は、初め六祖大師に随身すると同時に、儒教と老荘の学問にも造詣が深かったといわれている。そして最後に洪州宗と言われる流れがあった。

六祖の弟子南岳懐譲に嗣法した馬祖道一の系統の禅を洪州宗と呼ぶ。馬祖道一の弟子の百丈懐海は大智禅師と諡せられ、百丈清規を制定し、禅院の初法式を定めた。従来律院にあった禅宗は、この清規の制定によって独立した生活規則を確立し、天下の禅院はこれにならった。(7)

ここに、禅の信仰共同体が形成されたのである。以後、禅の生活規則は各所に、随意の形で作り出されていった。『禅苑清規』が成立してから六十五年後、元の咸淳十（一二七四）年に『叢林校定清規總要』二巻が編纂されるに至った。編者編纂者である惟勉（生没不詳）はその序に次のように述べている。

叢林の規範、百丈大智禅師すでに詳らかにす。但し時代寝遠にして、後の人簡便に従うことあり。遂に習いに循うに至る。諸方或は不同ありと雖も、然り亦いまだ嘗てその大節に違はざるなり。

つまり、百丈禅師が叢林の規範となった清規を事細かに定められたが、時代も遠く過ぎ去り、今は簡便に流れ、それぞれに違った規範を定めている。しかし、その大本を踏み外してはいない、ということである。達磨大師が中国に禅風をもたらしてすでに三世紀以上の年月を数え、その信仰を実践するグループも増加し、それと同時に同信の仲間同士の生活規範が必要となったことであろう。さらに編者の惟勉が言う。

余、衆に処《とど》まりし時、往々にして朋輩の抄録、聚林の日用清規を見る。互に虧闕あり。後に暇日に因み、悉く諸本を仮りる。其の異なるを参し其の同じなるを存し会める。親しく手で繕い写す。頗る詳備となす。目して聚林校定清規総要という。

この一文には編纂する上での労苦が滲み出ている。そして次に述べている部分は大きな課題を提供している。すなわち、

吾氏之清規あり。猶儒家之礼経あるがごとし。宜に従い、時に因りて損益（変化の意）あり。此の書の所以は大智（百丈懐海禅師）を継いで作るなり。是れ皆前輩宿徳先後、共に相講究せる紀録なり。

とある。ここで禅の信仰共同体の生活基盤ともいうべき清規が「儒家の礼経」と対比した形で触れられている点が興味深い。この表現は単に禅の規範である清規を際立たせるための説示ではないであろう。事実、〈清規〉は中国における文化、あるいは精神史の上で特筆すべき現象として捉えることができる。唐朝の儒家として知られる柳子厚（七七三〜八一九）[8]が百丈懐海禅師の碑銘に、「儒以礼立仁義、無之則壊。佛以律侍定、去之則喪」[9]と記したように、儒教における仁・義・礼・智・信の五常の精神は中国社会の秩序を維持する重要な徳目であり、佛教における戒律の精神は個的存在として自覚を促すものであった。それは中国独自の思考として培われた儒教と、インドから将来された異文化としての佛教との出会いであった。そして当然ながら、一方において異文化への嫌悪と摩擦、他方において異文化による知的な刺激とその受容という文化現象が見られることになった。おそらく、文化現象といわれるものの形成発展は、一つの文化要素が原初のままに時間的な経過の中に定着していくのではなく、複数の要素が入り混じりながら形成されていくものであろう。〈清規〉の成立はまさしく中国的土壌に培われた佛教信仰の文化形成であったのである。〈清規〉は百丈懐海によって確立されたのであるが、その後の中国における禅信仰の共同体をより確実な方向へ導いて行った中心的にして、理念的な要素があった。それが六祖大鑑慧能（六三八〜七一三）→南嶽懐譲（六七七〜七四四）→馬祖道一（七〇九〜七八八）→百丈懐海（七二〇〜八一四）と次第した禅信仰の進展に反映されている。『禅宗与中国佛教文化』[10]によって、この辺の事情を考えてみたい。その中に方立天氏[11]の「南岳禅系的佛教平民化傾向」と題する小論文がある。この小論は六祖慧能から南岳懐譲、馬祖道一、百丈懐海と継承されてきた各祖師の禅信仰の特徴を捉えようとしたものである。中国北部に展開した神秀系の禅信仰を前提にした角度から論を進めている。六祖慧能の後、中国における禅の信仰共同体は南北に分かれるに至った。一方は北宗禅、他方は南宗禅と呼ばれた。方立天氏は社会史的な観点から同時代の佛教事情を次のように捉えている。すなわち、隋の時代までの佛教を特徴づけてきた貴族性社会が崩壊し、各佛教宗派は衰退に向っていた。そうした中にあって、南岳懐譲の系統の禅は開拓的な方向を形成しつつあった。六祖慧能に始まる佛教の平民化がそれであったと、大要このように説明している。(12)それでは、いうところの平民的禅の活動とはどのようなことであろうか。著者は六祖慧能→南岳懐譲→馬祖道一→百丈懐海と継承される中で、各祖師の活動的な特徴について明示している。

大鑑慧能——開かれた禅への出発

「禅宗的佛教平民化方向始自慧能」という一文に始まる著者の慧能論には、興味深い指摘がある。慧能の家庭は豊かではなかった。同時代の中国の禅は「神秀一系的禅宗」に包括され、多くは「北方貴族階層」に伝えられた。ところが、慧能の家は家運が傾き、「文化程度不高」であったため、神秀門下に「不識一字」と揶揄されていた。しかし、実際は「慧能的悟性極高」の人であった。文字言語ではない、「捨離文字義解」「直指心原」を強調し、「改造禅宗的宗旨」の確立者であったと、六祖大師の信仰理念を明らかにしている。著者は六祖の信仰理念を提示し、第一には「人即有南北、佛性即無南北」、慧能禅師の禅法は誰でもの信仰、つまり、「為平民百姓成佛」の禅であるとする。第二には、「諸佛妙理、非関文字」であり、第三には「針対佛教繁雑的修持儀式、提倡簡易的頓悟法門」というように、簡易にして明解な信仰実践を宣揚したのである。つまり、日々の行住坐臥が一日の生活であり、この一日の生活自体が「一行三昧」であると言われたのであった。それは「是真心是……但行真心、于一切法上無有執著、名一行三昧」であり、その一行三昧ということこそ「是指修定心」であって、「認為不須脱離日常生活、在一切時中行住坐臥動作」についての謂いであるとする。従って、一行三昧ということは全てが「可以体悟禅境、禅修并不限于静坐一途」であったと、著者は強調する。そして最後に、慧能禅師が強調されていたのは「佛法在世間、不離世間覺、離世覓菩提、恰如求兎角」、さらに「若欲修行、在家亦得、不由在寺」であると著者は言う。これについて著者は次のように結んでいる。

根据佛法在世間的理念、提倡在家修行、這是使佛教由出世転向人世的重要宣告、有利于禅宗接近平民、走平民、深入平民。慧能還長期在嶺南一帯弘揚禅法、一是利于向山野農村的下層平民傳教、二是利于為禅宗開辟新天地。

震旦初祖と仰がれる菩提達磨大師から五祖大満弘忍禅師までの禅の信仰は、中国の北部を中心にしたものであった(13)。六祖大師に至って禅の信仰は階層的区別を問わず、幅広い活動が見られることになる。著者言われるところの「平民的禅信仰」の発揚に核心があったのである。そしてその精神は南岳懐譲禅師へと受け継がれることになる。

南岳懐譲――定住僧団への形成

大鑑慧能大師の許で八年間禅の信仰を深めた懐譲は、大師の入滅後、洞庭湖の南にある湖南省衡山（南嶽）の般若寺観音台に居を移した(14)。懐譲には弟子である馬祖道一との間に取り交わされた有名な「磨搏作鏡」の話がある(15)が、この禅話を通して懐譲の禅信仰の理念が示されている。この禅話は、湖北省憑茂山（東山といわれる）を禅信仰の拠点とした五祖大満弘忍禅師の弟子である神秀が盛んに顕揚した東山法門の禅的な活動とは一線を画すものであった。(16) つまり、東山法門の活動は則天武皇后をはじめとする上層階級の外護に与るところが多くあったが、懐譲禅師の許にあった、いわゆる南嶽系の信仰グループの主眼は、農村的な地域から出発するという、いわゆる平民的にして生活的な方向に歩を進めることにあった。

懐譲明確指出坐禅不得作佛、否定坐佛、是対慧能禅修不限于坐禅的主張的発展。聯系達磨修行「壁観」、「面壁九年」、道信和弘忍的東山法門修行観心、真至神秀仍是主張「凝心入定、住心看浄」的入定看浄法門、可見懐譲貶低、否定坐禅、修禅而不坐禅、是対禅宗修持方式的歴史性調整、為霊活修持洞開大門、従而也有利于平民修持禅法、有利于佛教平民化。

と著者は述べている。中国に将来された禅の信仰は、少なくとも、六祖に至るまでは遊行的で一所に住することがなかったであろう。また王侯貴族に接近することによって、一時的には一定の場を提供されることがあったにしても、信仰を同じくする仲間が信仰的な心情を通わせる機会と場を見出すことはなかった。禅佛教における「佛教在世間」という信仰世界が、六祖慧能禅師によって開かれ、そして、継承者である懐譲禅師によって初祖達磨大師の「壁観」の信仰が挙揚されることになったのであるという。

続いて、次のような話が伝えられているという。

ある日のこと、馬祖が懐譲禅師に聞いた。

「禅の信仰はどのようにしたらよいのですか。また、佛とは何ですか。（如何修持）」

懐譲が答えて言うに、

「慧能の考えを継承することである（継承慧能的思想）」

さらにいう。

「それは、一切の法は皆心より生じ、佛は心より生じ、心即是佛であり、このことこそ、是否定坐禅的理論根据であると、六祖慧能禅師が話された」


このようにして、慧能禅師から懐譲、馬祖へと「南岳禅系門風」が中国の各方面へと発揮されることになったのである。しかし、禅信仰の展開がどのようであれ、中国における禅の信仰形態は移住的な方向から定住的な共同的な僧団形成へと変わりつつあったのである。そして、馬祖道一禅師の時代を迎えることになる。

馬祖道一――禅修的な生活への道

懐譲禅師の膝下にあること十年、馬祖道一は福建省の佛迹嶺を始めいくつかの地に住持し、再び江西省に帰って「創建禅林、聚徒説法」に専心したといわれ、門下には百丈懐海を始め百三十九人に至る盛んなものがあったという。また、馬祖は江西省の洪州の開元寺に在って禅風を宣揚し、その宗風は〈洪州宗〉と称され、著者の小論の見出しに示されているように、「禅修的生活化和行為化」に核心があったのである。[(17)] そこで、「禅修的生活化」とは何かが問われることになる。これがよく知られている「平常心是道」の精神である。著者は次のように述べている。

道一従「即心即佛」思想出発、進一歩認為佛道不用刻意修行、併提出「平常心是道」的命題……謂平常心無造作、無是非、無取捨、無断常、無凡無圣。……只如今行住坐臥、応機接物、尽是道。道即是法界、乃至河沙妙用、不出法界。

馬祖道一の禅信仰の出発点は〈即心即佛〉にあって、その信仰は極力（刻意）修行を主要なものとするのではない。さらに一歩進めて「いつも変らぬ平らかな心」がその主眼である。〈平常心〉ということは、意図的に構えたり、是非善悪というような基準に心を奪われたり、あるいは物事に対する判断が一方的に偏ったり、聖・凡を論じあったりすることではない。ただ、日々の生活における立ち居振舞いの中に信仰があるという。そしてそれは機に応じ、時に応じる自由闊達さである。これを禅の世界では〈道〉であると強調し、この世界（法界）自体が禅信仰（道）であると認識することにあると述べている。〈南岳系禅宗〉、つまり、平民的生活化の禅宗の第三祖的な存在として位置づけられている馬祖道一の意義は、「平常心是道」にみる禅の理念にあった。すなわち、

「平常心是道」、由此日常行事、行住坐臥、応機接物都是道、都是修道、無需別様修持。

とあるように、日常の諸行事以外に何を必要としているのか、という反論的な語感をも感じる。さらに続いて著者

は馬祖道一の歴史的な存在意義を強調していう。

道一的這一思想、徹底地把尋常生活与禅修統一起来、強調在日常実践中去体会意義、発現従而把禅引向了生活化、行為化、為佛教修持実践開闢了新途径、新天地、為平民在平常生活中禅修指明新路線向、新方法、対后来修禅的人発生了大的影响、在中国禅宗修持史上可以説具有里程碑（一里塚）的意義。

中国における禅の信仰は多くの分派的な進展を見せているが、事実、その中でいわゆる〈南岳系〉の禅の信仰共同体がもっとも広く活動したのである。「平常生活中禅修指明新路線向」といわれる時代に入っていたのであった。とかく禅信仰の関係者は禅を語る場合〈修行〉ということに強いアクセントをおいて、〈信仰〉あるいは〈信心〉への言及が意外に希薄な傾向がないとしない。念佛信仰ではふんだんに〈賜りたる信心〉といわれるように、禅と念佛との関係で〈信と行〉は常に問われる課題であろう。馬祖の禅信仰が僧侶、つまり、出家者に向けた立場から一般的な生活の〈場〉まで広げられたという観点は注目すべきである。著者は馬祖を、

慧能后、禅宗以道一的門葉最為繁栄、禅宗也由此而大為興盛。相応地、佛教平民化的傾向也益趨顕著。

と称賛して結んでいる。慧能→懐譲→馬祖と継承された平民的にして生活的な禅の信仰は、馬祖の弟子百丈懐海によって生活的規範が創出されて、信仰共同体が確立していくことになる。

百丈懐海――禅信仰共同体の確立

著者が百丈懐海禅師を記述するに当って「懐海対禅林教規建設貢献」と銘打っていることでも理解されるように、百丈懐海は『禅門清規』あるいは『百丈清規』の創設者として、禅の信仰史の上に金字塔を打ち立てたわけである。具体的な事柄は何であったか。著者方立天氏が指摘する諸点は次の通りである。

第一点　小乗・大乗の別なく（糅合大小乗律）《禅門規式》を創立したこと。

第二点　清規をして禅院を確立し、禅院の組織体制を明確にしたこと。

第三点　禅院における規範と、生活における行為の在り方を示したこと。

第四点　禅宗僧衆が律寺に再住せず、禅院の中に居住すること。

第五点　禅院には佛殿を建てず、佛堂だけを設立すること。

第六点　〈法〉に重点をおいて、特に〈普請＝集衆作務〉を基本とすること。

第七点　すべての人々（大衆）は上下平等、協力労働すること。

第八点　いわゆる〈一日不作、一日不食〉の労働精神を尊重すること。

第九点　住持についての規定を定め、方丈はつねに住在すること。

第十点　禅院に関する種々な規定を明らかにしたこと。

等々であるが、著者は以上の諸点を三つの柱に要約している。すなわち、一つは禅院の創立と禅院的制度の建設、二つ目は教規について設定の推進、そして三つ目に佛教の平民的な発展である。「古清規」ともいわれる『百丈清規』はすでにその形を追うこともできないわけであるが、その後『百丈清規』を底本として制定されたといわれる『禅苑清規』と『叢林校定清規総要』を念頭において、もう少し〈清規〉の精神への理解を深めてみたい。

註

（1）『訳註　禅苑清規』（鏡島元隆・佐藤達玄・小坂機融編）では、〈両様の毘尼〉について教家の戒律と禅門の戒律としている。一般的にvinaya＝律には大乗律と小乗律の二つの律があるとされ、また、菩薩律と聲聞律の二つに区別されることもある。

（2）『百丈清規』の後、『勅修百丈清規』二巻（一四二四年）が撰述されるまで、『禅苑清規』（一一〇三年）、『叢林校定清規聰要』（一二七四年）、『禅林備用』（一三一七年）が撰述されている。

（3）長蘆宗賾（生没年不詳）は雲門宗の流れにあって六代目である。また、浄土思想家であったともいわれる。

（4）『瑩山和尚清規』巻下

（5）「予発心求法ヨリコノカタ、ワカ朝ノ遍方ニ知識ヲトフラヒキ、チナミニ建仁ノ全公ヲミル、アヒシタガウ霜華、スミヤカニ九廻ヲヘタリ、イササカ臨済ノ家風ヲキク、……予カサネテ大宋国ニオモムキ、知識ヲ両浙ニトフラヒ、家風ヲ五門ニキク」

（6）久保井恭彦氏によって編纂された貴重な著書であるが、その中でも地図は同時代の禅信仰の空間的な広がりが理解できる労作である。昭和四十八年九月に非売品として出版された。

（7）鎌田茂雄『中国佛教史』二六七頁

（8）柳宗元のこと。中国、中唐の文学者にして河東（山西省）の人で柳河東とも呼ばれ、詩才に勝れ『柳河東集』四十五巻がある。その中に六祖大師の碑銘を記している。

（9）常盤大定『支那に於ける佛教と儒教道教』一九一頁

（10）二〇〇三年十月六日、中国佛教協会成立五十周年を祝して中国佛教文化研究所と湖南省佛教協会との共催によって「南岳千年佛教論壇」が衡山で開かれた。その折の研究発表論文集として出版されたものである。

（11）中国人民大学哲学・宗教学系教授、教育部人文社会科学重点研究基地佛教与宗教学理論研究所所長、兼任中国哲学史学会副会長。主要著書『中国佛教与伝統文化』

（12）「従宗教社会史的角度考察、随着録朝以来門閥貴族制社会的瓦解、唐代中期後、逐漸転変為相対区別于中古門閥時代貴族社会的平民社会。与此相応、佛教貴族化経院佛学、即只流行于宮廷或上層知識分子之間的義学宗派也趨于衰落、而以禅宗為代表的信徒平民化宗派則応伝崛起、繁栄興起。在佛教平民化的過程中、南岳禅系發揮了開拓性的作用」（『禅宗与中国佛教文化』六六～六七頁）

（13）衡山には南嶽懐譲が開いた観音院がある。

（14）観音院には後に石頭希遷も住持している。

（15）「則天大聖皇后、問神秀禅師曰、所傳之法、誰家宗旨。答曰、依文殊説般若経一行三昧。則天曰、若修道、更不過東山法門、以秀是便成忍門人」によって知られるように、五祖弘忍を師とし、則天武后（六二四～七〇五）の絶大なる加護によって〈東山法門〉といわれる小教団的なグループが形成された。

（16）「第六、唐朝蘄州雙峰山幽居寺大師。諱弘忍。承信禅師後。忍傳法。妙法人尊。時號為東山浄門。又縁京洛道俗称歎。蘄州東山多有得果人。故□東山法門也。又問。学道何故不向城邑聚落。要在山居。答曰。大廈之材、本出幽谷。不向人間有也。以遠離人故」

（17）「又因道一在洪州弘傳慧能、懐譲的宗旨、時称為『洪州宗』。道一是禅宗南岳一系的主要奠基人」と述べている。

三、清規創制の意義

一般的な見方では、信仰現象には二つの様相がある。〈解脱〉を求め、一方では〈救い〉を望むという信仰意識である。前者は佛教信仰を主としたものであり、後者はキリスト教に代表される、いわゆる一神教の信仰である。後者の救いの信仰にはここでは触れないが、前者の解脱への信仰の中に〈清規〉の存在が見られる。〈清規〉の創制者である百丈懐海禅師についてはその存在が着目されているが、『百丈清規』の歴史的な意義は十分に論じ尽くされていない点があるようにも考えられる。一視点として、信仰共同体の形成に関わる意味を問うてみたい。というのは、このことを明らかにすることによって、道元禅師の『永平寺大清規』、続いて瑩山禅師の『瑩山清規』制定へと続く歴史的な意味合いを理解し、日本佛教史上における『瑩山清規』の意味がより鮮明になるであろうと思うからである。

中国において〈清規〉が創制された第一の理由は、インド的佛教信仰からの脱却であり、つまり、結果的にはこれが佛教の中国的展開ということになる。

よく隋唐には十三宗があったというが、それらは大部分大乗佛教であるか、あるいは大乗佛教であるとみなされた（毘曇宗、のちの倶舎宗のみが真の小乗であった）。インドや南アジアでは伝統的・保守的佛教（＝小乗）のほうが圧倒的に有力であったが、それはシナに根をはることはできなかった。シナでひろまったのはインドの古い伝統に固執しない大乗佛教であった(1)。

と中村元氏が指摘されているように、後漢の永平十（六七）年に初めて中国に将来されてから、中国佛教は大きく展開して行ったのである。そうした趨勢にあって、中国佛教を代表する釈道安、蘆山の慧遠の二師を育成した佛図澄が洛陽に到来した。晋の永嘉四（三一〇）年のことである。当時の佛教は、政治的な権力者の支持を受けると同時にその制約下にもあった。しかし、その背景の下で佛教経典の解読、注釈、佛教学の体系あるいは教理論の形成、寺院の建立、佛像の造立等々と、さらには坐禅修持と実践活動を通して、漢民族を中心にその他の少数民族にも適応できる道を開きながら、佛教は「逐漸変成中国的佛教」へと進展したのであった。(2)

こうした中国的な佛教展開の中でもっとも活発な動きをみせたのが、佛図澄(3)の弟子である釈道安と弟子慧遠であった。釈道安(4)は禅的な信仰共同体の規範を確立しようという考えを持ち、蘆山の慧遠(5)は佛教的な信仰僧団を結成しようとしたのであった。『百丈清規再検討』において、論者の温金玉氏(6)が釈道安を高く評価して、

道安法師傷戒律之未全、通威儀之多缺、故縫其闕、埭堰其流、立三例以命章、一時而生信。(7)

と述べている。この一文は、戒律が未だに確立せず、従って信仰共同体における佛者としての威儀・作法も粗雑であると感じた釈道安の述懐を表現したものである。従って、釈道安はそうした欠陥を補い、信仰共同体における規律ある生活の確立を望んだ。そのために、三つの規範を挙げている。すなわち、一つは焼香礼拝・静坐・読経・講究について、二つ目は一日六時にわたる行事と飲食における作法、そして三番目には布薩・派遣・悔過等々につい

て守るべき戒律である。こうした観点から、論者は、釈道安をして、

道安是中国佛教史上第一位依律而立僧制的。鑿空開荒、則道安為僧制之始也(8)。

として評価している。中国における僧制＝信仰共同体における生活規範の原初的形態が出来上がったのである。つまり、それは禅信仰の共同的な生活規範となる〈清規〉の芽生えであった。

そこで、信仰共同体ということに触れることになる。一般的に言って、日本人の佛教観は宗派的な視点に立っている。何々宗は何々を信仰しているというように、研究的な立場からも宗派的、宗旨的な理解が優先されやすい。しかし、宗派的な観点に比重が掛かり過ぎると、宗派・宗団・教団それぞれの周囲状況との有機的関係が理解し難くなる傾向がある。それを信仰共同体として理解しようとすると、宗派的観点だけではなく、歴史的な影響、同時代的な事情、社会的な環境、あるいは文化的な様相とが入り混じった形で、つまり、一つの混合体として見ることに迫られるであろう。その混合体の中で、禅信仰に集った信仰共同体が時代に生きた基本的な要素は何であったかということに視点を置くと、その信仰共同体を支えてきた〈清規〉の存在に突き当たる。中国に淵源を持つ清規形成の歴史性を、温氏の視点を通して接近してみよう。

「早期禅師多為托鉢雲遊」に始まる温氏の『百丈清規再検討』の論旨に依って見ると、中国における禅信仰の形態は〈托鉢雲遊〉の生活で、信仰を担う人々は〈四処参学的頭陀行〉の人たちであった。禅の信奉者の多くは定住の場所を持っていなかった。行くところが定まらず、一つの「寺院」といわれる場所に住まうということはごく稀な

ことであった。まさしく、初祖達磨大師が中国にやって来た時のように、留まる所がなく〈遊化〉することが務めであった。後に、梁の武帝（五〇二～四九）との問答で知られるが、達磨大師自身が生没年不詳であり、また、よく知られる嵩山少林寺の〈面壁九年〉の後の事歴を知ることができない。『伝法宝記』に記載されているように、その門下は「行無軌跡、動彰記無、法匠潛運、学徒黙修」という状況であったのである。つまり、少なくとも、『百丈清規』が創出される以前における禅僧の日常生活は、〈一生遊道為務、曾無棲泊〉といわれるものであった。[9] ところが、前述のように蘆山の慧遠に至って禅の信仰は次第に信仰共同体的な構造体系へと進展し始めたのである。[10] しかし、〈南岳禅系的佛教〉といわれる南岳懐譲→馬祖道一→百丈懐海に至って開花した清規の確立は、それ以前の戒律的な規範、清規的な規範とはその次元を異にするものであるといわれる。[11] それではこの二つの流れの相違点はどこにあるのであろうか。『百丈清規再検討』に、

叢林清規之所以由百丈禅師発明、其原因是在僧団之壮大、需規則来約束僧衆。其実、道安、慧遠時僧団業既已厖大、門下常有数百人。

と述べられているように、禅信仰集団における人数的な規模において相違する点はなかったといえよう。それではその違いは何か。温氏は、

二者的区別在于、早期僧制之建立更多地帯有臨渴堀井之色彩、是応急的、下意識的、不成熟的、而百丈清規的

産生、完全是従容的、有意識的、並成体系的。

と述べている。『百丈清規』以前の禅信仰の共同体の約束事は、グループが各地に成立し、その各地で水が枯れて俄かに井戸を掘り始めたようなもので、泥縄式の勝手な思いつきで作成されたのだとする。これに対して、『百丈清規』はゆとりのある、明確な見識を持って体系づけられたものだと評価している。

さて、すでに明らかなように、『百丈清規』の創制は信仰共同体の形成と展開において大きな要素となったであろうことは想像に難くない。『百丈清規』の創制者百丈懐海が亡くなった唐の元和元（八一四）年からわずか三十一年後の会昌五（八四五）年に、中国全土において「会昌の法難」、廃佛毀釈の法難が時の皇帝武宗によって引き起こされた。(12) こうした危機的な社会情勢に在っても、禅の信仰集団は他の信仰共同体のように致命的な衝撃を受けることはなかったとも言われる。『禅の歴史』の著者であり、中国の史家である印順氏(13)の著書『中国禅宗史』の訳者でもある伊吹敦氏(14)は、当時の中国における佛教事情について、「九世紀の半ばに武宗（八四〇～八四六在位）によって引き起こされた会昌の破佛（八四五～八四七）は、佛教界に多大な影響を及ぼした」と述べた上で、

僧侶は還俗させられ、寺院は破壊され、典籍（経・論・疏）は散逸したため、多くの宗派が衰退していったが、その中で禅宗のみが、唯一、着実に地歩を築き、大いに発展することになった。

と述べ、その理由として三つの理由を挙げている。一つは思想的な理由として、信仰には不立文字・教外別伝の立

場もあって、多くの典籍を必要としなかった事。二つには経済的な理由である。禅の信仰の展開は動乱の中で比較的影響がなかった江南地域にあった事。そして三つ目に、『百丈清規』に示された禅寺の日常生活が全土に普及していたという点を評価している。この点については、百丈清規再検討の論者である温氏は〈清規〉の存在について次のように表現している。

我們一方面肯定在会昌法難后、諸宗面臨「破箇残篇、学者無凭」的困境、是百丈禅師把握時機、適時地改進僧制、制定叢林制度、使中国禅宗一峯独起、法脈不絶。

すなわち、「百丈禅師は時機を把握し、その時、その地域に適する僧制を作成することによって叢林制度を確立したのであった。会昌の法難の後、中国全域に盛んであった諸信仰は、信仰的にも、また教学研究の上でも困窮の底に陥ったのである。これに対して禅の信仰は一人際立って存在を示し、信仰の法脈を絶やすことはなかった」としている。ここに「把握時機」といい、「適時地改進僧制」と述べているが、この点については後に触れることになる。とにかく、百丈懐海禅師の出現と『百丈清規』の創制は禅の信仰共同体を形成し、広くそれを普及し、中国↓日本と展開する最大の基盤を成したものであり、日本における禅の信仰教団にも大きな信仰の要素を提供することになる。

温氏は経厳氏の意見を引用しながら、『百丈清規』の歴史的な意義を以下のように結んでいる。

我們可以看一下聖厳法師[15]后来対「清規」的看法……「既能適応不同的時空環境、也能被不同的時空環境棲受」既有弾性、也活運用佛法、也能保持僧団生活的清浄精進。所以《百丈清規》、《禅苑清規》以及各寺院所訂的各項規約、都是在同一種原因下産生。

千百年来、戒律在中国雖然従未如立普及、也未如律伝承、但是中国尚有禅慧精進及梵行清浄的釈子沙門、佛法的命脈、也就靠着這些人的奉献、保持下来、豈不也可以把他們所創的清規、算作富有生命活力的戒律呢？

聖厳法師が〈清規〉の将来性について考えられているように、われわれも同様な見方を持っている。すなわち、禅の信仰は歴史的にも地域的にも様々な環境に適応し、それを受け容れてきた。禅の信仰は弾力的にして、佛教それ自体に精気ある活動を与え、常に僧団の信仰生活に新鮮な信仰心を維持してきたのである。『百丈清規』あるいは『禅苑清規』に見るように、各寺院それぞれが信仰生活の規約を定めたが、その原点はただ一つである。戒律は今に至る一千年来中国に存在し、律のように普及せず、また、律のように伝承もしなかったとはいえ、今でも中国には〈禅慧精進〉と〈梵行清浄〉の禅僧侶がごく少数存在し、佛法の命脈を伝えている。しかし『永平清規』から『瑩山清規』に至る日本での伝承に目を転じると、百丈禅師の清規創制の精神は脈々と生かされていることを知るのである。現在では全く散逸してしまったといわれながらも、『禅苑清規』を通して清規の精神が伝えられている限り、禅の信仰共同体の理念に接することができるのである。

註

（1）中村元『東洋人の思惟方法』二　十一頁

（2）「在佛教的長期流伝、演変和発展過程中、中国的佛教学者和広大僧人財封建国家政権的支持和制約下、従事訳経、注経、解経和創造学説体系等、種々宗教理論活動、以及建寺造像、坐禅修持等種々宗教実践活動、従而使佛教日益適応漢民族和其他有関少数民族的特点、佛教遂漸変成中国式的佛教」（方立天『中国佛教文化』三八～三九頁）

（3）佛図澄（二三四～三四八）『高僧伝』巻第九神異上によると、佛図澄は西域の人で、七歳で出家。一一六歳で遷化するまでの一〇六年間、佛教信仰の普及に努めた。遊行した地域は数百所、その間の門徒一万人、建立した寺院は八九三か寺に及ぶという。「弘法之盛、莫與先矣」と言われた。佛図澄が洛陽に来た時は五胡十六国の混乱時代の前年（三一〇）で、既に七十九歳であった。後に後晋を統一した石勒と出会い、またその子石虎も佛図澄に深く帰依した。石虎が佛図澄に「佛法云何」と問うと、「佛法不殺」と答えたという。殺伐な時代の権力者に対する答えであった。戒律にも大きな関心を持ち、「莫起悪心、和上知汝」と言われるほど規律ある態度を門下の人々に要請した。

（4）釈道安（三一二～三八五）河北省の人。佛図澄の門下に入り、諸所を廻って多くの帰依者を得た。道安の功績は経典目録の作成、数多くの経典の訳出、そして僧制の整備であった。『高僧伝』巻第五に「安既徳為物宗、学兼三蔵、所制僧尼規範、佛法憲章、条為三例。一曰行香定座上講経上講之法、二曰常日六時行道飲食唱時法、三曰布薩差使悔過等法。天下寺舎而従之」とあるように、佛教一般の立場に立った出家者のための規範を作成したのである。

（5）蘆山の慧遠（三三四～四一六）山西省の人。幼少の頃は身体が弱く、専ら学問に興味を持ち、儒学老荘の学に秀でていたが、「儒道九流、皆糠粃耳」として佛門に入ることを志したのであった。戒・定・慧の三学に深く感心を持ち、二十一歳の時に釈道安に出会い、当初は「遠創造精舎、洞盡山美、却負香爐之峯、傍帯瀑布壑、仍石壘基、即松栽構、清泉環階、白雲満室、復於寺内別置禅林」とあるように、禅に深い関心を寄せていた。しかし、もっとも知られていることは念佛信仰における信仰団体である〈白蓮社〉の創立である、

(6) 中国人民大学佛教与宗教学理論研究所教授。
(7) 『禅宗与中国佛教文化』(中国社会科学出版社　二〇〇三年) 二九二頁
(8) 註7に同じ。温氏は『大宋僧史略』巻中、《道俗立制》からの引用としている。
(9) 「早期禅師多為托鉢雲遊、四処参学的頭陀行者、他們大多居無常所、行蹤不定、很少固定于某一寺院、后不測所終。《伝法宝記》載其門下行無軌跡、動無彰記、法匠潜運、学徒黙修。許多禅僧一生游道為務、曾無棲泊」(『禅宗与中国佛教文化』二九八〜二九九頁)
(10) 「清規的産生是戒律中国化的一個結晶、従道安初創僧制至慧遠的法社節度再至梁法雲的《創立僧制》皆可看做是中国僧衆対印度戒律的一種革新的変通」
(11) 「当然我們也応看到、道安与慧遠的立制与馬祖道一、百丈懐海立制之因縁不同」(『禅宗与中国佛教文化』二九九頁)
(12) 会昌の法難。中国には「三武一宗の法難」と言われる佛教弾圧の歴史があるが、その一つである。三武とは北魏の太武帝(四四六)、北周の武帝(五七四)、唐の武帝(八四三)の三人の法難をいう。一宗とは、後周の世宗(九五五)の法難のことで、寺院・佛像・経典の破壊し、多くの僧尼を還俗させた。
(13) 一九〇六年浙江省生まれ。『中国禅宗史』他著書多数。
(14) 東洋大学文学部助教授。著書に『禅の歴史』(法蔵館) など。
(15) 一九三〇年江蘇省生まれ。法鼓山文教及禅修体系創弁人。

四、『禅苑清規』の精神

懐弉問テ云ク、叢林学道ノ儀式ハ、百丈ノ清規守ルベキカ、然ルニ彼ノ初メニ、受戒護戒ヲ以テ、先トスト見エタリ、……

師云、爾リ、学人最モ百丈ノ規縄ヲ守ルヘシ、然、其儀式、受戒、護戒、坐禅等ナリ、晝夜ニ戒経ヲ誦シ、専ラ戒ヲ護持ト云ハ、古人ノ行ニ随テ、只管打坐スヘキ也、坐禅時、何レノ戒カ持タザル、何レノ功徳カ来ラザル、古人行シヲケル処ノ行履、皆フカキ心也、私シノ意楽ヲ存セスシテ、衆ニ随テ、古人ノ行履に任セテ、行シユクヘキ也。(1)

道元禅師が中国より帰国されて八年後の嘉禎元（一二三五）年、禅師は『宇治観音導利院僧堂勧進疏』を顕揚された。「寺院ノ最要ハ、佛殿、法堂、僧堂也、此ノ中、佛殿ハモトヨリアリ、法堂イマダシ、僧堂最モ切要ナリ」と。道元禅師が〈僧堂〉の建立を発願されたのは、中国において目の当りに見、直接の体験を通して深く感じとった信仰理念を実現しようという意図のもとであろう。禅師は『普勧坐禅儀撰述由来』に次のように示されたのである。

昔日百丈禅師。建連屋連牀。能傳少林之風。不同従前葛藤□□。学者知之勿混乱矣。禅苑清規。曾有坐禅儀。雖順百丈之古意。少添賾師之新條。

既述のように『百丈清規』は全て散逸し、既にその概要を知ることができず、現今では『禅苑清規』(2)の「序」と「百丈規縄頌」(3)を通して、あるいは『叢林校定清規総要』(4)に垣間見ることができるに過ぎない。その初めに、

叢林規範。百丈大智禅師已詳。但時代寖遠。後人有従簡便。遂至循習。雖諸方或有不同。然亦未嘗違其大節也。

と前置きして、次のように表現している。

吾氏之有清規。猶儒家之有礼経。礼者従宜。因時損益。此書之所以以継大智而作也。是皆前輩宿徳先後共相講究紀録。

つまり、ここで『百丈清規』の歴史的な意義を明らかにしているのである。と同時に、中国における中心思想ともいうべき倫理哲学、つまり五倫五常に関わるものの考え方が尊重される。いわゆる広い意味での〈礼〉の思想であり、それが「儒家之有礼経」ということである。『叢林校定清規総要』の編者、惟勉師はこうした中国人の思考性を考慮した形で「吾氏之有清規」を対置している。これまで述べてきた観点から言えば、『禅苑清規』は『百丈清規』を忠実に継承したものであり、また『叢林校定清規総要』もまた『百丈清規』を「以継大智而作也」とする

ことによって、清規の精神を時代に生かすことに主眼があったと言ってよい。それならば、基本的にはどのようにその精神を生かそうとしたのであろうか。

百丈清規→禅苑清規→永平清規と継承されてきた道は、中国内に限って見ると、『叢林校定清規総要』が明らかにしているように、百丈懐海禅師の『百丈清規』→『禅苑清規』→『叢林校定清規総要』と受容されたのである。注目すべきことは、儒教が礼を基本としながらも時代の諸事情、あるいは諸条件に適応して歴史と共にあったように、清規もまた「先輩宿徳先後共相講究」して来たものである。それが惟勉師の清規でもあった。この清規も考慮しながら『禅苑清規』の全体像に接近したい。しかし、その前に信仰における共同体を問う必要があるように思える。すなわち、信仰共同体を存続している大きな基盤として、同信の徒としての存在を認識させるものの一つに、戒律・清規があるということである。キリスト教信仰でいえば〈教会〉と〈修道院〉、佛教信仰の立場からいうと〈精舎〉と〈僧伽〉という事実を通して、信仰共同体における戒律的、清規的な意味を知ることができるのである。そこで初めに、キリスト教における信仰共同体の検討から入って行くことにしたい。

いうまでもなく、キリスト教信仰の共同体の形成は〈教会〉に始まるといってよい。

「教会」の原語は新約聖書の原文において用いられる *ἐκκλησία* なる文字である。この文字は本来ギリシャの自由国家において、招集に応じて集められし市民の大会を意味しているのであって、(一) 市民たる資格、(二) 招集に応ずること、(三) 集合することの三要件がこの文字の中に含まれていると見ることができる。(5)

このギリシャ的な〈招集に応じて集められし市民〉が、ユダヤ教の信仰に在っては〈神によりて召されしユダヤ人の集会〉(6)を意味することになり、それがやがて、キリスト教の信仰共同体における〈教会〉の意義を発揚することになっていった。(7)つまり、日本語でいう〈教会〉は、エクレーシヤ＝神に召された人々、ということになる。それでは佛教信仰においてキリスト教の教会に相当するものは何か。インドにおける佛教信仰においては、〈精舎〉ということになる。「祇園精舎の鐘の聲、沙羅双樹の花の色、盛者必滅の理をあらわす」という『平家物語』の冒頭を飾っている〈精舎〉である。元来、佛陀を慕い、その教えに殉じようとする人々は、佛陀が家を捨て出家の生活に入ったのと同じように、一定の住所に落ち着かず、形ある住居に住まうことはなかったという。中村元氏はインド的な出家現象について、以下のように述べられている。

最初期の佛教修行者は寺院や僧坊はおろか、住む小屋さえもたず、村人にもつき合わなかった。諸々の欲望を離れ、未来に望みをかけることなく、群衆に対して異論を立てて談論をしてはならなかった。(8)

総じて、インド古代の宗教は群衆と共に信ずる心を表現する傾向はなかったようで、佛教の信仰理念も最終的な目標は〈解脱〉を得ることにあった。従って、古代インド人にとっての佛教信仰は佛陀に帰依しながら、自らが悟りを体得することであった。中村元氏はさらに次のように指摘している。

普通には釈尊はいつも多勢のビクをつれて歩いていたように考えられ、佛典にもそのように記されているが、それは後世の佛教徒の空想であり、最古のことばによってみると、釈尊は森の中でただ一人修行していた。「ゴータマはひとり森の中にあって楽しみを見出す」。悪魔がゴータマに呼びかけた語のうちにも、「汝は森の中にあって沈思す（jhāyasi）」という。(9)

後に大きな影響を及ぼすものであっても、最初はごく僅かな人数のものであったろう。釈尊にとって初めての弟子が五人であったように。(10)やがて、釈尊を慕い、その教えを信奉する人たちが増えてくると、共に在るべき家屋が必要となってくるのは当然である。中村元氏の表現を借りれば「〈家なき者〉から〈精舎に住む者〉へ」の展開である。といっても、そこには後に見るような信仰における生活共同体的な景観はなかったであろう。しかし、釈尊に随順しようとする人々、その尊名を耳にして慕い続ける信奉者が、小グループながらも各地に見られるようになった。おそらく、、在俗にありながらその教えに心を動かし、出家的な望みを持った人もあったことだろう。そうした小さな集団がsaṅgha（＝集団・集会・会議）、すなわち〈僧伽〉といわれる信仰共同体へと展開することになる。

（聖者としての道に入った）四人がいる。また（聖者としての）結果に安住している四人がいる。このサンガは真正で、智慧あり、戒めあり、精神統一に入っている。(11)

道元禅師の「四人已上集会シヌレバ、コレ僧体ニテ国ノ重宝ナリ。最モ帰敬スベキナリ」(12)という垂示が浮かんでくるが、サンガにとっては最小ともいうべき四人の存在があって、それが信仰のグループとして成立したことであろう。しかし、ここで信仰共同体としての〈僧伽〉に集う人々の究極の目標は自分の解脱という悟りにあって、それがサンガの理想体であったことであろう。本来、〈解脱＝悟り〉という世界は自己自身によって開かれるべきものである。(13)そうはいっても、僧伽に集う釈尊を囲む輪は次第に大きくなっていった。そしてその多くは出家者といわれる人たちであった。家を捨て、妻子家族を捨て、親族を捨て、すべての財産を捨てて、〈捨〉の世界を自らに課した人たちの〈佛陀への帰依生活の場〉が〈僧伽〉であった。(14)多くの人が共同体で生活するためには、当然お互いの約束を認識することによってその生活が維持できる。また信仰共同体である〈僧伽〉は〈佛法僧の三宝〉への信心と〈戒定慧の三学〉実践の総合体としての〈場〉として、釈尊を慕い、佛陀を永遠の指標として仰ぐ霊場でもあった。佛教信仰の到達すべき場所は人間的存在としての釈尊であり、永遠の理想像であるべき佛陀であった。その帰趣すべき世界は〈法＝Dharma〉であり、(15)自らがそこに帰一すべきものであった。(16)従って、少なくとも佛教信仰の初期時代は戒律として、特に際立った徳目を謳うものはなかった。やがて〈僧伽〉が信仰共同体へと展開し始める上で、重要となってくるのである。

抑々佛陀が初め教団を組織せらるるや、その帰する処は解脱にあるので、その方法としては、無用の苦行を避けて、専ら徳行と精神の安静とによらんとし、従って必ずしも初より一定の実行規定なるものはなかったのである。然るに次第に教団が隆盛に趣く様になるや、この間に自ら入団規定及びその資格乃至団員の守るべき規則など種々雑多の規定を生ずるに到った。之を総称して律（vinaya）と名づくる。(17)

佛教信仰の発祥の地であるインドでは、出家者に対する規定・波羅提木叉（pātimokkha）[18]を〈解脱〉の因縁として尊重したが、それらの規律の多くは解脱という個人的な事象に対してのものであって、信仰共同体の共同性、つまり、社会性＝生活性という面では十分に熟さないものがあった。そしてそれは中国における禅信仰の進展の過程の中に見出されることになる。

註

（1）『正法眼蔵随聞記』巻の一

（2）『禅苑清規』は長蘆宗賾慈覺大師（生没年不詳）の編集に関わるが、宋の崇寧年間（一一〇二～一一〇六）に出来上がったとみられるため『崇寧清規』とも言われている。

（3）『百丈規縄頌』に「按百丈大智禅師、以禅宗肇自少室至曹渓已来居律寺、雖則別院然於説法住持未合軌度故、常爾介懐」とある。

（4）『叢林校定清規総要』は南宋の咸淳十（一二七四）年に惟勉（生没年不詳）によって編集された。一名『咸淳清規』とも言われる。

（5）『黒埼幸吉著作集』第四巻　三六二頁

（6）旧約聖書の七十人訳においてはヘブル語のカーハールなる語、すなわち日本語において「集会、会衆、全会、群衆、公会、会、多くの民、多くの集い」などと訳される語としてこの「エクレーシヤ」を用いている場合が多い。神によりて召されユダヤ人の集会である点においてこの訳語が適当であると考えられたのであろう。

（7）「新約聖書においてはこの文字が左のごとき種々の意味において用いられている」として、六つの意味を述べている。この中で著者は（六）の意味に挙げている、『新約聖書』に照らして、「古今東西にわたれる救われし聖徒の全体」を示している聖句（エペソ五・二三、二五、二七、二九、ヘブル十二・二三）に示されていると指摘している。

(8) 中村元『原始佛教の成立』（中村元選集　第十二巻）三三七頁
(9) 同書　三三五頁
(10) 佛陀の最初の弟子は憍陳如を始めとする五人であった。その五人とも姻戚であったともいわれる。もちろんそこには何ら戒律的なものはなかった。
(11) 中村元『原始佛教の成立』三三九頁
(12)『正法眼蔵随聞記』
(13) 荻原雲来譯註『法句経』（第十二　己身の部）岩波文庫
(14)「それ居家の生活には障礙あり、塵埃あり。出家の生活は闊達自由（abbhokāsa）なり。この居家にありて、純一に専心に寿命の尽きるまで梵行を持すること難し。如かず、我今この鬚髪を剃り袈裟（壊色衣）をつけて居家より無家に出でんにはと。かくして彼は遂に少財又は多財を捨て、多少の親属を捨てて、髭髪を剃り、袈裟をつけて、居家より無家へと出離す」（木村泰賢『原始佛教思想論』三七五頁）
(15) 今、この法は我によりて悟証せられたるにあらずや。然ればすなわちこの法こそは我の尊重し、供敬し、依估として以て住ずべき所ならずや。
Yam nūnāham yvayam dhammo maya abhisambuddho,tam eva dhammam sakkatva garukatva vihareyyanti.
(16) 是の故に、阿難よ。（我が滅後には）自らを光とし、自らを依処として住し、亦、他の依処による勿れ。法を光とし法を依処として住し、また他の依処による勿れ。
Tasmāt ih' Ananda atta-dipā viharatha,attasarapā-anañña-saranā, dhammadipā dhammadipā dhammasaraṇā, dhammapadipā, dhammasaraṇā anañsa-rraṇā.

(17) 木村泰賢『小乗佛教思想論』五三六頁
(18) 波羅提木叉

五、〈サンガ〉から〈禅の苑〉へ

日本における禅の信仰共同体の在りようを示されたというべき『永平清規』は、『禅苑清規』を基本として、さらに道元禅師が実践理念を明確にされ、作成されたことは周知の通りである。殊に「日本国越前永平寺知事清規」は禅信仰共同体の骨格をなすもので、その原点はすでに散逸したといわれる『百丈清規』に求められる。『禅苑清規』の最後の章に「百丈規縄頌」が挙げられているように、『百丈清規』に対する道元禅師の感慨も、この『禅苑清規』を通して示されたともいえる。信仰世界における〈文化継承〉の理念と、道元禅師がつねに強調された〈正師〉ともいうべき《よきひと、よきもの》(1)を伝えようとする伝道の姿勢が読みとれるのである。ここでまず、『禅苑清規』の概要に触れることにしたい。

『禅苑清規』十巻について内容的な分類が許されるとすると、次のように理解することができよう。

第一巻　禅の実践共同体への入信者の要綱
第二巻　禅の実践共同体における主要行事
第三巻　禅の実践共同体の人事体制と任務（一）
第四巻　禅の実践共同体の人事体制と任務（二）

第五巻　禅の実践共同体の人事体制と任務（三）
第六巻　禅の実践共同体の日常生活の心得
第七巻　禅の実践共同体における非日常性
第八巻　禅の実践共同体における基本理念
第九巻　禅の実践共同体における入信理念
第十巻　『百丈清規頌』

さて、『禅苑清規』に題された〈禅苑〉ということであるが、読んで字の如く〈禅の苑〉ということである。古代インドにおいては権力者あるいは富裕な人は広大な園＝苑を有して、その力を誇示したといわれるが、先に引用した『平家物語』の〈祇園精舎の鐘の声〉に出てくる祇園も園＝苑である。祇園精舎は古代インドの五精舎の代表的な大庭園であったといわれるが、僧伽と園との関係について中村元著『原始佛教の成立』の中に読みとってみよう。(2)(3)

修行僧が集団生活を行うようになると、次第に住居（vihāra）が建てられるようになった。この語（vihāra）はのちには僧院、精舎を意味するようになった。また教団の人々が集団生活をなす場所を「サンガの園」（saṃghārāma）といい、財力ある信者がそこに精舎を建てて寄進したのである。精舎は庭園（uyyāna）の傍に建てられていることもあった。もともと佛教外の修行者たちが園（ārāma）に住んでいたので、佛教の修行者たちも、その習俗に従ったまでである。最初期においては佛教の修行者たちも遊園（ārāma）「楽しむところ」

の意）に住んでいたが、のちにはその語は「僧院」「精舎」を意味するようになった。各修行者は、この「サンガの園」の子室（saṃghārāmassa-koṭṭhaka）に住んでいた。ただし、「精舎」といっても古い時代にはたんなる宿泊所にすぎず、僧院とか寺院などと呼ばれるようなものではなかった。(4)

長い引用となったが、『禅苑清規』の著者が「禅苑」と名付けた意味合いを想像するだけでも興味を惹かれる。おそらく、中国における禅の実践者は、インド的な大らかにして楽しい「サンガの園」への思いを寄せながら、「叢林」をして〈禅の苑〉という中国的な saṃghārāma の雰囲気を確立しようとしたのではなかろうか。インド的文化から中国的な文化への柔らかな推移とみることもできる。しかし、いずれにしても禅への信心は、中国における新たな創造的な展開を見ることになったのである。

『禅苑清規』の趣意

『禅苑清規』の序において、衲子の〈家風〉といい、〈叢林〉といい、また〈保社〉という表現がある。(5) この中で〈叢林〉についていえば、叢林はパーリ語で piṇḍa-vana といわれ、piṇḍa は集団を意味し、van は森を意味する。従って叢林は木々の集まりということになり、転じて〈多くの人が集まる〉ということを意味することになったのであろう。もう一点〈叢林〉について考えるべきことは、キリスト教における〈教会〉が持つ意味との関係である。前述のように、〈教会〉の語源的意味合いは「神によって集められた」ということにあるとすれば、インド的〈僧伽〉から中国的〈叢林〉へと展開した禅の実践の場の方は、「それを求めて集まる」ということになる。つまり、前者は受動的な表現であり、後者は能動的な表現ということになる。〈救済の信仰〉と〈解脱の信心〉という二つの宗教的な意味合いを知ることができるのである。禅の世界を求めて叢林に入った者は〈出家成道〉の人であることが強調されている。『禅苑清規』第一巻「受戒」に、

三世諸佛皆曰出家成道。西天二十八祖、唐土六祖、傳佛心印、盡是沙門。蓋以嚴浄毘尼、方能洪範三界。然則参禅問道戒律為先。

とあるように、〈受戒〉は〈参禅問道〉の出発点ということにあった。佛教への帰依は悟りを開く＝解脱にあるという基本に立っているかぎり、殊に、禅の理想は菩提樹下における佛陀の姿の延長線上にあるといってよいであろう。『禅苑清規』に示される、

佛の形義に像《かたど》り、佛の戒律を具し、佛の受用を得ること、これ小事に非ず。あに軽心にすべけんや。(6)

といわれる世界がそれである。禅佛教という信心の世界への入信者は出家を第一義としたのである。

キリスト教の信仰では教会を出発として、その中から「小さな教会(7)」といわれる修道院が形成されるようになった。六世紀半ば近くに『聖ベネディクトの戒律』が編み出され、本格的な〈修道院〉活動がヨーロッパ社会に大きな文化的な影響を持つことになったのである。こうしたキリスト教的な展開とは対照的に、佛教の信心世界は、最

初にインドにおける小乗戒を信仰綱目として形成された僧伽が誕生し、そして大乗戒を基本綱目とした、禅の信心生活の場である禅苑＝叢林が形成されたのである。すなわち、キリスト教の発展は教会→修道院へ、そして佛教＝禅の進展は僧伽（saṅgha）＝叢林→寺院（僧俗に関わりない集いの場として）へと広がって行ったのである。この点の事情を理解する必要がある。神に導かれる救済的な信仰における戒律世界と、自らが求めていく解脱的な信心における戒律を認識することによって、中国→日本へと将来された〈清規〉への全体的な理解を深めることができるだろう。

さて、出家を第一義とする信心世界が求めるものは〈参禅問道〉であるが、その前に〈戒律為先〉ということが要請されている。それはキリスト教の信仰世界におけるような神の要請としての戒律ではなく、〈参禅問道〉を求める同信者、つまり、〈清規〉は道元禅師が示されている〈勝友〉同士の共同性から自ら要請されてくるものであった。『禅苑清規』の「護戒」の中で、《受戒之後常應守護》という冒頭に続いて、二百五十戒に及ぶ四分律の小乗戒、大乗戒の十重禁戒・遮四十八軽戒の項目を挙げて、「大乗を読誦して行願を資発せよ。尸羅清浄なれば佛法現前す」とある。『訳註　禅苑清規』によれば、〈尸羅 sīla〉[8]は自発的な心の働きを意味するという。『正法眼蔵』（「重雲堂式」）の二十項に、

オホヨソ佛祖ノ制誡ヲハ、アナガチニマモルベシ、叢林ノ清規ハホネニモ銘スヘシ、心ニモ銘スヘシ。

と、道元禅師が示されているように、〈清規〉は禅の実践共同体にとっても肝要なものとなったのである。それで

は中国において、それが肝要な事項となった時代性はどこにあったか。

『禅苑清規』の時代性

ごく一般的な見方であるが、中国における禅の歴史的な展開には少なくとも二つの山がある。一つの山は六祖大鑑慧能禅師（六三八～七一三）から百丈懐海禅師（七四九～八一四）にかけての一世紀にわたる時代である。それは三百年に及ぶ唐朝（六一八～九〇四）の成立期に当たっている。この時期における中国佛教は[9]、日本の鎌倉新佛教時代（一一七五～一二六〇）を予言しているかのような相似た様相を現出している[10]。もうひとつの山が、長蘆宗賾によって『禅苑清規』（一一〇三年）が編集されるに至った十二世紀である。すなわち、五家七宗といわれる多様な禅の信仰共同体が形成された時代である[11]。『禅苑清規』の編集においては、「百丈規繩、可謂新條特地。而況叢林蔓衍、転見不堪。加之法令滋彰事更多矣」という文言によってその成立事情の一端を理解することができる。おそらく、同時代の禅の指導者たちは、それぞれが自由な実践理念を掲げて、禅を求める衆徒を導いたことであろう。同時代、つまり『百丈清規』が成立したといわれる八世紀から九世紀にかけて中国の佛教信仰は、禅を謳歌していた。そうした雰囲気は、当時の多くの詩人・文人が禅僧との密接な交流を持っていたことからも知られる[12]。中唐期の文章家で詩人、また思想家でもあって、禅にも深く関心を持っていた柳宗元（七七三～八一九）は、六祖慧能禅師を称賛して、次のような碑文を認めている[13]。

六傳至大鑑。達磨以其法傳慧可。是為二祖。慧可傳璨。是為三祖。璨傳道。為四祖。信傳弘忍。忍傳慧能。是為六祖。大鑑始以能勞苦服役。能即耐字。一聴其言。言稀以究。師用感動。遂受信具　信具衣鉢也。遁隠南海上。人無聞知。又十六年。度其可行。乃居曹渓。咸享末能住韶州宝林寺曹渓韶州地名也。為人師會学去来。嘗数千人。其道以無為無有。以空洞為実。以広大蕩為帰。其教人。始以性善。終以性善。不暇耘鋤。本其静矣。中宗聞名。[14]使幸臣再徴。不能到。取其言以為心術。其説具在今布天下。凡言禅皆本曹渓。大鑑去世百有六年（七一三）。先帝二年亡。是歳葵丑。至元和十三年戊戌（八一八）。為一百六年。

つまり柳宗元の同時代、中国における禅の信仰は『百丈清規』の出現によって佛教界の主流をなすことになる。しかも、禅への関心が高かったのは文筆を業とする人たち、すなわち、時の支配層にも関係の深い階層であった。多くの禅語録が編み出されることになった時代的な事情を推し量ることができよう。そこで、『禅苑清規』を俯瞰図的に考えてみたい。このことによって、道元禅師が垂示された『永平大清規』から『瑩山清規』と展開されていった過程に流れる清規の基本的な精神と時代的進展の意味を理解することができよう。

註

（1）　禅信仰は六祖慧能大師の両足、すなわち、南岳懐譲禅師と青原行思禅師の二つの流れがあるが、道元禅師は禅信仰の人格的継承を青原行思→石頭希遷→薬山惟儼と次第する流れを継承しながら、禅信仰の生活的指針において南岳懐譲→馬祖道一→百丈懐海と形成してきた〈清規〉を伝えた。道元禅師にとって信仰の理念は《よきひと》への随順であり、信仰生活の指針は《よきもの》への帰順であった。禅宗の呼称を排された態度の一端を窺うことができる。

(2)「祇園」は「祇樹給孤独園」の略。

(3)五精舎とは舎衛城の給孤獨園（祇園）精舎、王舎城の霊鷲山精舎、竹林精舎、毘舎離大林精舎、菴羅樹精舎をいう。

(4)中村元『原始佛教の成立』（中村元選集　第十二巻）二九九頁〜三〇〇頁

(5)夫禅門事例、雖無両様毘尼、衲子家風別是一般規範。若也途中受用、自然格外清高。如其觸向面牆、実謂滅人瞻敬。是以僉謀開士、遍摭諸方、凡有補於見聞、悉備陳於網目。噫少林消息已是剜肉成瘡。百丈規繩、可謂新條特地。而況叢林蔓、転見不堪。加之法令滋彰事更多矣。然而荘厳保社建立法幢、佛事門中闕一不可。云々

(6)『禅苑清規』四頁

(7)古田暁訳『聖ベネディクトの戒律』まえがき　ⅰｘ

(8)尸羅は元来自発的の心の働きに属し、他律的な規範を意味する律Vinayaとは意味を異にするが、戒律として併用されることが多い。ここでも戒律ないし戒律をも守ろうとする心の働きの意味である。なおパーリ語辞典によれば、戒、戒、戒行の他に道徳、慣習などの意味もある。

(9)唐時代佛教界の特徴は、各分野において多くの人材が出現したということに尽きよう。それらの人物像を示したい。

(1)浄　土　系　山西省の道綽（五六二〜六四五）→善導（六一二〜六八一）
(2)律　　　宗　道宣（五九六〜六六七）
(3)法　相　宗　玄奘（六〇二〜六六四）
(4)華　厳　宗　法蔵（六四三〜七一二）
(5)北　宗　禅　神秀（六〇六〜七〇六）

（6）南　宗　禅　六祖慧能（六三八～七一三）、南嶽懐譲（六七七～七四四）→馬祖道一→百丈懐海→青原行思（六七一～七三八）

（7）密　　教　善無畏（Subhakara 六三七～七三五）

※その他、念佛系信仰では廬山慧遠の百連社に倣った念佛社、律宗系の義浄（六三五～七一三）の律典翻訳、いうまでもなく玄奘三蔵など、人物に事欠かない最大の活動期であった。

（10）鎌倉佛教の諸祖師

（1）念佛信仰

①法然上人（一一三三～一二一二）浄土宗

②親鸞聖人（一一七三～一二六二）浄土真宗

③一遍上人（一二三九～一二八九）時　宗

（2）禅宗系

①栄西禅師（一一四一～一二一五）臨済宗

②道元禅師（一二〇〇～一二五三）曹洞宗

（3）法華信仰

①日蓮上人（一二二二～一二八二）日蓮宗

（4）戒律復興の活動

①明慧上人高辨（一一七三～一二三二）華厳宗

②解脱上人貞慶（一一五五～一二一三）法相宗

③月輪大師俊芿（一一六六～一二二七）律　宗

（5）戒律復興と慈善福祉

①興正菩薩睿尊（一二〇一～一二九〇）律宗
②忍性菩薩（一二一七～一三〇三）律宗

(11) 五家七宗と開祖・寺名・年時・地名

（1）五家

	開祖	年時	山号	寺名	地名
①曹洞宗	洞山良价	（八〇七～八六九）	洞山	普利院	江西省
②雲門宗	雲門文偃	（？～九六六）	雲門山	光泰院（大覺寺）	広東省
③法眼宗	法眼文益	（八八五～九五六）	清涼山	清涼院（広慧禅寺）	江蘇省
④臨済宗	臨済義玄	（？～八六七）	鎮州	臨済院	河北省
⑤潙仰宗	潙山霊祐	（七七一～八五三）	潙山	同慶寺（密印寺）	湖南省

（2）二宗

	開祖	年時	山号	寺名	地名
①黄竜派	黄龍慧南	（一〇〇六～六九）	黄竜山	黄龍院（永安寺）	江西省
②楊岐派	楊岐方会	（九六二～一〇四六）	楊岐山	普通禅院（広利寺）	江西省

(12)「馬祖禅の成立によって禅の社会的影響はますます強まり、禅僧と文人や政治家との交流が一層盛んになった。この時期の有名な居士としては、馬祖道一に帰依し、その碑文を書いた詩人の権徳輿（七五九～八一八）、南泉普願に師事した陸亘（生没年未詳）、政治上の盟友で共に曹渓慧能の碑文を書いた名文家の柳宗元（七七三～八一九）と詩人の劉　禹錫（七七二～八四二）、中唐を代表する詩人で、興善惟寛などに師事した白居易（楽天　七七二～八四六）、白居易の友人で薬山惟儼や芙蓉太毓らに帰依した崔群（七七二～八四六）、圭峰宗密や黄檗希遷に帰依した宰相の裴休（七九七～八七〇）貫休（禅月大師、八三二～九一二）や石霜慶諸（八〇七～八八八）に師事した張拙（九世紀後半）がある」（伊吹敦『禅の歴史』六九頁）

(13)『河東先生集　二』十六頁

（14）中宗については、『楞伽師資記』原序に「大唐中宗（六八四〜七一〇在位）孝和皇（和皇二字漶今補）帝。景龍二（七〇八）年。勅召入西京。便於東都広開禅法。浄覺当衆帰依。一心承事。両京来往参観。向有余年。所呈心地尋巳決了。祖忍（忍字原漶今補）大師授記之安州有一箇。即我大和上是也」とあるように、『楞伽師資記』の撰者である太行山浄覺（七〜八世紀）は五祖弘忍→常州玄賾→安国浄覺と次第しているが、浄覺は、楞伽経の伝訳者求那跋陀羅を第一祖として、第二祖魏朝三蔵法師菩提達磨→第三齊朝鄴中沙門慧可→第四隋朝舒州思空山燦禅師→第五唐朝蘄州雙峰山道信→第六唐朝蘄州雙峰山幽居山寺大師　諱弘忍と記載し、弘忍以降の継承者として「第七唐朝荊州玉泉寺大師、諱（神）秀・安州壽山寺大師、諱（玄）賾・洛州嵩山會善寺大師　諱（慧）安。此三大師。是即天大聖皇后（六二四〜七〇五）。応天神竜皇帝＝中宗（六八四〜七一〇年在位）。太上皇＝睿宗（七一〇〜七一二年在位）。前後為三主国師也。云々」と述べている。このことは中国の禅佛教、殊に神秀系の北宗禅といわれる流れが時の王侯と深く関連を持っていたことを示している。事実、同時代は禅佛教の全盛期であり、中宗＝神竜皇帝は禅に関心を持った一人であった。

第六章　信仰共同体の確立㈡——瑩山清規の精神

一、『禅苑清規』から『永平清規』へ

道元禅師が宋土から帰国されたのは嘉録三（一二二七）年であった。この年に禅師は『普勧坐禅儀』を撰出された。その由来記に「教外別伝。正法眼蔵。吾朝未嘗得聞。矧坐禅儀。則無今伝矣」と述べられているように、日本では初めての《坐禅儀》であることを明言している。そこでその由って来る理由を述べられたのである。

予先嘉録中。従宋土帰本国。因有参学請。□□□□。不獲已赴而撰之矣。昔日百丈禅師。建連屋連牀。能傳少林之風。不同従前葛藤□□。学者知之勿混乱矣。禅苑清規。曾有坐禅儀。雖順百丈之古意。少添賾師之新條。所以略有多端之錯。広有昧没之失。不知言外之領覧。何人不達。今乃拾見聞之眞訣。代心表之稟受而已。(1)

と明示されているように、道元禅師は『禅苑清規』の中に含まれている《坐禅儀》に基本を置いており、その理念

は〈少林之風〉を伝えようとした百丈禅師の精神、さらに、それを顕揚しようとした『禅苑清規』を尊重することにあった。もちろん、『禅苑清規』の編者である長蘆宗賾について、

百丈の古意に順ずると雖も、少しく賾師の新條を添え、所以に略多端の錯あり云々

と示されている。『永平清規』には『禅苑清規』に範を求めている点も多い。(2) 従って、『瑩山清規』もまた道元禅師の信心を〈直下承当〉(3)の確信に立って、新たな方向に切り開いているのである。

さて、『永平清規』の六つの規範の撰出次第を見ると、道元禅師の信仰的な実践理念である『普勧坐禅儀』の後に明示されたのは、

一、典坐教訓　嘉禎三（一二三七）年
二、対大己五夏　寛元二（一二四四）年
三、知事清規　寛元四（一二四六）年　六月
四、辨道法　寛元四（一二四六）年
五、赴粥飯法　寛元四（一二四六）年
六、衆寮箴規　宝治三（一二四九）年　正月

であった。荘子の言葉に「名以て体に応じ、体以て名に応ず」とあるように、道元禅師の清規はおよそこの六つの規範に集約されているといってもよい。道元禅師の信心を論ずるとき、とかく厳格さ——行持綿密の面にその主眼

が置かれる事が多いが、道元禅師が『正法眼蔵　辨道話』に、

マノアタリ大宋国ニシテ禅林ノ風規ヲ見聞シ、知識ノ玄旨ヲ稟持セシヲシルシアツメテ、参学閑道ノ人ニノコシテ、佛家ノ正法ヲシラシメントス。

と垂示されたところの〈禅林の風規〉とはどのような意味を伝えようとしたのであろうか。この表現には二つの意味合いが含まれている。規律・規則についての厳格さ、と同時に、一つの雰囲気、家風・宗風といわれる人格的に醸し出された温かさがあることを理解しなければならない(4)。おそらく、中国にあった道元禅師は、禅林・叢林における〈清規〉の世界と、禅を求める同信の徒を教え導いている《祖師》の人格的な雰囲気、つまり、〈家風〉といわれる世界を直接に感じられたことであろう。『禅外説禅』の著者張中行氏が第八章「師徒之間」の中に次のように述べている。

宗風和家風

這〝風〟主要也是指授受方式（即現在所謂教学法）的不同、因為是従別一個角度介紹、所以別闢位置節。

文章の末尾で、宗派は「相継成立」するものであり、「就可以大到匯為一〝宗〟」と言われる。また宗風とは「宗風要由宗内的大師来体現、所以也可以称為〝家〟風」であると述べ、それは「相継形成」されるものであると説明し

ている。[5] 宗派とは信仰の宗旨を中心に教義・教理・信仰行事・信徒・伝道布教者・伝道活動などの全てを包んだ、組織的な存在についての謂いである。これに対して宗風は一人の人格的な信仰指導に醸し出されているもの、そしてそれを慕い求める人を包み込む雰囲気的な状況を表現している感じがあって、ここには人格的な交わりの語感が漂っている。従って、〈宗風〉は〈宗派〉のように成立したものではなく、つねに人格的な存在を中心に形成されていくものである。そもそも、中国の言葉には〈風〉という表現によって広がりと深みのある熟字が多く見られる。〈家風〉、〈宗風〉という文字表現もその一例に過ぎない。しかも、〈家〉と〈宗〉という文字は幅広く熟字している。[6] その中でも、〈家〉＝（jiā）というコトバは、中国人のものの考え方を理解するためにも重要なキーワードであるといっても過言ではない。それがやがて日本へと将来され、現代においても、世界における漢字文化の伝統を維持しているのである。この点から考えても中国に求道の世界を見いだされた道元禅師が、『正法眼蔵』を始めとする多くの提唱・清規・各種の垂示に、中国的なニュアンスを包んだ言語表現、あるいは中国における禅の精神を表現されたのは当然のことである。しかし、そのことによって道元禅師の禅は中国における禅佛教の輸入であるという考え方は当たらないであろう。先にも触れたように、文化は継承されながら、その地、その人によって耕作（cultus → culture）されて進展・展開されるものであるからである。道元禅師は『永平広録』の中に、天童如浄禅師を偲び、

天童如浄忌上堂。　先師今日弄精魂、佛祖家風扇起雲。
脳亂娑婆多少恨、無明業識及児孫。

と述べられている。(7) つまり、先師である如浄禅師は、佛祖の道を歩むに当たって常に〈弄精魂＝佛祖の家風〉を信仰理念として佛道祖道の雲を起こしていた。そのことは娑婆＝同時代の禅世界にいささか混乱を与えていた感があるが、そのことこそが佛祖の命脈であり、その児孫として佛恩に感謝すべきであると述べられている。また、道元禅師は「典座之家風、累葉之見聞、是明明祖師意也」とも言われるように、(8) 家風とは一定の型に嵌ったもの、あるいはイデオロギー的なものではなく、『禅苑清規』第一巻の中の「請因縁」に示す、

　因縁を請し訖って、参頭已下旧位によって大展三拝し、問訊して出づ。却って下り寮について侍者に陳謝す。或はおのおの触礼一拝、或はただ問訊するのみ。如上の軌則は、おのおの家風に逐《したが》う。須らく侍者に問うて、これを行うべし。

ということであった。〈各逐家風〉という表現は、道元禅師が示された〈佛祖之家風〉を始めとして〈典座之家風〉といわれる禅の信仰共同体、つまり、叢林における日常的な生活の役務を負った〈知事〉と呼ばれる人物が発揚する雰囲気に包まれたものであった。すなわち、禅の生活共同体における指導者、あるいは〈知事〉たちの言語的表現と身体的表現のすべてが〈祖師の意〉として高揚されるものであった。『越前永平寺知事清規』にみる道元禅師の垂示は、まさしく中国における『禅苑清規』の精神を継承したものであり、「佛佛祖祖の家風は坐禅弁道のみなり」(9) といわれる垂訓と考えるあわせるとき、弧雲懐弉禅師によって書き遺された『正法眼蔵随聞記』の冒頭に、

佛子ト云ハ、佛教ニ順シテ、直ニ佛位ニ至ンカ為ニ、只教ニ随テ、工夫弁道スヘキナリ、其教ニ順スル実行ト云ハ、スナハチ今ノ叢林ノ宗トスル、只管打坐ナリ。

学人最モ百丈ノ規縄ヲ守ルベシ、然ルニ、其儀式、受戒、護戒、坐禅等ナリ、昼夜ニ戒経を護持スト云ハ、古人ノ行履ニ随テ、祇管打坐スベキ也。

と示されているように、坐と清規は表裏一体のものであるということになる。坐が表に出れば清規は影になり、清規が表に出れば坐が影になるのである。扇に喩えていえば、その要は坐であり、扇の骨格は清規の各生活の諸要素であり、紙を張り終わった時に、扇の働き（いのち）が始まることになる。これを叢林についていえば、扇の要である禅の実行と扇の骨格を作る禅の生活が表となり、影となって、禅の信仰共同体が形成されていくことになるであろう。

ところで、本書では禅の信仰、禅の信仰共同体という表現を再三ならず使ってきたが、その内実についてさらに考究してみたい。

先の垂示に続いて、道元禅師は次のように示されている。

古人行シヲケル処ノ行履、皆フカキ心也、私シノ意楽ヲ存セスシテ、衆ニ随テ、古人ノ行履ニ任セテ、行シユクヘキ也。

禅の信仰は、「私シノ意楽ヲ存セスシテ、衆ニ随テ、古人ノ行履ニ任セテ、行シユクヘキ也」という一言に尽きるといってよいであろう。「私シノ意楽ヲ存セス……古人ノ行履ニ任セ」るという世界は、道元禅師が強調された随順の信仰である。「衆ニ随テ」という世界は、いうまでもなく、信仰共同体の世界を形成する出発点でなければならない。従って、道元禅師の信仰――信心というべきであるが――は佛祖の実践行に私を任せる世界と、同信の衆と共に歩む世界とが交差した一点にあったのである。道元禅師の信心の帰趣するところは、信仰の理念を釈迦牟尼佛陀の実践的な坐相、すなわち『只管打坐』に求め、と同時に、日常的な信仰生活を『百丈清規』→『禅苑清規』に規範を求めたのである。(10) まさしく、これこそが「平常心是道」の禅における生活的実践であろう。『正法眼蔵』の中の『家常』をはじめとして、「洗浄」、「洗面」、「鉢盂」、「安悟」などに示された垂訓は、「家常」に説かれる〈茶飯コレ家常〉であり、〈飢来喫飯〉であり、〈困来打眠〉である。その帰するところは〈佛祖ノ家常ハ喫茶喫飯〉という日常の生活そのものにあるといわれる。また、「大修行」や「受戒」の巻に見られるように『禅苑清規』の影響が、道元禅師の信心に深く根ざしているのである。

それでは、『禅苑清規』との関係において『永平清規』に反映されているのは何であろうか。

道元禅師が帰国しての第一声が、僧堂の建立についてであったことは周知の通りである。(11) 中国における求道参究の中での大きな体験となったであろう叢林の雰囲気、その生活の規範である『禅苑清規』に従った僧堂における日常生活に深い関心を持たれたことにその根拠があった。『永平清規』の随所に見られる《禅苑清規に云く》という文言がその証左である。といっても、『永平清規』は単に中国的な清規の写しではなかった。かつて、道元禅師の信仰は大陸からの輸入佛教といわれたこともあるが、[12] 道元禅師が撰述された諸清規は「僧堂最モ切要ナリ」という日本の同時代的な佛教事情を踏まえたものであった。従って、道元禅師が示された諸清規は日本の佛教の総府と称された比叡山延暦寺、三井の園城寺、そして京都の建仁寺における信仰体験を包み込んで、中国における求道体験に裏打ちされた信仰理念の発露であり、日本佛教の状況の中に中国佛教における禅的な信仰世界を引き入れたものであった。その実現への理想は、観念的な教理佛教に対して、日常的にして生活的な実際的な信仰にあったのである。歴史的に考えるとき、鎌倉新佛教といわれる阿弥陀佛＝佛の称名信仰と南無妙法蓮華経＝法の題目信仰、そして信仰共同体における生活信仰＝僧の三宝の実践佛教がここに展開されたのである。

いま改めて、道元禅師の『永平清規』に接するとき、「典座教訓」の冒頭に示されている〈佛家〉、〈佛子〉、〈佛事〉という表現、そして「于時嘉禎三年丁酉春、記示後来学道之君子」と結ばれている最後の言葉に新たな関心を寄せたくなる。『対大己五夏闍梨法』についてみると、信仰共同体における〈個人〉の〈ありよう六十二ケ条〉を結ぶに当って、「右、大己五夏十夏法、是即諸佛諸祖之見心也……実是大乗極致也」と示されている。また、『辨道法』の初めには「佛佛祖祖、在道而辨。……大衆若座、随衆而座。……抜群無益、違衆未儀。此是佛祖之皮肉骨髄也。亦乃自己之脱落見心也」と示されている。さらに『赴粥飯法』には「法若真如、食亦真如。法若一心、食亦一心。法若菩提、食亦菩提」と述べられ、以下、次のように垂示されている。

所以食者、諸法之法也。唯佛與佛之所究盡也。正当恁麼時、有実相・性・体・力・作・因縁。是以法是食、食是法也。是法者、為前佛後佛之所受用也。此食者、法喜禅悦之所充足也。

〈食すること〉は人の命を養い育ててくれる根源である。道元禅師はこの基本的に尊重すべきことを『法華経』の第二方便品の経文を借りて「諸法之法」と述べられ、「唯佛與佛」、すなわち佛教信仰の中に正しく受け継がれてきた信心＝精神であり、「前佛後佛」が共々に実践してきたものであるといわれる。まさに、〈食〉は信心の世界における「法喜禅悦」の心を充たしてくれるものであると示され、〈食をいただくということは、佛法信心の喜びであり、禅の道を歩む悦び〉であるともいわれる。つまり、〈いただく〉ということ自体が佛法の恵み＝であり、佛法それ自体に食の恩徳（めぐみ）が包まれているというべきものがある。

『道元禅と天台本覚法門』の著者山内舜雄氏が、〈十如是〉について触れられている。[13]

八如とは、……十如是のうち、性・相・体・力・作・因・縁・本末究竟を指し……「止観所立の十章[14]とは吾等の己心の本文自体なり」と主張するからには、十如是も己心の展開にほかならぬとするところから、……

とあるように、いうところの「如是」は、われわれが存在していること自体が真実そのものであり、この世界もまたあるがままに真実であり、それがまさに〈如是〉ということに他ならない。それと同様に、我々自身の〈こころ〉も存在自体であり、そこには多くの属性的な働きともいうべき要素が付属しているのである。すなわち、性(nature)、相(appearance)、体(essence)、力(power)、作(action)、因(cause)、果(effect)、本末究竟(ins-outs—

the result）であるという[15]。

こうして考えてくると、〈食する〉ことが法の働きであり、そのことが頂戴する我々自身の行為であり、と同時に、〈いただくこころ〉が己心の全体の働きでもあることになる。『摩訶止観』に「この止観は、天台智者が己心中に行ぜしところの法門を説きたもう[16]」と述べられているように、〈いただくこと〉自体が佛法であるということになる。『禅苑清規』の「亀鑑文」には、

道を成ぜんがための故に、方にこの食を受くるは、典座に報ゆるゆえんなり。

とも記されている。『赴粥飯法』はわれわれ日常の生活において、もっともありふれた〈食事〉行為をして、もっとも深みのある信心の中に位置付けたものであるといえよう。さらにまた、『吉祥山永平寺衆寮箴規』の精神は、「寮中之儀、応当敬遵佛祖之戒律」することであると示されている。

それでは佛祖の戒律とは何か。『衆寮箴規』が詳細に解き示している。

第一は、大小乗の威儀を尊重し、百丈清規に一如すること。
第二には、大乗経並びに祖宗の語句を看読し、その底に流れる古教照心の家訓を自分自身の糧すること。
第三には、父母・兄弟・身近な人たち、あるいは師匠・よき指導者の思いを思いすることに努め、お互いに慈愛の心を持ち、自他共に思いやること。

第四には、言葉の上での失態を犯した折には深く反省し、注意を与えられた時にはその忠告に随順すること。

第五に、よき因縁に結ばれた良友と交誼を厚くし、同じ信心を共有する佛家の兄弟として、まず佛者としての自分自身に心を向けることである。

同信のお互いが一日一日の信心の生活を共にする指針というべきものであるが、第五の「忝交厚殖善根之良友、幸拝住持三宝之境界、亦不慶快乎」というところの〈良友〉は、先にも示された〈勝友〉と共に、道元禅師の信心世界に重要な意味を持ってくる。つまり、よき師（正師）とよき友（勝友・良友）が、道元禅師の「激揚の時を待つ」と言われた信仰共同体の基盤となるのである。それを培って行く支えが『永平清規』であったというべきであろう。繰り返していうと、道元禅師の佛法は〈前佛後佛〉の佛佛祖祖の時間的な推移の中に、〈唯佛與佛〉の空間的な存在が交錯することによって顕揚されて行くものであろう。すなわち、「只管打坐」を〈正伝佛法〉と標榜する信仰共同体は、〈清規〉の実践によって初めて確立され、後世に展開できたのである。道元禅師が『衆寮箴規』の結びに示された「前件之箴規、古佛垂範。盡未来際、当山遵行」と言われる世界が、信心実践の場として今に至っているのである。そして、道元禅師→瑩山禅師へと、その基盤がより広く展開することになる。

註

（1）「上堂云。行不別行。道不親道。所以云。諸佛未知向上聯捩。万祖那會直下承当」（『曹洞宗全書　宗源　下』二六四頁）

（2）『典座教訓』と『知事清規』は『禅苑清規』を基本としている面が多い。

（3）『永平広録　註解全書』上　一九七頁

（4）風規。〈規〉という文字は規則・規律・規約など、その意味は明白なものである。一方、〈風〉という文字は具体的な意味合いと、情緒的なニュアンスを持つ。例えば、風情・風格・風流・風趣・風雅等々である。

（5）『禅苑清規』第一巻請因縁に「如上軌則、各逐家風」とあり、また、第十巻百丈規縄頌には「道徳兼隆者、方能祖宗。須菩提雅号、無垢称家風」とある。

（6）風・家・宗の持つ意味や、これらの文字と熟字化している文字表現については、諸橋轍次著『大漢和辞典』十二巻、愛知大学中日大辞典編纂処編『中日大辞典』あるいは北京外国語学院《中英辞典》（漢英詞典）編集委員会編《中英辞典》参照。

（7）『永平広録註解全書』上　五六六頁

（8）『日本国越前永平寺知事清規』の中に、投子義青によって典座に任命された太陽道楷との間の禅話として示されている。

（9）『永平広録註解全書』中　四〇四頁

（10）道元禅師と『禅苑清規』について。『永平清規』の中で、特に「典坐教訓」と「日本国越前永平知事清規」において〈禅苑清規に云はく〉という表現が見られる。

（11）『宇治観音導利院僧堂勧進疏』に「寺院ノ最要ハ、佛殿・法堂・僧堂也、此中、佛殿ハモトヨリアリ、法堂イマダシ、僧堂最モ切要ナリ、今是ヲ建立セントス」とある。

（12）家永三郎はその著『中世佛教思想史研究』（昭和三十年　法蔵館）の中に、「道元がかくの如く日本及び自己の現実に対し風馬牛の態度をとった理由を考へてみると、それは全く彼の仰ぐ処の佛教が日本佛教と名にのかかはりもなく唐突として大陸より輸入せられた舶来の思想にあったことに主なる因縁をもつ」と述べ、また「道元の宗教は……唯宋朝よりの上に成立したものであったが」あるいは「道元の宗教は……時代的国民的生活の上に何等の歴史的基礎をおかず、天竺震旦伝来の正法として、かへって大陸の方により深い連関をもつものであったけれども」と述べている。(五十頁～五十四頁)

(13) 山内舜雄氏が『道元禅と天台本覚法門』本論第二部「中古天台本覚法門と道元禅」第八章『修禅寺決』(伝最澄)における本覚思想の考察において、十如是について述べている中に引用している一文である。『摩訶止観』の十章と十如是を対応させているが、『摩訶止観』にはこの試みはなく、「修禅寺決」(最澄伝)に十章・十如是の対応図を示しているという。

(14) 『摩訶止観』十巻の構成について

第一巻　大意→性　　第六巻　方便→縁
第二巻　釈名→相　　第七巻　正観→因
第三巻　体相→体　　第八巻　果報→果報
第四巻　摂法→力　　第九巻　起教→化他別相
第五巻　偏円→作　　第十巻　旨帰→本末究竟

(15) 十如是の英訳は著者による。

(16) 『摩訶止観』(関口真大校注　岩波文庫)二十二頁。本文は、【止観一上】に「此之止観。天台智者説己心中所行之法門」とある。また、浄土門には「己心弥陀唯心浄土」という文言がある。『真宗大辞典』巻一に「万法唯一心であるから阿弥陀佛も極楽浄土も共に自己の心中にありとする語」とあって、他方に、浄土門は専ラ阿弥陀佛の願力に託して其の浄土に往生して成佛せんことを期する宗教なるが故に己心の弥陀唯心の浄土の説を談らない」とある。

二、開かれた生活的『清規』の敷衍

先にも触れたことであるが、中国における禅の信仰共同体というべき叢林の清規生活は、「平常心是道」、「日日是好日」あるいは「喫茶去」という祖師たちの垂語に見られるように、遠い理想的な目標世界ではなく、日日の生活空間の中にあった。朝起きる、顔を洗う、用便を済ます、坐に入る、朝のおつとめ、三度の食をいただく、生活空間をきれいにする、作務労働に従事する、師匠さまの説示に参ずる、夜坐に親しむ、ここで一日の〈時〉が円成して就寝する。禅堂、僧堂あるいは叢林におけるこうした一日の生活が修行といわれる。ここでも信心と修行との意味が問われてくる。

さて、日本の上代の人々は〈信＝まかせる〉と理解しているが、まさしく、道元禅師は『正法眼蔵　菩提分法』に、

佛法大海信為能入ナリ、オホヨソ信現成ノトコロハ、佛祖現成ノトコロナリ

と垂示されている。しかし、道元禅師にとって佛法の大海に入るということの意味は何であったか。いうまでもなく、それは出家して僧となることであった。それは在家→出家→僧→僧伽（僧堂＝禅の実践共同体）→信現成＝佛祖現成であった。従って、道元禅師にとって〈僧〉なる存在は中国への参師聞法の信心求道の歩みの中に見出され

たものであった。平安時代の貴公子として生を受けた道元禅師の最初の発見は「他は是れ吾れにあらざ」る自分の発見であった。(1)第二の発見は、出家していかにも貧しい衣を纏った僧となった、その昔高い官位の者の息子であった人に出会ったときのことである。禅師はその貧しい姿の訳を聞かれた。返ってきた言葉は「僧なればなり」ということであった。〈清貧〉に徹する自覚の言葉であった。そして第三の発見は「学人最も百丈の規縄を守ぶべき」ことにおける信心の確立である。(2)禅の信仰共同体の規範の体験であった。つまり、道元禅師の信心の発揚は出家生活の実践以外のなにものでもなかった。それでは出家者でない多くの人にとって佛教的な信心とはどのようにあったらよいのか。この問題を解き明かすことは容易でない。ここに佛教信仰の二重構造が横たわっているからである。

教理・学理と信仰、修行と信仰、そして思想と信仰と、信仰における理想と現実の二つの車は、常にその総合性を発揮しているとはいえない。鎌倉新佛教の出現の意味はまさにその両輪の働きを活発にすることにあったはずであった。しかし、多くの日本人の信仰心を捉えたのは、〈権現さま〉への尊崇の念にあったようにも思える。といっても、鎌倉新佛教の活動を否定するのではない。信仰というものは、時代を遡るほどその宗教的権威が強いことは歴史が示す通りである。『沙石集』の著者無住一円（一二二六〜一三一二）が「佛像は人の信心と智恵の分済に随て御利益も有（る）也」といい、また、

聖徳太子、高野大師、聖宝僧正、聖武天皇、是皆如意輪にて御座と云事、天王寺の金堂の御本尊は二臂の如意輪也。（高野大師御下）

日本の習、国王大臣は潅頂し給、真言も行じ給、凡下の物は習うまじき様に思へり。……恵果大師云、「人の貴（き）は国王、法の貴は密教と云へり。摩伽陀国に王出家、善無畏三蔵とて、真言教は唐土へ渡し給へり。是かかる表示にや。

（『沙石集』岩波文庫版　下巻　一八七頁）

と語っているように、〈ご利益〉ということと、同時代の宗教事情も、なお公家衆、武家衆の支配層によって保持されていたといってよい。他方、庶民の信仰はといえば、路傍の石佛であるとか、あるいは住まいの周辺にささやかなお堂（草堂）を作って、その中に慎ましく祀られた観音さま、地蔵さまへの崇拝にあったことであろう。(3) ここではそうした信仰傾向を問うのではない。日本人の心の歴史としての宗教的事情を理解する必要があると考えるのである。

日本の近代化に伴う日本佛教に対する宗教学的な理解は、その基本となっている一神教的な視点からの研究態度に重点がおかれていた嫌いがある。とかく、日本人の宗教は重層信仰であると論じられてきた。従って、佛教学や宗学の研究者はそれぞれの分野における研究を専一にして、歴史に生きて来た日本佛教の民族的な信仰形態については深く立ち入ることをしなかった。しかし、日本佛教の歴史的な現実は神道的な信仰と共存し、混成し合いながら、日本宗教の全体を形成してきたのであって、そのことを否定はできない。こうした意味において、瑩山禅師の宗教観は日本人の信仰意識を否定することなく、むしろ、日本人の持つ民族的な信仰意識を吸収し、宗教意識を教示されたものであったというべきである。〈回向〉がそのことを説示されている。一つだけその例を挙げてみたい。

南閻浮提、大日本国、北陸道、能登国、賀嶋郡、酒井保、洞谷山、永光禅寺、開闢、釈迦牟尼佛第五十四世、傳法沙門紹瑾等。今遇三朝佳節、恭奉為祝延聖壽、三箇日際、率現前大衆、就覺皇宝殿最勝殿上、……右所集鴻福、祝献……云々。

とあって、日本開闢天照大神にはじまる日本の神々、そして神武から後醍醐に至る九十六代の天皇、さらにはインド・中国の暦や天道説等々と「祝聖の疏」にあらゆる〈カミ・ホトケ・権現〉が読み込まれている。

(1)　天神七代(4)、地神五代(5)、人皇九十六代、今上皇帝、
(2)　七曜九曜(6)、二十八宿(7)、
(3)　王城鎮守大明神、五畿七道大小神祇(8)、
(4)　佛法大統領白山妙理権現(9)、当道前後鎮守、両社大菩薩(10)、
(5)　当郡当保諸社、当山土地、当山龍王(11)、
(6)　今年歳分主執陰陽、権衡造化、南方火徳火部星衆(12)、護伽藍神一十八所、
(7)　当国一宮気多大菩薩部類眷屬(13)、招宝七郎大権修理菩薩(14)、
(8)　多聞天、迦羅天、打給青面使者、随堆逐白天子(15)、
(9)　舊鎮守稲荷大明神(16)、新羅擁護八幡大菩薩(17)。

さて、仮に宗教の本質が一神教的な理解に立つ創造神と人との関係であるとすると、瑩山禅師の〈疏〉あるいは

〈回向〉はあまりにも多くの神・佛に心を傾けることになる。しかし、日本人が天地の生成神話を心の歴史の出発点としてきた観点からみると、東洋の知恵ともいわれる佛教の世界観もまた多様な佛・菩薩たちに囲まれた、いわゆる日本的な信仰の世界に人々の〈信心〉を吸収してきたのである。この事実は一神教的な自然観と多神的な自然観との問題を提供している。つまり、オアシスを求めて遊牧する民の砂漠的な思惟と、豊潤な自然に恵まれている森林的な思惟との問題でもある。〈八百万の神〉と表現される『記紀』的な世界が、インド、中国あるいは朝鮮から将来された佛教の諸佛諸菩薩の世界と出会ったとき、新しい日本的な神佛混合のマンダラ世界ともいうべき大らかな信仰像が形成されることになったのであろうか。『瑩山清規』に示された回向は、そうしたインド的にして、かつ中国的な、そして日本的な世界をも包む広大な空間が表現されているともいえる。しかし、このような瑩山禅師の世界観は特に注目されてこなかった。何故であろうか。

『瑩山清規』に表白されている〈回向〉には、『記紀』に語られている日本の神話的な世界を初めとして、同時代の五畿七道の地方的な神々、より地域的な加賀・能登の地方神、さらに郡・保の小地区の神々等々とあって、〈祈禱的回向〉には決まって、

大日本国天照大神、当処鎮守大明神、別社総社、六十餘州三千餘座神祇、天龍鬼等、

と読み込まれる。いわゆるアニミズム的な自然信仰の雰囲気を持っていることは事実であり[18]、神々として尊崇される全てを疏、あるいは回向の中にしっかりと読み込んでいるのである。近代宗教学の観点から評価すれば、その崇

拝事情は民族宗教か、ごく程度の低い信仰状況であるといわれることになろう。しかし、『瑩山清規』が近代宗教学の類型の中で論じられることは、必ずしも当を得たものではない。

また、道元禅師の信心から推して、『瑩山清規』に書かれていることは、あまりにもかけ離れている感は否めない。道元禅師の佛法はまさしく「只管打坐」の実践であり、「専一の弁道」であり、[19]「天真の佛法」と称されている。[20]佛々祖々の実践行以外のなにものでもないとする観点からは、瑩山禅師はいささか敬遠されているふしもある。ましてや、学問的な視点からは決して高い評価を期待することができない。確かに道元禅師の信心は〈全一の佛法〉ともいわれるように、佛祖の心を心として受け止め、あるがままの相をあるがままに受け入れる天真の佛法観、つまり、〈坐〉という〈一〉なる世界への信心と実践であった。ところが、道元禅師をして「わが門下の初祖」として仰ぐ瑩山禅師は、『坐禅用心記』にこと細かに垂示されているが、その願いは道元禅師の流れが漸く広く展開し始めた現実に立って、信仰共同体をいかに維持し、将来に進展させるかということにあった。と同時に、道元禅師の初期段階から禅師の信心を慕う人々があったことも踏まえて、いわゆる在家者といわれる人々に深い関心を払うに至ったのである。『瑩山清規』の回向は、それを如実に示している。新たな信仰共同体の広がりへの展開であり、〈回向〉を通した生活的な「清規」が確立されたのである。ここには日本人の信仰意識が集約されている。とかく日本人は宗教を知的に理解することに興味を持つあまり、生き生きとした生活的な信仰に関心を寄せない傾向があるが、佛教の信仰は「泥沼に咲く一輪の蓮の花」への指向であり、泥沼と表現されているこの世界に在る人間の願いを出発点としている。禅の信心はまさに、この一輪の華を素直に受け止めることにあったのである。

さて、『瑩山清規』の回向は、禅の佛法を回転軸として日本人の信仰意識を吸収したものであることはすでに述べた通りであるが、その実践の場はどこにあったか。それが『洞谷記』が伝える寺院の建立にあった。その検討に移りたい。

註

(1)『典座教訓』
(2)『正法眼蔵随聞記』第五
(3) 無住一円『沙石集』(説話拾遺)巻一から巻九には、同時代の人々の弥陀如来・観音菩薩・地蔵菩薩・不動明王等々への現実的な信仰事情が記されている。
(4)『瑩山禅』第七巻(語釈)二十二頁〜二十五頁
(5) 同
(6) 同
(7) 同
(8) 同
(9)「白山禅頂御本地垂迹之由来伝記」(『白山信仰史料集』岩田書院　平成十二年)「竊に以みれば、佛法大棟梁白山妙理大権現の本地垂跡の由来は……」に始まり、「夫レ、天竺・震旦・日域の三朝の中で、佛法特に繁昌成るは日本尤も勝れたり。過去塵点劫の昔より、白山の高峰を示て我国の佛法を守らんが為の御誓い有り。伊奘諾伊奘冊二神、榊鉾これを指降させ玉いしより国となる。佛法今に興行し、此の山に本地の実を現し、佛法大棟梁なを得玉えり」とあって、続いて天神七代・地神五代の尊……インド・中国・日本と将来された佛法の流れを述べて、その由来を語っている。また、『白山大鏡』に、妙理について「源は佛説に出て妙理は泰澄の誓なり」とある。

(10) 越前の気比神社と加賀の気多神社をいう。
(11) 『石川県神社誌』（石川県神社庁　昭和五十一年）によれば、永光寺の在所であるが、旧在地の鹿島郡の神社数は一二三（内、白山神社十三社）であり、総持寺がある鳳至郡の神社数は一〇四（内、白山神社二二社）である。また、現在の永光寺は羽咋市にあるが、同市と羽咋郡にある神社数は八八社（内、白山神社二六社）である。以上、永光寺、総持寺を取り巻く神社数は三一五社（内、白山神社六一社）である。この数字は石川県神社庁に属する総神社数九二五社の三分の一に当たる。なお参考までに、神社庁所属と非所属の総神社数は合計一八七〇社といわれている。
(12) 『瑩山禅』第七巻参照。
(13) 復刻版『気多神社文献集』（石川県図書館協会　昭和四十六年）から能登地方の本地垂迹の資料として、必要な個所を引用したい。

「大日本国北陸道能州一宮気多大神宮者日域第三之社檀而正一位勲一等無量百千万億阿僧祇劫常住不滅之御神也。一、元正天皇之御宇、泰澄大師、伊勢内外両宮之御身体可奉拝誓而一夜川越堂而籠夢想之御詠歌　戀シクハ尋テモ見ヨ能登ル一ノ宮ノ奥ノ社エト　従此泰澄大師……為当社之中興開基也。実当社大明神者勝軍地蔵薩埵之垂跡。而天長地久、国泰民安之御守護神也。……本社者勝軍地蔵菩薩大己貴尊也。左右者白山妙理権現久久利姫之命、本地十一面観音與若宮大権現本地正観音也」

(14) 『瑩山禅』第七巻
(15) 同書
(16) 鹿島郡、鳳至郡、羽咋市、羽咋郡に在地する稲荷社数は八社に過ぎない。
(17) 八幡神社の総数は六十九社となっている。
(18) No race, ancient or modern, seem to have had a keener, appreciation of nature than the Japanese, or to have

been more inspired by it in were formation of its religious ideal. (Encyclopedia of Religion and Ethics vol. 6 233 p. 1979)

(19)『永平広録』(註解全書　中)二六一頁

(20)『正法眼蔵　辨道話』に「コノ坐禅人、確爾トシテ身心脱落し、従来雑穢ノ知見思量ヲ截断シテ、天真ノ佛法ニ証会シ」とあるように、佛祖が伝持し来った純粋な教え、つまり、只管打坐の佛法ということになろう。

三、『洞谷記』の景観

瑩山禅師は『坐禅用心記』を通して、自己の信心の帰趣する〈坐〉について懇切に説示され、『傳光録』においては祖師の行歴を提唱されて、自らの信心の帰するところを提唱され、その歴史的な流れの中に信仰を深められたのである。そして加えて『瑩山清規』を明らかにすることによって、〈坐〉を中心軸とした信仰共同体における生活の日常化を確立したのである。その中でも〈回向〉の創制は禅への帰依という枠に止まるものではなく、いわゆる出家・在家という佛教の二重構造から、出家者以外の人々をも包含した信仰的な雰囲気を大きな一円の中に培うことに目を向けたのである。つまり、〈回向〉の精神は『洞谷記』「当山盡未来際置文」の「敬檀那可如佛」の表現にも見られるのである。

そもそも、『洞谷記』は『傳光録』、『坐禅用心記』あるいは『瑩山清規』とはその趣を異にしている面があって、現実的に実際に即した、つまり、実践理念というべき内容が多くみられる。〈置文〉といわれる垂語、垂訓がそれである。いずれにしても、『洞谷記』には現実的な事柄について多岐にわたって垂示がなされているが、いくつかの注目すべき点がある。まず、第一の要目は五老峰発願の意味合い、第二には永光寺を筆頭に八箇寺開創への信念、第三は日本人の信仰意識の自覚的受容、第四は頂戴する信心、第五の要目は首座の尊重である。

五老峰の発願は瑩山禅師の信心の真骨頂であるともいえよう。永光寺についての「当山盡未来際置文」にその精神を受け止めることができる。

四、『瑩山清規』の意義

宗教、つまり、信仰行為は人間に欠くことのできない営みであり、おそらくは人類の誕生と始まりを同じくするほど古い行動表現であったことであろう。喜怒哀楽と表現される人間の感情は本態的なものであり、それだからこそ、人間は良きにつけ悪しきにつけて、人と人との間に、共に生存しているという実感を体験しているのである。感情的な喜びと楽しみ、そして感情的な怒りと悲しみは人にとって生きていることの証でもある。

しかし、パスカルはいみじくも語った。「人間は一本の葦にすぎない。それは自然の中で最も弱い。だがそれは考える葦である」(1)と。また、デカルトは「われ思う。故に吾れあり」と明言した(2)。共にヨーロッパ近代精神の先駆をなした名言であるが、日本人にとってそもそも〈考える〉ということはどのようなものであったであろうか。先にも触れたのであるが、文化は突如として展開するものではなく、じっくりと蓄積されながら進展して来ているものであるとすれば、それぞれの原初的な言語・文字・表現を通してその一端を見ることができよう。日本人のものの考え方は、『古事記』と『日本書紀』にその原初的表現を見ることができる。『日本書紀』には〈考える〉という文字は見当たらないが、〈オモフ〉という表現が多いことに気が付く。〈思う〉をはじめとして【思欲・欲・意謂・慮・憶・懐・恋・念・志・思惟・想・望】などとある。その他にもいくつかの文字があるが、これらの文字はすべて〈オモフ〉と読まれている。また、〈欲＝オモフ〉るいは〈望＝オモフ〉は〈願＝ネガフ〉とも訓じられている。このような異字同音の現象は、日本独特の文化性といってもよいであろう。[3]日本語の持つ味わいを垣間見ることができる

瑩山禅師によって初めて〈回向〉が清規生活の大きな要素になったが、この〈回向〉あるいは〈回向文〉には〈願くは……〉、〈冀くは……〉と読まれているように、〈冀くは＝こひねがわくは＝請い願くは〉という〈請う〉と〈願う〉との合成文字となっている。[4]本来的に日本語には受動的な用法が少ないようで、「救われる」という表現より能動的に「救う」というような言語習慣が多い。『日本書紀』に現われる国造り神話では、〈成る〉、〈為る〉、〈生る〉、〈化る〉あるいは〈就る〉等々と、いずれも〈ナル〉と読んでいる。[5]

〈ネガフ〉については、興味ある記述がある。第三十五代皇極天皇の御代の元（六四二）年八月、長い間雨が降らず、村々の祝部（神主）たちが教えるままに、他の国の風習を真似て牛馬を捧げて諸社の神に祭（イハ）ったり、河の伯（カミ）に祈ったりしたが、一向に効験がなかった。そこで蘇我入鹿が指示した。

> 寺々において大乗経典を転読《ヨミマツル》べし。過を悔ゆること佛の所説《トキタマエル》がごとし。敬ひて雨を祈《コハ》む。庚辰。大寺南の庭に佛菩薩の像《ミカタ》と四天王子の像を厳《ヨソヒ》て衆僧《モロモロノホワシ》を屈請《ツツシミマセ》て、大乗経を読ましむ。時に蘇我大臣。手に香鑪を執りて

香を焼きて発願《コヒネガ》ふ。辛巳。微雨《スコシアメフ》る。壬午。雨祈《コフ》ことあたはず。故に読経を停む。八月甲申朔。天皇南淵の河の上に幸く。跪づきて四方《ヨモ》を拝す。天を仰いで祈《こひ》玉ふ。すなわち、雷《イカツチ》なり大雨《ヒサメ》ふる。遂に雨ふること五日。天下に溥潤《ウルホ》しつ。ここにおいて天下の百姓《オオミタカラ》に称万歳《よろこび》て、至徳天皇（イキホヒマシマス　スメラミコト）といふ。(5)

少なくとも、『日本書紀』に見える宗教的な表現は〈祈る＝コハム〉あるいは〈祈＝コヒ〉、つまり、〈請う〉という姿が目に映ってくる。また、〈発願＝コヒネガウ〉には、〈切に〉あるいは〈ただ只管に〉という心の深くから発する心情が汲み取れる。宗教的な行為には、自然に謙虚な態度で接し、それでいて〈コヒネガウ〉という能動的な姿勢を強く感じられるであろう。(6)

一神教的な立場では、われわれが生存すること自体、そしてその周辺環境すべてのものが神によって与えられたものであるとする。しかし、日本人の世界観は〈生＝アレマス〉、〈所生＝アレマセル〉という自然発生的な思考に出発し、〈成る＝ナル〉という自然的な存在感を含みながら、〈成す＝ナス〉という自助的な表現に至るのである。「成せば成る、成さねばならぬ何事も、成らぬは人の成さぬなりけり」という言葉は、日本人の存在感を表現しているようである。古代の日本人が佛教の教えを受け容れた言語意識として、佛教の〈成佛思想〉が大いに与っていたのではなかったかとも思われる。

ところで、佛教ではその〈成佛〉ということが信ずる者にとっての最大の理想である。〈ホトケニナル〉ということである。いわゆる解脱ということである。この〈解脱〉ということは、言葉として今では普通に受容されているが、『記紀』時代には〈マヌガルル〉あるいは〈ヤスラカニ〉と訓じている。とかく、専門的な立場からは〈解脱〉ということはなかなかに理解できない用語として扱われているが、『日本書紀』が語る〈マヌカルル〉、〈ヤスラカニ〉は親しみを持って馴染める読み方である。日頃、我々も繰り返し読誦している、

願わくは　この功徳を以て普く一切に及ぼし　我らと衆生と皆共に　佛道を成ぜんことを……(7)

という『普回向』は、佛教を学び実践することを誓う「佛道を成ぜんこと」ということであり、「願くはこの功徳を以て」は功徳〈ノリノワザ〉、つまり、佛法への信力によって「普く一切に及ぼし」て、生きとし生けるすべてのものすべてが共々に佛の道を成していくことを、只管にお願いするという、実に謙虚にして円やかなことに本念がある。まさしく『回向』の精神はここに生まれ、ここから出発しているといえよう。『回向』の精神は過去・現在から未来に向かって伝えられていくものであり、人の〈こころ〉が写されていくものであるというべきであろう。瑩山禅師は『回向』の精神を尊重し、人の心を忖度し、地域の環境に目を向け、すべてのものを包含して、円満なる人間性を育む信心=佛法の世界を開かれた祖師であったということができる。おそらく、道を求める者への日常的な生活態度を示されている『清規』、すなわち、『回向』を通して、より広く、多くの人々が道を求めるにふさわしい門を開かれた祖師であったということができよう。

「南無阿弥陀佛」の六字名号と「南無妙法蓮華経」の七字題目が津々浦々に浸透していった時代に逆行するかのように、永平寺の山中の静寂の中に信心の道場を確立された道元禅師の佛法は、瑩山禅師が意を注がれた『回向文=えこうもん』によって、時代を越えながら、また常に時代と共に歩みながら、信心の世界へと人々を導いていった

のである。各祖師方が遺された数え切れない多くの語録・広録が道元禅師から瑩山禅師への流れを幅広く伝えることになったのである。それらは改めて参究する必要があろう。そしていま、こうして日本佛教の流れの中に瑩山禅師の教えの意味を参究するとき、『傳光録』、『瑩山清規』、『洞谷記』、『坐禅用心記』、『信心銘』などを参究する総合的な視点から、瑩山禅師の日本佛教史上における新たな意味を見出すことができよう。

註

（1） Bleise Pascal（一六二三〜一六六二）『パンセ』(Pennsées)
L'homme n'est qu'un roseau, le pule faible de la nature, mais c'est un Roseau.

（2） René Descartes（一五九二〜一六五〇）
Je pense ,donc je suis. (Cogito, ergo sum.)

（3） 英語系を例にとってみると、思う＝think, 望＝hope, 恋＝love, 意＝will, 憶＝recall, 懐＝一語での英語表現は難しい。ことこのように日本文字はすべて〈オモウ〉である。

（4） 『言海』に「こひねがはくは（副詞）冀〔庶幾〕（こひねがふの延）コヒネガフニハ、ナニトゾ」とある。また、「こひねがふ（ふ・へ・は・ひ・へ）他動詞、冀、希〔請ヒネガフノ義〕只管願フ、切ニ望ム」とある。参考までに〔こひのむ＝請ヒ祈ル。〕とあって、祈るはノムと読む。意味は請ヒ願フ、祈るということである。

（5） 『日本書紀』巻五十六。

（6） 〈ネガウ〉という漢字の種類、その意味内容については各種の『漢和辞典』を参照されたい。

（7） 『妙法蓮華経』化城喩品

五、道元禅師と瑩山禅師の信心

瑩山禅師の清規の主部を成しているといってよい〈回向〉については、現在に至るまでどの研究においても、外縁的な説明のみに傾斜している嫌いがあった。また本論全体についてもそのような面に傾いていたことを否定することはできない。端的に言って、それは瑩山禅師の思想が多様な条件・要素を含んでいることに原因がある。そうした多面性を検討、理解することなしに、道元禅師の信心とはかなり違うものであるとか、密教的、祈禱的な佛教へ堕落したというような批判に答えることはできない。

もしここで、道元禅師と瑩山禅師の信心の特徴を一言で指摘することが許されるならば、前者は求心的な方向を目指し、後者は遠心的な方向に舵を切ったということができるであろう。

平安的な公家時代から鎌倉的な武家時代への転換期に、社会は『方丈記』的な無常感に蔽われ、(1)『明月記』的な慨歎が世情を形成し、(2)こうした時代社会に不安と不満を抱きながらも、〈道理〉の思想（ものの考え方）によって自らこの世を納得しようと努めた『愚管抄』的な世界感があった。(3)そして一方には武士的な秩序の確立によって、新たな国の支配体制が浸透しつつあったが、それでも国の統一＝幕府体制はなお脆弱なものがあった。こうした時代・社会の中に生を受けられた道元禅師は、日本佛教の総府といわれた比叡山への道を歩みはじめたのである。しかし、道元禅師の向上的な信心に対して、比叡山の佛教共同体には満足に値するものがなかった。むしろ、新しい二つの流れが時代の波であった。一つは日本佛教の底流にあった念佛と法華経の信仰が同時代の時流へと合流したことであり、二つには日本佛教の基本を確立するに至った中国の禅佛教への関心が再び深められたことである。南宋禅の導入がそれであった。そしてさらに注目すべき思潮は、戒律を復興しようとした南都佛教の活動であった(4)。同時代の日本佛教は平安的な〈山の佛教〉――修行的な佛教信仰から多くの庶民が参加することができる〈里の佛教〉へと展開するに至ったのである。そうした時流の中に在りながら、道元禅師は越前の深山へ新たな信心の場を見出そうとした。ここで特に留意すべき新たな様相を指摘する必要がある。それは佛教における信仰共同体が、新たな形で見えはじめたことである。しかも、それが具体的な形作りへと展開するに至った。この経過を図示すると次のようになる。

安貞元（一二二七）年　帰国。『普勧坐禅儀』を選述。
寛喜二（一二二九）年　山城深草に閑居
同　三（一二三〇）年　『正法眼蔵辨道話』一巻を記す。
天福元（一二三三）年　『正法眼蔵摩訶般若波羅密』、『正法眼蔵現成公案』を示す。
文歴元（一二三四）年　『学道用心集』を撰述。
嘉禎元（一二三五）年　『宇治観音導利院僧堂勧進疏』を草す。
同　二（一二三六）年　山城興聖寺にて祝国開堂の儀を挙げる。
同　三（一二三七）年　『典座教訓』一巻、『出家授戒作法』一巻を撰す。

大久保道舟氏編『曹洞宗大年表』（昭和四年）によって整理したままであるが、帰国から十年間の道元禅師の求道、ここでは良き指導者を求めての〈求道〉ではなく、『正法眼蔵　辨道話』に、予発心求法ヨリコノカタ、ワカ朝ノ偏方ニ知識ヲトフラヒキ……予カサネテ大宋国ニオモムキ、知識ヲ両浙ニトフラヒ、家風ヲ五門ニキク、ツヒニ大白峰ニ浄禅師ニ参シテ、一生参学ノ大事ココニヲハリヌ

と示し、

ソレヨリノチ大宋紹定ノハシメ、本郷ニカヘリシ、スナハチ弘法救生ヲオモヒトセリ、ナホ重擔ヲカタニオケルカコトシ

と述べられ、そして、

貧道ハイマ雲遊萍寄ヲコトトスレハ、イツレノ山川ヲカトフラハン、コレヲアハレムユエニマノアタリ大宋国ニシテ禅林ノ風規ヲ見聞シ、知識ノ玄旨ヲ稟持セシヲ、シルシアツメテ、参学閑道ノ人ニノコシテ、佛家ノ正法ヲシラシメントス

という信念を説示されている。ここには先に引用した文言もあるが、前述の帰国からの十年間の事蹟と考え合わせてみると、道元禅師の〈弘通ノココロ〉は大師釈尊↓迦葉尊者……達磨大師↓慧可大師……六祖慧能禅師……天童

如浄禅師↓道元禅師と傳持されて来た師から資への〈純一ノ佛法〉であり〈天真ノ佛法〉を開演することにあった。ということは、まさしく道元禅師↓天童如浄……六祖慧能禅師……慧可大師↓達磨大師……迦葉尊者↓大師釈尊への道であり、「焼香・礼拝・念佛・修懺・看経ヲモチヰス、タタシ打坐シテ身心脱落スルコトヲエヨ」ということであった。すなわち、道元禅師の禅実践の理念は〈打坐〉の一点にあって、そこには諸佛・諸祖の道としてそこから佛法のすべてが開演し、佛向上の法を激揚すると教示されている。つまり、

(1)道元禅師の佛法の出発は興聖寺を信心の場とし、
(2)『普勧坐禅儀』を禅実践の主軸として、
(3)『正法眼蔵　辨道話』に日本佛教観を明らかにし、禅への指針とし、
(4)『学道用心集』をして禅実践への心得とし、
(5)やがて佛法宣揚にふさわしい《祝国開堂》を厳修し、
(6)『典座教訓』を明らかにし、禅の信仰共同体の生活倫理を確立し、
(7)進んで『出家授戒作法』一巻を撰出して(5)〈出家佛法〉を高揚する。

に至ったのである。

ここに至って、佛法に帰依し、禅の教えに随順し、その信心を包みながら共同生活を歩もうとする、禅の信仰共同体への方向が形成された。明らかにこの地点が、求心的な信心の確立であったというべきであろう。そこで、遠心的な視角に立たれていた瑩山禅師の信心に触れることになる。

瑩山禅師の信心を理解しようとするとき、当然のことながら禅師の垂示・垂訓あるいは置文などの文言を注意深

く読みなおすことが必要かと考えられる。京都と能登という二つの地域は、現代の我々には隣同士という思いがある。しかし、同時代の京都と奥能登（総持寺の祖院）との距離を想像するならば、現代的感覚で彼我の地域的な状況と社会的な事情を考えることはできない。道元禅師が一時の休みを取られ、その勝れた眺望・環境に心を惹かれたといわれる旧朽木村にある近江興聖寺を経て、鯖街道と称される街道筋を北に、あるいは雪深い大野市・勝山市を経由し、さらに北に向かい、山深い志比ノ庄へと分け入り、最後に禅の実践共同体の〈場〉として永平寺を選ばれた事情を思い浮かべるとき、瑩山禅師が奥能登を基点にして加賀平野への道を開き、多くの弟子・門下を育成し、新たな信仰共同体を志向すべきことを鮮明にされたことにおいては、道元禅師→瑩山禅師へと受け継がれて行く〈坐〉と〈清規〉を理念とした信仰共同体の歴史的意義と、日本佛教史上の宗教的意味を考えるべきであろう。

考えるべき第一は、すでに述べたように『傳光録』の撰述である。次いで『瑩山清規』であるが、この清規の撰述時期については結論づけることはできない(6)。さらにもう一つ『洞谷記』がある。これは正和元（一三一二）年から正中二（一三二五）年、つまり、洞谷山永光寺に入り、入滅なされた年までの貴重な記録である。従って、瑩山禅師の佛法に対する信心とはどのような観点に立っていたものかという理解を深めるには、この三者の記録を尊重することになろう。瑩山禅師は道元禅師をして『傳光録』において「門下の初祖」と讃仰し、『洞谷記』では一巻を明らかにし、道元禅師が「普勧坐禅儀」と銘打たれた精神を汲みながら、さらに親しみのある指導書として普及されたともいえよう。

『坐禅用心記』の中でも最も注目すべき文言で、佛教やキリスト教を問わず、また哲学的なものの考え方の視点からみても留意すべき二つの説示がある。その一例を引用したい。

夫れ坐禅は教行證に干るに非ざれ共、而も此三徳を兼ぬ。謂く証は悟を待つを以て則とするは、是坐禅の心にあらず。行は真履実践を以てするは、是坐禅の心にあらず。教は断悪修善を以てする、是坐禅の心にあらず。

坐禅は「教行証に干（あずか）るに非ざれ共……是坐禅の心にあらず」と三度繰り返している。教の立場における〈坐禅〉とは何か。それは「意尽き理窮る処一言十方を尽す。糸毫も未だ挙揚せざ」るもので、言語で表現すべきものではないと言われる。また次に、行の立場における〈坐禅〉とは何か。それは「諸佛の自受用三昧に安住し、菩薩の四安楽行に遊戯」(7)するものであると示される。そして三番目の、証の立場における〈坐禅〉とは何か。それは「如来の智慧開発明門、大安楽行法門の所発」であると説かれている。すなわち、坐禅という実践的な信心行は〈教・行・証〉を内包することになる。続いて説かれている次の文言は瑩山禅師の〈教行証〉についての見解をより鮮明にしているといえよう。

又坐禅は戒定慧に干るに非ざれども、而も此三学を兼ねたり。……諸佛の教門一代の所説戒定慧の中に総べ収めざることなし。今の坐禅は戒として持ざることなく、定として修せざることなく、慧として通ぜざることなく、降魔・成道・転輪・涅槃、皆此力に依り、神通妙用放光説法尽く打坐にあり。且つ参禅も亦坐禅なり。

佛法の信心は戒定慧の実践にあるが、坐禅自体が諸悪莫作の戒を充足し、諸々の思いを穏やかにし、多くの妄想を淘汰するものであり、そこに新しい光を見出すものとなる。それが打坐の世界を開くことになるともいわれる。〈教・行・証〉といい、〈戒・定・慧〉という佛法信心を深めてくれるもっとも大切な要素は打坐であり、参禅にあるといわれる。打坐すること自体に戒といい、定といい、慧といわれる佛法信心の三学が包含されているということになるのである。

近代に至って新カント派の哲学思想の一つである〈聖なるもの〉の考え方が思想界に大きな波紋を投げかけたのであるが、[8]『坐禅用心記』はそうした宗教思想をすでに内包していたということになる。もっとも、親鸞聖人が垂示された『教行信証』においても〈信心〉を軸にして教・行・信・証の四法建立の思考が展開されているが、[9]これはこの四法を「真宗の教行信証」と称して、佛教の趣旨である〈転迷開悟〉についての真宗独特の順序法則を示したものであるという。しかし他方に、次のような考え方もある。

曰く、聖道門各宗一般には転迷開悟の順序法則を立てて教行証の三法とする。これは釈尊の教旨を受けて教えの如く実際に修行し、之に由て証悟を開くという次第である。我が宗祖はかかる三法の範型に準拠し、更に信の一法を加えて教行信証の四法を立てられたのである。[10]

この論旨から推してみるとき、念佛信仰における信心は必ずしも〈教・行・証〉を包含するものではなく、〈信〉が段階的にもっとも重要な要素となっている。いわゆる撰擇の信仰である。『執持鈔』に、[11]

往生浄土のためには唯信心をさきとす等と、教行信証佛身佛土等の種々の法門ありと雖も、往生浄土の正因は唯信心と定めたまふ故に信心を先とすと教へたまへり

とあるように、念佛信仰においていわれる〈信心〉は「往生浄土の正因は唯信心と定めたもふ故に信心を先」とするという文言によってもわかるように、念佛門では〈信〉を出発とするものであった。そこで道元禅師から瑩山禅師へと継承されているであろう〈信〉、あるいは〈信心〉はといえば、『正法眼蔵　礼拝得髄』に、

断臂得髄ノ祖サラニ他ニアラズ、脱落身心ノ師ステニ自ナリキ、髄ヲウルコト法ヲツタフルコト、必定シテ至誠ニヨリ信心ニヨルナリ。

と示されている。道元禅師のいわれる信心観は、親鸞聖人と相通じるともいえる。つまり、「信心を先とす」ということと、「必定して……信心による」という点において、鎌倉新佛教の基本は、学的な佛教理解、山岳佛教的な遁世修行、あるいは呪詛的な祈禱に見る非日常的なものではなかった。それは〈信心を先〉とし〈信心ニヨル〉といわれる「信心の佛教」であり、「脱落身心ノ師スデニ自ナリキ」といわれる自力的な〈信心〉と、「たまはりたる信心」あるいは〈信心為本〉といわれる二つの信心観があったことが知られるであろう。

ところが、ここにもう一つの流れがあった。法華経への信心である。日蓮上人には〈信心〉という表現自体はさほど見当らない。日蓮上人にとっての最大の眼目は、同時代の潮流となった末法観をその根底に置いて、末法の世

に遺された〈教〉＝『妙法蓮華経』の五字にそのすべてがあるとする信仰であった。[12]

今末法当世の有智無智、在家出家、上下万人、此妙法蓮華経を持ちて説の如く修行せんに、豈佛果を得ざらんや。さてこそ決定無有疑とは、滅後濁悪の法華経を定判せさせ給へり。

日蓮上人の信心の根底は、鎌倉新佛教の先駆者である各宗の祖師と同じように正・像・末の三時思想を裏付けにしたものであるが、その信仰理念は、『教行証御書』に妙法蓮華経如来壽量品の一句を引いて、

此時は濁悪たる当世の逆謗の二人に、初めて本門の肝心、壽量品の南無妙法蓮華経を以て下種となす。「是の如き良薬を今留めて此に在く。汝取って服すべし。差（い）えざるを憂ふる勿れ」とは是なり。[13]

とあるように、末法の世はすべて逆縁と謗法の二種類のものであって、この種の人こそ法華経の実践者にふさわしいというにあった。従って、日蓮上人にとって信心ということは、『立正安国論』に自らの信ずるものを顕揚する立場において「信心の力を以て、妄りに邪議の詞を宗ばん哉」という信念を持って「法華経を持ちて説の如く修行」すること、つまり、「三世諸佛の万行万徳の功徳を集めて五字」の〈妙法蓮華経〉を実践することにあったのである。「その下種を取って服用すべし」という実践に出発するものであった。それは同時代の社会的、政治的な現実と常に対峙する実践的な活動にあったのである。

さて、鎌倉新佛教の各祖師の信仰の流れを考えると、念佛信仰の流れは蓮如上人（一四一五〜一四九九）によって飛躍的な発展を実現し、法華信仰の活動は日蓮上人の弟子日興上人（一二四五〜一三三二）をはじめとする六老僧によって教線が拡大していった。そして瑩山禅師は、道元禅師に連なる〈坐〉を信仰理念としながら〈祖〉を敬慕する信心を深め、さらに地域共同体の信仰環境をも受容していく柔軟な信仰共同体形成の方向を示された。すなわち、〈坐〉と〈清規〉と〈回向〉（祖への敬慕と地域神）が瑩山禅師の信心の根底となったのである。それでは、瑩山禅師が示された『回向』あるいは『回向文』の日本佛教における歴史的な意義は、どのように考えることができるのであろうか。以下検討してみたい。

註

（1）『方丈記』冒頭文「ゆく河の流れは絶えずして、しかももとの水にあらず。淀みに浮かぶうたかたは、かつ消えかつ結びて、久しくとどまりたる例なし。世の中なる、人も栖と、またかくのごとし」は『平家物語』の序文と同様に無常観の代表的な例である。

（2）風と大火の模様をくまなく語り伝えているが、九条兼実の貴重な日記である『玉葉』の安元三年四月十四日の記録に「五濁の世、天魔その力を得る。是れ世の理運也。忽じて言語の及ぶところにあらず。筆端の盡すべきにあらず。夢か夢にあらざるか。言うも余りあり、歎くも益なし。左右することあたはず。云々」（原漢文）とある。

（3）『愚管抄』第六に「コノ源氏頼朝将軍昔今有難き器量ニテ。ヒシト天下ヲシヅメタリツル跡の成行ヤウ。人ノシワザトハヲボヘズ。顕ニハ武士ガ世ニテアルベシト。宗廟ノ神モ定メ思食タル事ハ。今道理ニカナイテ必然ナリ」とある。本書の著者天台座主慈円（一一五五〜一二二五）は関白藤原忠通の息子で、『玉葉』の著者九条兼実の弟である。著者は〈道理〉のものの考え方によって、公家から武家への支配社会の転換を自分自身に語り、納得しようとしたのであろうか。

（4）解脱上人貞慶（一一五五〜一二一三）、明慧上人高弁（一一七三〜一二三二）。解脱上人は『解脱上人戒律興行願書』において「如来の滅後、戒を以て師とす。出家在家、七種の弟子、誰か仰がざらんや」とその冒頭に述べ、「ただ願わくは、旧より娑婆に住せる菩薩賢聖、佛法擁護の諸天神、この愚願を愍み、かの法命を守らんことを」（原漢文）と戒律復興の思いを結んでいる。また、明慧上人は『栂尾明慧上人遺訓』に「人は阿留辺幾夜宇和と云ふ七文字を持つべきなり」として、日常にわたって規律ある生活を勧めている。

（5）『出家授戒作法』には「嘉禎三季丁酉結制日撰之」とあるが、その冒頭文ははたして道元禅師の真撰であるか、一抹の疑問が残るように思える。

（6）『瑩山禅』第六巻の序で編者代表の光地英学氏は、「月中行事」が元応元（一三一九）年に始まっている点から推して、元亨四（一三二四）年に至る五年間の記録として捉えられている。

（7）『法華経　安楽品』に、一、身安楽行、二、口安楽行、三、意安楽行、四、誓願安楽行とある。

（8）ヴィンデルバント（一八四八〜一九一七）『哲学概論』（岩波文庫　一九三九年）第二部　第二十節「聖なるもの」参照。また、オットー『聖なるもの』（岩波文庫　一九八二年）参照。

（9）「四法建立」のごく一部を引用してみたい。「大経下巻の第十八願成就の文に【聞其名號信心歓記喜】と説てあるが、これが四法中の信であり真宗の信心である。乃ち南無阿弥陀佛の名号の威力功徳を深く信じたる心状を信と云ふ」という説明に続いて、「抑も他宗に在ては信心なる者は信の心所であって、一切衆生固有の心である、その固有の信心が佛祖の教訓指導に依て惹き起こされるのであるとする。故に他宗に言ふ所の信心は自力衆生その人の心の裡から湧き出た者であって、佛から授与せられた者でないことは言を俟たぬ所である。我が宗祖の説に據て之を云ふと斯る信心は自力の信心と名くべきものである。我が真宗に談る所の真実の信心は衆生固有の信の心所ではなく、衆生その人の心の裡から湧き出た者でなく、阿弥陀佛から授与せられたる信心である」と記されている。いわゆる〈たまわりたる信心〉ということであろう。

(10)　前辞典　九七一頁

(11)　本願寺第三世覺如上人の著作。

(12)　『教行証御書』に、「正法には教行証の三つ倶に兼備せり。像法には教行のみ有って証なし。今末法に入っては、教のみあって行証なく、在世結縁の者一人もなし。権実の二機悉く失せり」とある。

(13)　日蓮上人『観心本尊抄』

六、祖風を伝通す

既に明らかなように、道元禅師の垂示・垂訓・説示には佛祖、佛佛祖祖、祖門、祖風、祖宗、家風等々の表現が多いことに気が付く。〈只管打坐〉の実践を通じて多くの祖師への信心を深めていったことを物語っているともいえる。禅師の理想像は、恵まれた王城の生活を捨て、喜怒哀楽の世間から脱出した静寂なる禅定の世界であり、安心の世界であった。これを信仰的な表現でいえば、如来十号の世界であろう。そして道元禅師はその現実的な理想像を中国における叢林の禅佛教に見出したのである。禅師の目標は、佛陀への憧憬と中国禅の体験を総合させ、禅の実践と禅の生活による信仰共同体を確立することにあった。永平寺僧団の成立がそれである(1)。道元禅師との同時代、鎌倉新佛教の先駆者たちが佛法の総府である比叡山延暦寺に求法の道を選んだのであるが、その多くの祖師は京都・鎌倉を中心とした、いわば都市への進出伝道を選んだのであった。臨済宗の先駆者と仰がれる栄西禅師にしても、その活動は都市佛教へと傾斜していた。こうした同時代的な日本的事情の中で、道元禅師はあえて山中における坐の実践と清規の生活の道を開いて行ったのである。繰り返すことになるが、『正法眼蔵　辨道話』の中に、

ソレヨリノチ大宋紹定ノハシメ、本郷ニカヘリシ、スナハチ弘法救生ヲオモヒトセリ、ナホ重擔ヲカタニオケルコトシ、

カアルニ弘通ノココロヲ放下セン激揚ノトキヲマツユヱニ、シハラク雲遊萍寄シテ、マサニ先哲ノ風ヲキコエントス、タダシオノツカラ名利ニカカハラス、道念ヲサキトセン、眞実ノ参学アランカ……

貧道ハイマ雲遊萍寄ヲコトトスレハ、イツレノ山川ヲカトフラハンコレヲアハレムユヱニ、マノアタリ大宋国ニシテ禅林ノ風規ヲ見聞シ、知識ノ玄旨を稟持セシヲ、シルシアツメテ、参学閑道ノ人ニノコシテ、佛家ノ正法ヲシラシメントス、

と、道元禅師の格調高い垂訓が示されている。「弘法救生」という大きな理想を抱いて帰国された道元禅師にとって、同時代の社会事情は禅師の希望を受け容れる情勢はなかったのであろう。「弘通ノココロヲ放下セン激揚ノトキヲマツユヱ」に、しばらく「雲遊萍寄」(2)することを決断された。また、佛教が伝来されてから日本佛教の現実は支配層との関係が深く、いわゆる〈名利〉との縁を結んできた嫌いがあった。そこで禅師は〈名利〉＝同時代の南

都北嶺の寺院佛教との縁を遠ざけて、〈道念〉＝道を求める心を基本とした信心の確立を目指したのである。すなわち、その実践は中国における求道体験――「禅林ノ風規」と「知識ノ玄旨」という実践と知識を「参学閑道ノ人」に伝える道を歩むことになったのである。その核心は信仰共同体という場において佛佛祖祖へ随順する信心にあった。

断臂得髄ノ祖サラニ他ニアラス、脱落身心ノ師ステニ自ナリキ、髄ヲウルコト法ヲツタフルコト、必定シテ至誠ニヨリ信心ニヨルナリ、誠心ホカヨリキタルアトナク、内ヨリイツル方ナシ、タダマサニ法ヲオモクシ身ヲカロクスルナリ、世ヲナカレ道をスミカトスルナリ、

道元禅師が常にに示されている〈信心〉は、このように〈ホカヨリキタルアトナク、内ヨリイツル方ナシ〉というものであった。中国の言語を深く理解されていたという道元禅師が表現しておられる〈信心〉は、多くの場合単に信仰という意味ではなく、〈信筆＝xìnbǐ＝筆に任せる〉あるいは〈信歩＝xìnbù＝足にまかせて〉というように、〈信心〉もまた〈心を任せる、あるいは心に任せる〉という意味に捉えることもできよう。「信心ニヨルナリ」といわれる垂示は、「世ヲノカレ、道ヲスミカ」とするという、僧＝出家の世界を基本とするものである。これは佛法僧の三宝の中における僧の世界を実現するための信仰共同体確立への意志の表明であった。『日本国越前永平寺知事清規』という表題それ自体に、この国における生活的な信心世界の羅針盤が明確に示されたのである。道元禅師

の『知事清規』では、『禅苑清規』に範を求めながらも、住持を中心軸とした四知事→六知事へと信仰共同体の充実を図られたのである。(4) その核心は過ぎ去った祖師たちの祖意・祖道・祖門・祖宗を尊重し、(5) その精神を〈清規生活〉の実践を通して、「参学閑道ノ人」に伝えることにあった。このような背景を持ちながら、信仰は瑩山禅師に継承されることになる。瑩山禅師は、道元禅師と天童如浄禅師への相見の状景をして、

浄和尚独り洞山の十二世として、祖師の正脈を伝持せしに、尚神秘して以て嗣承を顕はさずと雖も、師には隠す所なく、親訣をのこさず祖風を傳通す。

と示され、また、

浄和尚嘱して曰く、早く本国に還り祖道を弘通すべし。深山に隠居して聖胎を長養すべしと。

と表現されているように、瑩山禅師はその祖風・祖道を『瑩山清規』にどのように表現されているのであろうか。『傳光録』第五十二章「弧雲懐奘禅師章」に、

夫れ法を重んずること師の操行の如く、徳を弘むること師の真風の如くならば、扶桑国中に宗風到らざる所なく、天下偏ねく永平の宗風に靡かん。汝等今日の心術、古人の如くならば、未来の弘通大宋の如くならん。

と述べられている。おそらく、瑩山禅師には〈門下の初祖〉と仰ぐ道元禅師が確立された禅の信仰共同体の発展に、期するものがあったであろう。

七、『瑩山清規』の世界

『瑩山清規』に関する論文・研究は決して多いということができないが、光地英学編『瑩山禅』第七巻・第八巻「瑩山清規講解」の他に、第十二巻（二）御撰述には『永平清規』を始めとする諸清規との関係について述べられている。また、昭和四十九年の瑩山禅師六百五十回大遠忌に際して出版された『瑩山禅師研究』は、多くの研究者によって書きあげられた記念すべき論文集である。その中で鏡島元隆氏による「清規史上における『瑩山清規』の意義」は、きわめて多くの示唆を与えてくれる。

さて『永平清規』を振り返ってみると、道元禅師がいみじくも説示されているように、『禅苑清規』を基本として、それを現実的に実践しようとしたものであることが理解される。

山僧在宋之時、暇日咨問于前資勤舊等。彼等聊挙見聞、以為山僧説。此説示者、古来有道之佛祖、所遺之骨髓也。大抵須熟見禅苑清規。然後須聞勤舊子細之説。(7)

このように、道元禅師は『禅苑清規』をその柱として、見識ある先人・先輩の教えや忠告を受け容れて信仰共同体を形成されたのである。それでは、瑩山禅師はどのような清規的な背景のもとに先述されたかというと、

『瑩山清規』が実際に依用している清規の引用文に点検すれば、それの依るところの清規は『禅苑清規』・『永平清規』・『慧日山古清規』からさらに、『勅修清規』に及んで、それが標榜するように単純に『永平清規』ないし、栄西の行儀を加えた道元禅師の制規に帰せしめることができない複雑多面な清規であることがわかる。(8)

と鏡島氏は説明している。事実、瑩山禅師は清規において「複雑多面」な点があるだけでなく、信仰の表現においてもその多様さに驚かされる。しかし、その多面性にこそ瑩山禅師の信心の特徴があるともいえる。まず『瑩山清規』の構成をみることにしたい。

信仰共同体の生活化

『瑩山清規』は上下二巻から成っている。上巻は「日分＝日中行事」と「月分＝月中行事」の行事次第が記せられ、下巻には「年分＝年中行事」が詳細に垂示されている。一日・一月・一年＝三百六十五日の行事が細かに編みこまれているもので、瑩山門下における信仰共同体の生活のありようを明確にされたものである。といっても、この清規すべてが瑩山禅師一人によって撰述されたということはできないといわれる。(9)『曹洞宗大年表』には延宝六（一六七八）年「宗胡（月舟）「瑩山和尚清規」二巻を上梓、序を道白（卍山）に嘱」すと記されているように、月

舟・卍山両師(10)によって広く知られるようになった。その末尾（跋）に次のように述べてある。

瑩山清規は、瑣々たる礼数の謂いにあらず。直に是れ佛祖身心の存するところなり。拈華の遺芳名づけて佛行といい、面壁の孤風喚んで祖儀となす。佛行祖儀叢林以て立つ。今日幸いに此の書の出るに、すなわち、教外別伝の符にして、見性得髄の印なり。
只願くは、人々拝玩し処々遵行して、古人、後昆を悲愍するの大恩に背かざることを。告ぐるところかくの如し。請ふ高く眼を著せよ。

延宝戊午佛成道日、椙樹林大乗護国禅寺、現住月舟叟

いうところの『瑩山清規』は、細々とした礼法的な規範ではなく、清規自体が佛祖の全身全霊の現れであり、拈華微笑の円満にして豊かな光景の中に摩訶迦葉によって受け止められた佛陀の精神、面壁九年の達磨大師に見る打坐の静寂さ、ここには信心と実践の世界が表現され、それはそのまま叢林の世界である。『瑩山清規』が成立した正中元（一三二四）年から三百五十四年目に当たる延宝六（一六七八）年十二月八日のことであった。ここに道元禅師→瑩山禅師の信仰共同体の形成に新たな光明が照らされ始めたのである。その第一の特長が禅信仰の生活化である。

禅信仰の生活化という表現は決して馴染みのある言葉ではない。しかし、鎌倉新佛教といわれるものすべての信仰共同体に共通する最大公約数的な信心は、一向に、専心に、只管にという、生活に根ざした実践信仰であった。

南無阿弥陀佛の称名、南無妙法蓮華経の題目にみられる実践は、まさしく日々の生活の中に溶け込んだ言語的な信仰表現であった。それでは禅の信仰はということになるが、同時代の国取りの争い、戦火の絶えない騒然とした世相の中に在って、当時の武将等が禅に関心を寄せるようになったという通説がある。しかし考えてみると、禅あるいは禅的な信仰生活は、佛教到来と同時に日本人の心を捉えたものであったであろう。それは静寂の世界を見出すことであり、そこに信心を巡らすことであった。おそらく、鎌倉新佛教を生み出す大きな流れともなったであろう念佛信仰と法華経信仰の根底には、常に〈坐〉の姿があったのである。(11) 佛教に見られる信仰表現は、身体的な表現としては〈坐〉の姿であり、そこでは寂静の世界が各自の信心を深めていった。また他方、言語的な表現としては念佛称名と題目称号が日本人の信仰を高揚していったのである。

しかし、道元禅師の信仰は、《清規》の生活、すなわち、信仰共同体の生活規範を確立し、その実践＝一日一日の叢林生活を佛佛祖祖の道として歩むことにあったのである。起床から就寝に至り、就寝から起床へと円環する中で、洗面、読誦、食事、作務、坐禅等々のすべては、『永平広録』巻之十「永平寺語録巻第十」に、

這回覿面、豈待點頭。喚作村僧一枚、堪弄向上風流。佛祖是祖宗、佛祖是児孫。

「信仰共同体で起居を共にする者同士に何の隔てがあるだろうか。お互いがなんの変哲もない普通の僧であるが、それが佛祖ともなり、時にはその児孫ともなる」とあるように、彼我を越えた、叢林における共同生活体そのものの姿であるというべきであろう。

その著『宗祖としての道元禅師』の中で、衛藤即応博士は次のように教示されている。

ワグネルは、芸術品は活々と表現せられた宗教であるといったが、儀式は実に動く芸術品であり、生活化せられた芸術である。然らば儀式は最早や型となった儀式ではなく、行佛の威儀であるから、威儀即佛法であり、生活即宗教である。行がただ限られたる時処に於ける儀式の行でなく、日日の生活に於ける威儀の行となった時に始めて宗教としての権威をもつものである。

「日日の生活に於ける威儀の行となった時に始めて宗教としての権威をもつ」という状況は、まさしく叢林あるいは僧堂の信仰共同体における清規生活によって実現することになる。道元禅師の『永平清規』は佛祖の道に回帰し、佛陀の真精神に生きようとする求心的信心の顕揚ということになるが、『瑩山清規』は道元禅師の清規精神をがっちりと受け止めながらも、さらに日日の僧堂生活をして、より具体的な信仰共同体として自覚的に確立しようとしたのである。〈日分・月分・年分〉の三者を体系化するに至った中で、最も注目すべきことは各般にわたって示されている〈回向〉の確立であろう。瑩山禅師の回向に表現された清規の世界には遠心的にして包括的な広大な世界観が展開され、まさしく日本的な展開であると同時に、一切衆生悉有佛性の精神を如実に表現されたものである。他を排することなく、全てを肯定し、全てを生かす大乗精神、あるいは摂受の世界を説示されたのが『瑩山清規』の〈回向〉の世界である。

「回向」ということ

『禅苑清規』で〈回向〉について述べている箇所があるが、[12] ここでの〈回向〉にはいくつかの意味が含まれている。[13] 日本佛教の展開過程から回向全体の意味について言えば、一つは浄土（念佛）門の信仰に見られる〈回向〉の世界である。もう一つが禅門に見られる〈回向〉の世界である。

まず浄土門の回向について考えると、帰着するところは往相回向と還相回向の二つであるという。つまりこの二種回向ということについて、親鸞聖人は、

往相回向は佛より衆生に極楽浄土に往生すること得べき功徳と、往生して成佛すべき功徳とを施与することであり、還相回向とは浄土に往生して成佛したる上には、更にもとの穢土に還り来りて、多くの人々を教化し浄土に引導すべき能力を佛から衆生に施与する。

と示されている。往相回向と還相回向、つまり、穢土（四苦八苦の世界）→極楽（安心決定の世界）から、翻って、極楽（阿弥陀さまの信心を賜った人として）→穢土（阿弥陀さまの願いを多くの人々に施与する人として）へと展開する原動力は何であろうか。それは「佛より衆生に施与＝回向（pariṇāma）された信心に他ならない。先に信心とは〈心をまかせる〉と訓ずることであると述べたが、まさに親鸞聖人にとっては「信心は如来の御ちかひをききてうたがふこころなきなり」[14] というものであり、「ただ如来の誓願にまかせまいらせたまふべく候」[15] という如来の願力への絶対の帰順・帰依であった。そして信心の心底には「源空が信心も如来よりたまはりたる信心なり」[16] とする確

信があったのである。

念佛門における信心にいささか深入りした嫌いがあるが、佛教信仰に共通する〈回向〉の精神を理解し、道元禅師の回向観にいま一度触れることによって、『瑩山清規』の主要な部分を占めている〈回向〉の精神をより深く理解することができると考える。『永平広録』に、

今日山僧與兄弟上堂。一上以用供養十方一切三宝・西天四七・東土二三・天下鼻孔古今眼睛乾屎橛・麻三斤・禅版・蒲団。上来梵修・無限勝因、回向蝦蟇跳上梵天、蚯蚓走過東海、雲来水来、作馬作牛。(17)

とあって、また、

上来無限勝因回向佛之知見、令佛之知見喫飯着衣・屙屎送尿・辨道于雲堂裡、功夫長連床。(18)

とあるが、この二つの垂語から理解されるように、西天二十八祖、東土二十三祖を始めとする各祖師、今に伝えられている諸祖の信心の姿、そうした限りない佛佛祖祖の行跡に心を傾ける、つまり供養するということは、一切の生きとし生ける命と自然の恵みに回向することになるのである。また、佛陀＝如来十号に表現されている佛徳に回向することは、雲堂裡（禅の信仰共同体）において、佛徳を喫茶・喫飯、洗面・洗浄などの日常的な生活に回向することである、と教示されているのである。瑩山禅師はこうした佛教の精神、すなわち、インド→中国→日本と、

あるいは佛教信仰圏に広く伝えられてきた回向の精神を一段と明確にし、この国における人々の宗教意識を的確に摂受し、人々の心魂に語りかけたのである。

〈言霊〉と日本人

もともと、日本人は〈言霊〉への思いが深かった。

言霊の　八十のちまたに　夕占問ふ　占まさに告る　妹は相寄らむ[19]

しき島の　日本の国は　言霊の　さくはふ国ぞ　まさきくありこそ[20]

この二つの万葉歌は共に〈言霊〉に寄せて詠ったものであるが、〈言霊〉の考え方は、時代を越えて日本という国土全体に共通する一つの文化事象でもある。〈人霊・人魂〉、〈木霊・木魂〉、〈船霊・船玉〉などと、日本人はすべてのものに〈生命＝いのち〉あることを考え、目には見えぬ大いなる霊的存在を認めてきた。そして現代のわれわれもまた、目には見えないが、ある大きななにものかがあることを心の奥深くに包んでいる。「なにごとの　おわしますかは　知らねども　かたじけなさに　涙こぼるる」世界への感性を持っている。キリスト教の信仰の主軸は〈祈りと救い〉であり[21]、日本人の感性はどちらかといえば、〈望みと願い〉にあるともいえよう[22]。それは神道に見られる『大祓詞』や『祝詞』に表れている。そもそも、『祝詞』についてみるに、本来的に〈宣祝詞＝ほぎごとをのりたまふ〉といわれる祝い言葉であり、神々が人々に与える言葉であった。ところが、いつしか人々が神々に伝える願い言葉に変わったのである。(23)天智天皇九（六七〇）年三月の項に、

三月。甲戌朔壬午。於山御井傍。敷諸神座（かみたちのみまし）。而班幣帛《みてくら》。中臣金連宣祝詞《のる》。(24)

とある。天武・天智・持統の三天皇が産湯を使ったと井戸の傍らに多くの神々の座を設け、それぞれに捧げ物を頒けるに当って祝詞を申された、という。〈祝詞〉は神々に対する願い事を言葉に乗せて表現するものであった。そして〈祝詞〉の真意は「大祓に祓給ひ清給ふ事を諸聞食せと宣る」という行為を通して、「平らけく、安らけく」あることを「恐《かしこ》み恐《かしこ》み」申すことによって、大地の平安を願い、五穀の豊穣を願うというこの事実はいまも変わりない。こうした言霊の世界は佛教信仰における〈法語〉においても同様である。「回向」という世界である。

「木霊」と「回向」

すでに十数年前のことになるが、筆者はイタリア禅協会の要請で〈回向〉について話をする機会に恵まれた。その時に「木霊と回向」、つまり「echo＝Ekō」という語呂合わせで話を進めた。いうまでもなく、〈echo〉は反響、山彦と訳されるもので、日本的な〈言霊〉あるいはそれに類する意味は西欧には見当たらない。しかし考えてみると、〈echō〉と〈回向〉との間には一つの共通点を見出すことができよう。それは声あるいは音が「往っては還る」という現象である。この自然現象、つまり、〈山彦〉を通して文化現象としてある信仰世界を考えると、称名、

称題、あるいは称号は、それを唱える人の主体的な行為としての表現であるが、その表現、すなわち、南無阿弥陀佛、南無妙法蓮華経、南無釈迦牟尼佛における〈南無（帰依）〉＝〈信心（心を信せる）〉に宗教感情が深く包まれているのである。そこに阿弥陀佛の信心、妙法蓮華経の精神、釈迦牟尼佛の安心等々の世界が現成するのである。それは、親鸞聖人が「如来よりたまはりたる信心[25]」と言われ、日蓮上人もまた「法華経は釈迦如来の御志[26]」と言われ、そして道元禅師が「佛ノイエニナケイレテ、佛ノカタヨリオコナワレル[27]」と示されている世界への展開ということになる。自らの声が山の彼方に反響して、そのまま我に返って来る自然界にも似て、〈念佛する〉こと自体を阿弥陀如来のはからいとして受けとめ、〈法華経〉を釈迦如来の御志としていただき、また、佛の家に静かに坐ることによって、佛の方（己心）から信心が深められるという確信に満ちているのである。

他方キリスト教の信仰に立つときは、〈回心〉ということに突きあたる。この点を考えながら、イタリア禅協会で〈回向〉に触れたのである。そもそも、道元禅師は〈回向〉の精神をどのように示されたのであろうか。『永平広録』を中心に考えてみたい。

先にも触れたところであるが、道元禅師が説示された〈回向〉は〈供養〉と〈祈願〉という文言が同一の垂語に示されている。ここに挙げてみよう。

上堂。無上菩提者非為自、非為他、非為名、非為利。然而、一向専求無上菩提、精進不退、是名発菩提心。既得此心現前、尚不為菩提而求菩提、此是真実菩提心也。如無此心豈為学道。当山兄弟・一向専求菩提心、而不応懈廃。如未得菩提心者、須祈願先代佛佛祖祖。又須以所修之善業回向菩提心而願求也。
記得、僧問趙州、万法帰一、一何処。
州云、我在青州作一領布衫。重七斤。
趙州古佛、曾恁麼道。或問永平万法帰一、一帰何処。即便曰、帰向上。
若曰為甚恁麼道、曰、我在裏許供養十億佛。(28)

道元禅師は、この一文の中に〈祈願〉、〈回向〉、〈供養〉という文言を記されている。まず祈願については「未だ菩提心を得ざる者は、須らく先代の佛々祖々に祈願すべし」といわれ、次に、回向ということは「所修の善業を以て、菩提心に回向し、願求すべきなり」と説示されている。そして、供養は「我れ裏許（自己自身の心の奥底にある向上心）に在って十億佛に供養す」と述べられている。少なくとも、この垂語に限っていえば、三者三様の意味合いがあると考えられる。(29)すなわち祈願は、ある大いなるもの、佛陀、お祖師さまという人格的な存在者に自らの意に存するものを願い入れることであり、回向は今まで修めて来た信心の行為を、さらに自らの初心である向上心（菩提心）に目を向けて、つねに新たな願いに投げ入れることであり、そして供養は回向と同様の信心を具体的に五種、十種供養といわれるような物質的な施物行為に表すことと見ることもできよう。(30)道元禅師は、祈願あるいは祈禱という表現を全く用いることがなかったといってよい。また、回向と供養という文言はかなり用いられているが、供養についての用法は「……を供養す」ということで、前述の物質的な「供」の色合いは極めて薄い。ではこうした〈回向〉や〈供養〉は瑩山禅師にはどのように受け止められていくのであろうか。

瑩山禅師の回向観

瑩山禅師をして瑩山禅師たらしめているのは禅師の回向観であろう。回向とは祖師をその信仰共同体の中心に据えながら、さらに信仰共同体を取り巻くすべてのものの恩恵への感謝と、信仰共同体の一日一日の生活を送ることへの大いなる願いを念ずることにあったのである。それは、瑩山禅師の回向の中で《月分行事》に読み込まれている諸回向によく表現されている。大別するとおおよそ七つに要約できるであろう。

一、今上天皇の聖壽を祝う。　一日と十五日

二、土地に感謝する。　二日と十六日

三、檀越・施主への謝意。　三日と十七日

四、祖師への敬順を表す。　五日

十四日　本師　徹通義介禅師

十七日　天童如浄禅師

二十四日　弧雲懐奘禅師

二十八日　永平道元禅師

（当日達磨忌を厳修す）

五、観音さま、羅漢さま供養　十八日

六、亡き人への供養

七、諸祈禱

さて、信仰を持つ、あるいは信心を持つということ自体は人間にとって変わることのない行為であるが、その行為の表現はその地域の状況や環境によって異なる。「柳緑花紅」に象徴される禅語、あるいは禅句の多くは森林的な自然環境を背景にして表現されるが、これとは対象的に、砂漠のようなな厳しい状況ではインド・中国のような森林的環境に生まれた多神的な様相がみられることはなかったであろう。こうした自然環境に留意して、四方を海に囲まれた日本の島国環境を考えると、それ相応のものの考え方がそこに生まれたと考えられる。生成神話に表現された大八州の国造り神話は、国といわれる〈土地＝つち〉への尊信であった。そしてその考え方は〈むすび〉という表現に象徴され、それが人間生活の基本倫理としての〈先祖→親→子〉という「おや」思想を形成して行ったと言ってもよいであろう。瑩山禅師が表現された回向の基本には〈天神七代・地神五代〉の読み込みでも知られるように、『記紀』の世界が大きな要素になっている。[31]瑩山禅師が回向に表現された「聖壽の祝い」と「土地への尊信」がそれをよく表している。

総合的に見て、『瑩山清規』の回向でもっとも多く読み込まれている神佛はというと、まず〈神さま〉では、

大日本国天照大神、六十餘州三千餘座の神祇、当道（北陸道）前後の鎮守、佛法大統領白山妙理権現、当所鎮守大明神、当荘総社別社部類眷属、守宮守道等

のように、日本中のあらゆる神々に尊崇の念を払うのである。少し長きに失するようであるが、瑩山禅師の信仰観

を知る上で価値あるものと思えるので、元三朝の祈禱回向の全文を挙げてみたい。

三朝。二日。三日。
右合山照顧　元亨四年今月日　堂司比丘某甲誌
日日首尾焼香三拝。満散日、或有疏、即諷誦了後、主人拝後、坐具上跪爐。
疏云、
南閻浮提。大日本国、北陸道、能登国、賀嶋郡、酒井保、洞谷山、永光禅寺、開闢、釈迦牟尼佛第五十四世、傳法沙門紹瑾等今遇三朝佳節、恭奉為□□祝延聖壽。三箇日際、率現前大衆、就覺皇宝殿最勝殿上、諷誦当途王経三巻、以正満散。右所集鴻福、祝献日本開闢天照大神、天神七代、地神五代、人皇九十六代、今上天皇本命元辰当年屬星、七曜九曜、二十八宿、王城鎮守諸大明神、五畿七道大小神祇、佛法大統領白山妙理権現、当道前後鎮守、両社大菩薩、当郡当保諸社、当山土地、当山龍王、今年歳分主執陰陽、権衡造化、善悪聰明、南方火徳火部星衆、護伽藍神一十八所、当国一宮気多大菩薩部類眷属、招宝七郎大権修利菩薩部類権属、多聞天、迦羅天、打給面使者、随遂白衣天子、舊鎮守稲荷大明神、新羅擁護八幡大菩薩。所集殊勲、回向本寺檀那、諸堂檀越、捨田諸檀、結縁道俗、合山清衆本命元辰、当年屬星。増加威光、円満佳徳。
所冀　聖壽無疆、椿松秀難老質、皇徳有普、海嶽被不残恵。普天得風雨調適、率土全豊饒、佛日増輝、伽藍土地、護法安人。　謹疏。
陛下　容納

三宝　炳鑑

元亨四（一三二四）年正月初三日　　　洞谷紹瑾等　謹疏。(32)

この回向文は、道元禅師の言語表現と比して、日本的な心情表現への大転換とも思われるほど、いささか違和感を覚えるものがあろう。教理史的な立場から軽視され、また実践的な観点から密教的な祈禱化等々と批判される要因を見ることができる。

新年に当って一年の幸いを祈る心は洋の東西を問わない。瑩山禅師の新しき年への願いの第一は日本人の精神的な支柱を形成してきた天照大神→今上天皇への敬心の念であり、第二には神祇信仰への尊信であり、そして第三は佛法を培ってくれる日本の土地＝Lands への信仰、つまり鎮守信仰であり、そうした神々＝gods の加護によって、佛教帰依の檀越の幸徳を祈念することに眼目があった。瑩山禅師は『洞谷記』の中の「当山盡未来際置文」に、

佛言、篤信檀那、得之時、佛法不断、云々。

又云、敬檀那、可如佛。戒定慧解、皆依旦那力成就。云々。

然聞、瑩山今生佛法修行、依此檀越信成就。

と明言されている。佛法の信仰の道に入り、戒・定・慧の出家者としての日常を送ることができるのは、篤信の檀越の信心によるものであり、瑩山禅師自身が「〈佛法修行〉の道は檀越の信心によって成就させていただいている」

と言われる垂誡は、日本佛教の流れの中には全くなかったともいってよい。まさしく、瑩山禅師の信心は周囲に対する思いやりと状況環境からいただいている（恩＝めぐみ）への感謝と報恩、つまり、〈佛恩〉への実践であったのである。

一体、信ずるという人間的な行為は何か。宗教的実践とは何か。悟りを開かれた佛陀に信心を投げいれる禅的信仰は、菩提樹下の釈尊の坐の姿、つまり、坐相にその実践が求められている。坐相は単に坐った形を指すのではない。自らの全身心が坐＝大地（土）に腰を落ち着けた姿である。瑩山禅師が『傳光録』に説かれる「我與大地有情、同時成道」の存在であり、「世尊拈華瞬目、迦葉破顔微笑」の働きの世界である。

母と子は疑いもなく一人一人の個の存在であるが、母と子は親子であり、そこにいたずらなコトバはいらない。母の優しい顔と目に子の思いが接した時、そこには思わず二人の微笑みがこぼれる。たとえていえば、このようなことであろうか。ここに拈華瞬目＝破顔微笑＝同時成道の世界が展開する。母と子の同時的な微笑みこそが人間が求める原初的な安穏の世界であって、佛者が求めて止まないNiruvāṇaの境地もそこに開かれるともいえる。瑩山禅師の「拈華微笑」の偈頌に、

可知雲谷幽深処、更有霊松歴歳寒（知るべし雲谷幽深の処、更に霊松の歳寒を歴るあり）。

とあるように、信心の中にこそ時間・空間の深みと広がりの奥底に光るもの、つまり、微笑みの世界が見えてくるのである。佛教から禅への展開は、己れの信心を師と仰ぐ人格に投げ入れて、師の全人格が自己自身に写される。

心ヲモ、ハナチワスレテ、佛ノイヘニナゲイレテ、佛ノカタヨリオコナハレテ、コレニシタガヒモテユク。(33)

といわれる随順の信仰がここに開かれる。いうところの祖師の道に他ならないのである。「祖師の道」、などといわれる〈祖師〉という表現は、禅の流れでは極めて一般的な文言であり、特にもの新しい表現ではない。「祖師西来意」に象徴されているように、達磨大師が将来した禅佛教では最初の課題であり、また常に新しい命題でもある。道元禅師が、

祖師の語、祖師の心を学ぶべし。若し佛祖の行履にあらずんば、行ぜず、若し祖祖の言句にあらずんば、言はず。(34)

と説示されたように、〈祖師〉の行履と言句を実践することが禅者の日常生活であるということになる。この信心は瑩山禅師の文言に継承されることになる。その信仰思想の理念が『傳光録』に表白されているのである。

瑩山禅師は『傳光録』の諸所に〈祖師〉と言い〈佛祖〉と言われて、信心の実践の指標を明らかにしている。しかし、それは道元禅師→瑩山禅師をいただく禅の信仰共同体に特異な信仰理念ではない。法然上人においてもそうであるが、(35)親鸞聖人は七人の祖師に限りない尊信の敬意を表していることは周知の通りである。(36)

ところで、瑩山禅師が表白されている〈回向〉全体にわたって考えると、先にも述べた「浄極まり寂照にして虚

空を含」む静寂なる極致の世界、そこで一歩引いて「却来して世間を観ずれば、なお夢中の事の如」くに、すべてのものは生まれては消え、消えては生まれる現象界が現前としてそこにある。まさに、静寂と現実在は共に在る世界である。そこで道行きを共にするものがさらに願わんとすることは、今は亡き祖師のご威光（霊力ともいうべきか）によって、生死転変の此土あるもの（我々）をして、世にも得難い驪珠が大海原に輝き、涅槃（彼土）の岸辺に在って、一片の雲もない夜空に、美しくも爽やかな月が皎皎として照らし、この世界の人々を信心への道に導いていただきたい、ということである。ここに全ての人々をして「普く覺路に登るらんこと」を懇願したのであった。そしてそれは各祖師への誓願でもあったことであろう。瑩山禅師は出家に対する在家の世界を認め、檀越の世界への敬虔な態度を表白し、一人の求道者として在ることについて深い感謝と報恩の信心生活を打ち立てられたのである。〈回向〉に読み入れて禅信仰を高く、広く顕揚されたのである。ここに祖師を核として出家・社家を円周に持った祖師佛教が展開されることになる。

註

（1）「僧団成立の全体的形式過程からいえば、興聖寺僧団は一輪の花に譬うべく、永平寺僧団はその結実とも見ることができるが、しかし禅師の理想からいえば、興聖寺僧団は最初から暫定的なものであって、これに終極的依憑をもってはおられなかった。それは全く自然的な結成であって、禅師の特別な意図から現れたものではない。言わば一種試験的な経営であったとも見られる。禅師としてはあくまでも天童浄祖の垂示たる『你是雖後生、頗有古貌、直須居深山幽谷、長養佛祖聖胎、必至古徳之証処也』（宝慶記）の語に基づき、いつの時かこの理想を実現せんと念じておられたに相違ない。去れば彼の比叡山僧の圧迫のごときは、禅師にとってはむしろこの上なき好機の到来

であった」（大久保道舟『道元禅師伝の研究』二八三～八四頁）
（2）『随聞記』（第五）に「衲子は雲の如く定まれる住所もなく、水の如くに流れゆきてより処なきこそ僧とは言ふなり」とある。
（3）〈信歩〉の文例として「信歩到郊外去」があるが、足の思うままに郊外に行くという意である。
（4）『日本国越前永平知事清規』では住持を中心軸として、六知事＝都寺・監寺・副寺・維那・典座・直歳の責任ある六本柱を支えとする体制を形成した。『禅苑清規』の監院・維那・典座・直歳の四知事をより発展させたものであったといえる。
（5）『永平広録註解全書』による。「祖意　下」六四五頁、「祖道　下」一一六頁、「祖門　下」五七三頁、「祖宗　上」一八九頁、「祖風　上」四頁（卍山師の序に道元禅師を称賛して「大振祖風」とある）。
（6）如来十号

一、如来　tathāgata
二、応供　arahant（阿羅漢）
三、正徧知　sammāsambuddha
四、明行足　vijjācaraṇasampanna
五、善逝　sugata
六、世間解　lokavidū
七、無上士　anuttara-sammāsambodhi（無上正等覚）
八、調御丈夫　purisadammasārathi
九、天人師　satthā devamanussāna
十、佛世尊　buddha-bhagavat

『永平典座教訓』に「漿水一鉢也供十号兮」とあって、『瑩山清規』（上　月中行事）には「十号畢復鳴磬一下云々」とある。

（7）『典座教訓』の冒頭にある。

（8）鏡島元隆「清規史上における『瑩山清規』の意義」（『瑩山禅師研究』所載）

（9）『瑩山禅』第六巻二～六頁、また『瑩山禅師清規』解説二二九～二六五頁を参照されたい。

（10）月舟宗胡（一六一九～一六九六）、卍山道白（一六三六～一七一五）は共に宗統復古に尽力された。

（11）「（実因大僧都）佛法の棟梁にして、法門の領袖なり。職位は大僧都に叶ひ、威徳は山里の間に満てり。内心寂静にして、鎮に道心あり。……老耄の時臻りて、身の病自らに発れり。世の無常を観じて、小松寺に移住し、心に観行を凝して、妙法を読誦し、文の義を思惟して、句逗を乱さず。数月を巡るの間、夢みらく、七宝の塔あり。釈迦・多宝並び坐して、光を放つとみたり。彌々信力を生じて、法華経を誦せり。……一心に礼を作し印を結びて、西に向ひて即世せり」（『大日本国法華経験記』巻中　第四十三　叡山西塔具足坊の実因大僧都）

「梵釈寺の十禅師兼算は、……少年の時より弥陀佛を念じ、不動尊に帰せり。弟子の僧に語りて曰く、我が命まさに終りまむとす。空中に微細の伎楽あり。諸の人聞くや不やといへり。便ち諸の弟子と一心に念佛せり。少くありてまた臥しぬ。口は念佛を廃めず、手は定印を乱さずして入滅せり」（『日本極楽往生記』一三）

（12）『禅苑清規』第二巻「結夏」、第六巻「出入」、第七巻「亡僧」など。

（13）梵語 parínāma、パーリ語 pariṇāma とでは、いずれも変化、消化、熟すること、展開、あるいは運命の意をも含んでいる。水野弘元著『パーリ語辞典』によると、動詞として pariṇamati（向く）、形容詞用法として pariṇāmamita（向けられた）、使役動詞として pariṇāmeti（向けてやる、廻与する）と使用される。また、梵語辞典 Franklin Edgerton［BUDDHIST HYBRID SANSKRIT GRAMMAR AND DICTIONARY］volume II 1985によれば、①change ②ripening ③fig, development, causing to grow, ripning, maturation, usually of religiously desirable conditions とある。佛教で奉読する〈回向文〉の語感はパーリ語の pariṇāmeti に近いものであろうか。

(14)　一念多念證文意
(15)　『末燈鈔』第十章
(16)　『歎異鈔』総括
(17)　『永平広録　註解全書』上巻　一五三頁
(18)　同書　五〇一頁
(19)　『万葉集』二五〇六番
(20)　『万葉集』三二五四番
(21)　キリスト教の〈祈り〉、例えば、日本語『詩編』(一九七二年版)とフランス語『Psautier』(一九七七年版)の「詩編　四〇　感謝と嘆願の祈り」(十八節)とフランス語「hébreu」を挙げてみよう。

私は弱く貧しい者、
主は　わたしを心に留めてくださる。
あなたは　私の助け、救い主。
神よ、わたしを救いに急いでください。

Je suis pauvre et malheureux,
mais le Seigneur pensseàmoi.
Tu es mon secours, monlibérateur:
Mon Dieu, ne tarde pas !

(22)　日本人の信仰表現は〈普回向〉といわれる『法華経』〔化城喩品〕にある「願くは、この功徳を以て、普く一切に及ぼし、我らと衆生と、皆共に佛道を成ぜんことを」と表現されているように、〈願い〉と〈ことを〉という〈望ましさ〉に象徴されているといえよう。
(23)　「是時天照大神手持宝鏡授天忍穂耳尊而祝之曰。吾児視此宝鏡、当猶視吾。可與同床共殿以為齋鏡」(『日本書記通釈』巻之十八　九〇四頁)

(24)『日本書紀通釈』巻之六十二に、〈宣祝詞〉とは「仲春祈年祭。其祈年月次第。百官集神祇官。中臣宣祝詞。忌部班幣帛。義解謂。宣布也。祝者賛辞也。言以告神祝詞。宣聞百官。班猶頒。其中臣忌部者。当司及諸司中。取用之」とある。つまり、中臣忌部が諸神に奉仕し、神に祝詞を告げる役務であった。

(25)『歎異鈔』第六条

(26)「四条金吾殿御返事」(文永九年)

(27)『正法眼蔵』「生死」

(28)『永平広録註解全書』中　二三九頁

(29)祈願あるいは祈禱、供養、回向(廻向)は佛教(東洋的)の信仰表現であり、多神的な信仰状況の中に見られる一般的な傾向である。

(30)曹洞宗寺院における回向集に「現前に香・華・灯燭・湯・菓・茶・珍膳を備え……」というように、真言宗の『不動護摩次第』によると、長い行事の中の〈事供〉に塗香・華鬘・焼香・飲食・燈明とあって、次に「讃不動、祈願、礼佛」、終って「普供養摩訶毘盧舎那佛、普供養本尊界會」と続いている。

(31)現憲法において規定されている〈天皇の象徴性〉は、それに対する諸意見があるとしても、日本人の歴史意識や文化意識を知るに十分な判断資料であるといってよい。文化は一朝にして生まれるものでもなければ、突如として消え去るものでもない。日本人の神事としてのお祭りが示しているように、また亡き人への思いを佛事供養によってなすように、その表現の態度は変化するにしても、祝儀・不祝儀を仕分けてきた日常的な生活思想は、「記紀」に記録された世界をいまに伝えている。文化的な諸表現は言語的な表現と身体的な表現を包含しながら歴史に伝持しているものである。

(32)個々の神佛の意味については『瑩山禅』第七巻「瑩山清規講解」(語釈)二十二頁~二十五頁を参照されたい。

(33)『正法眼蔵』「生死」

(34)『永平広録』巻二
(35)法然上人が浄土宗を宣言された『選択本願念佛集』には念佛の祖師として道綽禅師と善導和尚へ敬心の意を表している。
(36)親鸞聖人はその『和讃集』に示されているように、天竺の龍樹菩薩、天親菩薩、震旦の曇鸞和尚、道綽禅師、善導禅師、そして和朝では源信和尚と源空聖人の七人を高僧として尊信されている。

終　章　祖師佛教確立者としての瑩山禅師

現今日本の佛教事情を考えると、奈良佛教（南都佛教六宗）に始まり、天台・真言の二宗が宗団的、宗派的な展開を生み出し、鎌倉新佛教といわれる諸教団の流れに至り、それぞれの歴史性を表現しながら今に至っているといってよい。そして佛教信仰の出発からその底流に流れていた念佛称名・法華唱題、つまり「南無阿弥陀佛」「南無妙法蓮華経」は〈トナエル〉信仰として日本佛教にその歴史を刻んできた。それは日本佛教の特徴そのものを形成してきたともいえる。その一方で、栄西禅師の台・密・禅の三宗兼学の流れをくむ禅の諸宗派が、伝統的な天台・真言の歴史性を尊重すると共に、〈扶律の禅〉(1)としての禅の実践を合わせた佛教を確立しようとした。その意味では、同時代的に受け入れられた三時思想の末法観を軸にした新しい禅信仰を高揚しようとしたものであった。いずれにしても、浄土信仰（阿弥陀佛）と法華信仰（法華経）そして扶律の禅法（戒律）は佛・法・僧の三宝を興隆することに思いがあったことは同様である。こうした日本的な佛教興隆と同時的に、中国の禅佛法に範を求めた道元禅師の活動が注目を集め始めていた。(2)この時代、法然上人源空が専修念佛を唱え始めた安元元（一一七五）年から、日蓮上人が身延山を開かれた文永十一（一二七四）年までの一世紀間は、日本佛教の歴史の上で、政治的支配のもっとも脆弱な時代でもあった。[3]もちろん、その間に信仰集団に対して禅宗の活動禁止（一一九四年）、念佛停止（一二〇〇年）、法然上人・親鸞聖人の配流（一二〇七年）あるいは日蓮上人の佐渡流罪（一二七一年）等々と新たな開宗活動に対する妨害が続いている。それは単に時の政治権力によるだけでなく、むしろ、比叡山を始めとした奈良・平安佛教の同時代の伝統佛教の圧力によるものであったともいえる。こうした時代状況を背景にした道元禅師もまた、時代の申し子として同時代的な共通性を持っていたことは当然であるが、禅師独自の時代観、[4]国土観、[5]宗教観[6]などの上に立って明確な信仰理念を表現されたのである。[7]

さて、平安から鎌倉時代の佛教事情、すなわち、奈良・平安時代の宗派活動から鎌倉時代の宗派活動へと展開する過程は、大きく二つの日本的な佛教事情を物語っている。一つは宗派的な信仰活動であること、もう一つは、当然のことながら、祖師といわれる一人の人格を通した尊崇の信心である。[8]

総じて、〈祖師〉という表現は日本佛教各宗各派に関する限り一般的な表現で、殊に禅の信仰共同体では「祖師西来意」、つまり、達磨大師がインドから遥々と中国に禅を将来した理由は何か、ということが深い関心事であった。道元禅師は正法眼蔵に「祖師西来意」の巻を説示されているほどで、その意味の深さを物語っているものであろう。[9]いうまでもなく、佛教の眼目は釈尊として尊崇される偉大なる人格への崇拝を通してその境涯に近づこうとすることにある。そこには救われるという事実はなく、全ては自らが実践していくことにある。

念佛の信仰共同体において〈祖師〉を表現するとき、『親鸞和讃集』では七高僧ひとり一人の師について〈本師=ほんじ〉と呼称されているが、禅の信仰共同体では〈本師〉といえば基本的には〈本師釈迦牟尼佛〉である。と同時に、自分自身の師匠をも〈本師〉といい、会話の中で相手から「ご本師は」と言われることも多い。このように、禅の信仰共同体では〈祖師〉への尊崇・尊敬の念を大切にしているが、これは禅の信仰共同体における〈信心継承〉、すなわち、〈師資相承〉における第一の基本精神をなしている。しかもそれは各宗・各派の高僧に対する姿勢に見る尊信の形ではなく、まさしく師匠に対する尊信の念を通して佛陀へ帰趣することを念じ、このことが祖師への尊崇となり、僧と僧との人間的な関係を深めさせることになるのである。鎌倉新佛教の各宗は不思議にも佛法僧の三宝のそれぞれいずれにかアクセントをおいているかのように思える点がある。浄土念佛の信仰は〈佛〉を、法華信心にとっては〈法〉を、そして禅の信仰は（僧伽の精神）に立脚しながら、より日常的により生活的態度を尊重する〈僧〉にアクセントをおいている。すなわち、〈佛〉は法・僧を内包し、〈法〉は佛・僧を包含し、〈僧〉は佛・法を摂受して日本佛教史の上に新たな年輪を刻んだのである。瑩山禅師が『傳光録』を提唱されたのは正安二（一三〇〇）年であったといわれるが、鎌倉時代とはいえ、道元禅師が亡くなられてから半世紀後のことであった。

道元禅師は『正法眼蔵』佛祖の巻の巻頭に、

宗礼佛祖ノ現成ハ、佛祖ヲ挙拈シテ奉覲スルナリ、過現当来ノミニアラス、佛向上ヨリモ向上ナルベシ、マサニ佛祖ノ面目ヲ保任セルヲ拈シテ礼拝シ相見ス。

と認められている。続いて、過去七佛、天竺二十八祖（達磨大師を含む）、震旦二十三祖（震旦初祖達磨大師を含む）と師資相承の次第を明らかにされた上で、道元大宋国宝慶元（一二二五）年乙酉夏安居時、先師天童古佛大和尚に参侍シテ、コノ佛祖ヲ礼拝頂戴スルコトヲ究盡セリ、唯佛與佛なり。

と、その信心を表白されている。道元禅師の信心を余すところなく示されているというべきであろう。「佛祖ノ現成ハ」、「佛祖ヲ挙拈シテ奉覲スル」、「佛祖ノ面目ヲ保任セルヲ拈シテ礼拝シ相見ス」、「佛祖ヲ礼拝頂戴スル」といわれる説示には、師匠と弟子との間に礼拝し頂戴する縦の関係が想定されるが、それは「唯佛與佛」という横の在りよう、つまり、師と資の間には間がありながらも、〈共に在る〉という共存感が強調されている。佛佛祖祖といわれる信心の世界である。もちろん、日本の各宗派にも祖師についての考え方があるが[(10)]、少なくとも、時代相応の佛法を宣揚したこの時代にあって、道元禅師の佛法は佛祖——より具体的に言えば佛法の祖〈釈迦牟尼佛陀〉を〈いま、ここ〉に現成しようとする信心にあった。こうした道元禅師の信心を瑩山禅師はより現実的に顕揚されたのである。それが『傳光録』であり、清規に見られる《祖師堂諷経》に象徴されているところである。

祖師堂諷経　初五日

浄法界身、本無出没。大悲願力、示現古来。仰冀眞慈、伏垂昭鑑。山門毎遇斯辰、謹集比丘衆、諷誦大悲圓満無礙神雛咒。所集功徳、奉為達磨大師、百丈禅師、歴代祖師、増崇品位者。十方三世云々。[(11)]

とあるが、達磨大師は禅の信仰共同体では西天二十八祖であり、震旦初祖として尊称しているのは当然であるとしても、百丈懐海禅師について回向に読み込んでいることは注目すべきである。百丈禅師が叢林の創始者であったということへの尊崇の懐いが表現されているともいえよう。いずれにしても、瑩山禅師は自らの信心を祖師に投げ入れていたのである。祖師を通して佛法の精神を受け止められたのであった。『傳光録』はまさしく自らに伝えられてきた、釈迦牟尼佛大和尚から五十三代孤雲懐弉大和尚に至る道筋を明らかにし、それが自らの信心（こころをまかせる）＝帰家穏坐する、母なる大地そのものであった。

しかし、『傳光録』に認められた一佛五十二祖は信心の筋道、つまり、理による理解ともいえる。「考える葦」ともいわれる人間は、果たして知的理解によって安心の世界＝いわれるところの解脱（やすらかな）の世界に入ることができるのであろうか。ここに、瑩山禅師の〈回向の世界〉が展開されることになる。『洞谷記』に「祖師忌先師忌、師翁忌、一如也」とあるように、祖師を慕い、その信心に参じ、その行実に学び、そして自らの信心を確かなものとしていく願いを自らに語りかけるとき、〈回向の世界〉が開かれ、自らの信仰へと展開することになる。〈願いと回向〉の世界の現成である。

信心の心情を表現するのは、〈疏〉、〈表白〉、〈敬白〉、〈陳述〉などがある。

八月廿八日。永平忌。祖師堂弁供具、如達磨忌。伝供焼香礼拝、主人跪爐。維那宣疏云、
南閻浮提大日本国能州加嶋郡酒井保洞谷山永光寺開闢新戒比丘某甲等、

今月廿八日、恭遇日本曹洞初祖永平和尚之遠忌、謹辨備香麤茶之微供、諷誦佛頂首楞之神咒。所集鴻徳、
回向供養永平寺大和尚。以酬法乳之恩者。
右密惟、洞水逆流巨海波涛為雷、
黄龍雹激普天雲雨為潤。
曹源之一滴點著而派流繁興、
二株之嫩桂覆蔭而枝條欝茂。
五家家風無不通、
七宗宗要悉皆達。
遍参和漢両朝名匠、
博覧内外顕密経経。
百世之英傑、
千古之模範。
吾扶桑芸祖永平開山和尚者乎。
照第一天、而有明於日月眼目。
蝕破大千、而転妙輪宝法輪
仰冀、心眼相照、兮正偏宛轉、(12)
伏乞、君臣道合、而旁参奉重。(13)　　謹疏

祖師炳鑑

慈悲容納　　　　　　謹疏

元亨四（一三二四）年八月廿八日　　曾孫比丘某甲等謹疏。

と述べられているが、道元禅師を敬仰するにその信心の由って来る背景をとらえ、禅佛教の展開の歴史を振り返りながら、そのすべてを網羅された道元禅師の信心の深さを称賛し、道元禅師への懐いを改めて深められている。讃仰するにあまりある道元禅師に対して「心眼相照らし、正偏宛轉する」ことを心から「仰ぎ冀う」という願いを託されている。まさに瑩山禅師が表白されている〈願力〉(14)をいただくことである。

道元禅師は常に本源に帰一することを眼目として、中国における禅宗についての宗名呼称を徹底的に排されたわけであるが、瑩山禅師は芸祖道元禅師を讃仰するに、〈五家七宗〉に通暁された「百世の英傑、千古の模範」と称されている。瑩山禅師が将来に向って自らの信心を開こうとしている方途を知ることができる。瑩山禅師は信仰共同体への道を自覚されていたのであり、その中心に置かれているのが佛祖である。瑩山禅師にとっての佛祖への信心は道元禅師→如浄禅師→六祖慧能→達磨大師→佛陀へと帰趣することであり、それは直ちに弟子である明峰素哲・峨山韶碩の出現となり、瑩山禅師の下に五哲・二十五哲といわれる活発な伝道が実現したのであった。まさしくここに、禅佛教の信仰共同体の日本的展開が開かれていったのである。ここには二つの主要な要素があった。一つは『瑩山清規』に説示された禅の信仰共同体の生活化であり、二つ目は『洞谷記』に示された禅信仰の実践の場としての寺院創建と、それを伝持するための理念の確立であった。

さて翻って、道元禅師は中国から、本国日本にどのような禅伝道を胸に抱いて帰国したのであろうか。道元禅師が表現された三つの文言にその思いを見出すことができるようである。その一つが『正法眼蔵　辨道話』に宣揚された、「一生参学ノ大事ココニヲハリヌ」であり、二つ目は「シカアルニ弘通ノココロヲ放下セン」といわれる一連の垂語であり[15]、三つ目が『普勧坐禅儀撰述由来』に説示された「少林之風→百丈之古意→禅苑清規→坐禅儀」[16]である。道元禅師は中国にあって、本国における禅の伝道への思いには大きなものがあったことであろう。しかし、ことその志気と違い、日本にはそうした決意を受け容れる土壌がなかったのである。里への佛教布教が同時代の信仰活動となった鎌倉新佛教の中で、ひとり道元禅師は、その事情はどのようであったにせよ、越前の山中に道元禅師の信心を深める「場」を確立したのである。しかし、時代は下ったとはいえ、道元禅師が入滅（一二五三）されてから、瑩山禅師が能登の永光寺を創建された正和三（一三一二）年までは僅か五十年の歳月であった。本師徹通義介（一二一九〜一三〇九）の道元禅師への初相見は仁治二（一二四一）年の春といわれるように、徹通禅師二十二歳の時であったすれば、道元禅師の謦咳に親しく接した後に瑩山禅師の本師となられたわけで、道元禅師の信心態度を深く学ぶことができたであろう事は推察できる。瑩山禅師にとって道元禅師は決して過去の歴史的な存在としてあったのではなく、皮肉暖かなものを感じられたことであろう。と同時に、天童如浄禅師→永平道元禅師→弧雲懐譲禅師→徹通義介禅師と次第した信心もまた、なお暖かなものであったことであろう。「五老峰」の創出である。『傳光録』の拈提と「五老峰」の創出は瑩山禅師における信心の帰趣するところであった。それは自らに至った信心の歴史を、逆に本師あるいは道元禅師の信心へと還帰し、自らの信心における歴史的な同一性を明確にされたのである。そして他方において、『瑩山清規』をして信仰共同体の日常生活の指針とし、その一日一日の信心の根底に『坐禅用心記』に表現された趣意を懇切に明らかにしたのである。禅信仰における社会的な存在としての信仰共同体の日常精神を鮮明にされたのである。さらに留意すべきことは、『洞谷記』に明らかにされている『遺跡寺寺置文記』に示された寺院観である。

右八箇寺者、瑩山修錬、而門徒令相承寺寺也。永代守門風可修錬行持之置文如件

元亨三葵亥十月九日　　洞谷開山紹瑾御判

置文は鎌倉時代に至って武家衆の間に盛んになったものであるが、その趣旨はそれぞれの一門一党の将来への維持と発展を願った文言で、同時代の特徴であった家訓より強い意志を示したものであった(17)。従って、そこには瑩山禅師の門弟・門徒あるいは関係の随喜者に対する自覚的な意思を明確にされたものがあったといってよい。具体的にいえば、それは釈迦牟尼佛→達磨大師→六祖大師→天童如浄禅師→道元禅師→弧雲懐譲禅師→徹通義介禅師と次第してきた信仰における人格的な伝通、祖風の伝通を眼目にした、信心の実践の「場」としての寺院の確立を明確にしたものであった。つまり、瑩山禅師にとって寺院が意味するものは後世いわれる法統・寺統の分類的なものではなかった。法統・寺統の文字表現あるいは概念は、歴史的な進展の結果論として強調され、論議の対象とされたものであった。瑩山禅師自身の祖師への尊信を主軸として、その信心をどのように伝えていくべきか、鎌倉新佛教という日本佛教史上における新たな展開の中で、信心・信仰を継承し、傳持する「場」としての寺院に新たな照明

を当てたのが『遺跡寺寺置文記』であったともいえよう。すなわちここには、

一、洞谷山。　五老宿遺跡　嗣法人人　住持興行。
二、圓通院。　為今生祖母　養育之恩　安観音為本願主。
三、宝應寺。　為今生悲母　明照以下門徒、比丘尼中可住持興行。
四、光孝寺。　最初獨住所　令法久住　檀那素意　僧宝勿令断絶矣。
五、放生寺。　門徒宿老之休息所。
六、浄住持。　修錬勤行。
七、大乗寺。　当家興法為望。又永平一二三代之霊骨安置所也。門派可存此旨
八、総持寺。　本院主定賢律師　為永代伽藍為僧所。其志不可捨之。

と説示されている。

瑩山禅師にとって〈寺〉はどのような意味合いに受け止められたのであろうか。その前に日本人にとって〈寺〉はどのような意味を含んで受け止められたのであろうか。佛教が渡来し、それを受け入れた時の支配者であった蘇我氏が佛教に触れた最初の具体的文物は、百済からの弥勒石像と佛像各一軀であったという。時に敏達帝十三（五八四）年であり、やがてその佛像を祀るために、蘇我氏の私宅に佛殿を営んだと伝えられる。[18] その後、推古帝十四（六〇六）年には丈六の佛像ができあがり、元興寺の金堂に収められたのであるが、ここで注目すべき事柄は、日本人にとっての佛教は佛教経典の文字でもなければ、お経の経文（コトバ）でもなく、信仰の対象としてもっとも具体的な佛像にあった。爾来、日本人にもっとも親しみを覚えさせるものとなり、その後の佛教受容にその特性が

発揮されることになる。その代表的な佛像は東大寺大佛（開眼供養が七五二年）であるが、それ以前にも、いまも多くの日本人が関心を寄せている四天王寺（五九三）、薬師寺（六八〇）等が建立されている、そしてやがて各地に神宮寺が設けられるようになった。霊亀元（七一三）年に造営された越前の気比神宮寺を始めとする神宮寺は神社境内に建立されたもので全国に二十四ケ所に及んでいる。

ところで、神宮寺に祀られている本尊はなにかというと、祭神と本地佛であった。祭神はいうまでもなくそれぞれの土地神として尊崇されているもので、本地佛は寺院としての本尊であった。いわゆる佛像を安置しているのである。観音さまを筆頭に釈迦・阿弥陀・大日等の如来さま、それに弥勒・観音・地蔵・勢至等の各菩薩さんと、現代にも親しまれている〈佛さんたち〉である。[19]つまり、佛教が到来して一世紀ほど経過する中で、日本人の神話的な信仰世界に佛教的な信仰形態が溶け込んだのである。それから半世紀ほどの後に平安の世を迎えることになるが、[20]平安中期以降の藤原一門の全盛時代に伸張した神佛混合・本地垂迹の原初形態をなしていた。佛教を学理的に受け入れた奈良佛教から、実践的、つまり、止観の実践と加持祈禱の修行という天台・真言二宗が平安佛教を形成し、そうした流れの中で平安佛教を特徴づける本地垂迹という民族的な信仰環境を包みながら、日本的佛教の展開――藤原氏一門の信仰に代表される家門繁栄・除災招福の祈禱、そして供養といわれる精霊供養が信仰行為の大きな要素となった。もちろん、そこには念佛信仰と法華信仰が底流にあった。いま本書では、こうした信仰現象について価値評価を問うものではない。むしろ、日本人の信仰行為のすべては〈寺〉という〈場〉において行われていたという事実を事実として認めることに主眼がある。

ここで再び、瑩山禅師の『遺跡寺寺置文』について考えてみよう。その考え方を整理すると、第一、信仰理念として祖師への信心の明白な表現の〈場〉としての寺。
第二、恩恵を授けてくれた人への思いを新たにする〈場〉としての寺。
第三、檀越の寺院建立への素意を尊重する〈場〉としての寺。
第四、住職を引かれた東堂をはじめとする僧たちの休息の〈場〉としての寺。
第五、信心の実践（修錬勤行）の〈場〉としての寺
第六、永平寺開祖・二世・三世の霊安所の〈場〉としての寺。
第七、祖風を伝通し、その門風を高揚する〈場〉としての寺。

ということになる。しかし、こうした瑩山禅師の寺院に対する考え方への基本的な信心理念は、『諸門中悉知』に示されている。

和尚の称猥りにあるべからず。佛に代って化を揚ぐ、是れを住持という。是れ、すなわち、佛祖の位なり。

また、『当山盡未来際置文』には、

洞谷山は……清浄寄進の浄処なり。故に紹瑾、一生偃息の安楽地、来際、瑩山遺身安置の塔頭所となす。是を以て、自身の嗣書、先師の嗣書、師翁の血経、曾祖の霊骨、高祖の語録、当山の奥頭に安置す。此の峰を名づけて五老峰と称す。

と示し、次いで、

然れば、当山の住持は、五老の塔主なり。瑩山門徒中、嗣法次第を守り、住持興行すべし。その故は、山僧の遺跡、諸山の内、崇重すべき遺跡なり。

とする。また、語を続けて、

嗣法の人、住持興行すべし。縦嗣法の人断絶すといえども、門徒小師の中、評定和平して、須らく住持興隆すべし。いかんとなれば、他門は必ず五老を崇敬すべからざる故なり。これに依って盡未来際、瑩山嗣法の小師、剃頭の小師、参学の小師、受具受戒、出家在家諸門弟等、一味同心、当山を以て一大事となし、偏に、五老峰を崇敬たてまつり専ら門風を興行すべし。是れ、すなわち、瑩山盡未来際の本望なり。

と明言されたのである。禅の信仰共同体について永平寺僧団、総持寺僧団、あるいは大乗寺僧団という表現もあるが、ここに説示された瑩山禅師の趣意は出家在家を問うことなく、当山を一大事として踏まえ、五老峰を中心軸にして、門風＝宗風＝祖風を伝通して行くことにある。そしてさらに禅師の信仰思想を次のように宣揚されたのである。

佛ののたまはく、篤信の檀那、これを得る時、佛法、断絶せず、云々。又云く、檀那を敬うこと佛のごとくすべし。戒定慧解、皆檀那の力に依って成就す、云々。然る間、瑩山今生佛法修行、此の檀越の信心に依って成就す。故に盡未来際、此の本願主子子孫孫を以て、当山大檀越、大恩所となすべし。是の故に、師檀和合して、親しく水魚の昵をなし、来際一如して、骨肉の思いをいたすべし。用心此の如くんば、実に是れ当山の師檀となすべし。此の置文を以て、当山、来際の亀鏡となし、住持、檀越の眼目となす。

ここに、師＝佛陀の教えに随順し、それを実践する人＝いわゆる、修行者と、檀越＝佛の教えを実践する師に深甚なる敬意を持って接する人＝いわゆる信心の人々との〈在りよう〉を述べられたのである。信心の人々は師＝住持を通して各佛祖の信心をいただくことになり、住持は、師＝佛祖に対する檀越の信心によって佛祖への精進に心を任せることができると言われる。〈寺〉を信心の〈場〉として、佛祖へそれぞれの心を投げ入れる人々の集いとしての信仰共同体は、まさしく祖師佛教としての新たな出発であり、日本佛教史に新たな時代を画するものであった。

註

(1)『興禅護国論』(第一・令法久住門)に仁王般若経を引いて「大王、法末世時、……多作非法之行、……佛法衆僧作大非法。……当両之時、法滅不久」とあって、このような末法観に立ちながら、第三・世人決疑門において「遺教経云、依戒生禅生慧」を典拠として同時代の佛法の新興を念願したのである。
（2）道元禅師は「佛法坊」としてその名が知られていた。『沙石集』の著者無住一円が語っている『雑談集』第八に「中比建仁寺ノ本願入唐シテ禅門戒律ノ儀傳ハラレシモ、只狭床ニテ事事シキ坐禅ノ儀無リケリ、国ノ風儀ニマカセテ、天台真言ナドアヒナラベテ、一向ノ禅院ノ儀式、時至テ佛法房ノ上人、深草ニテ如大唐広床ノ坐禅始メテ行ズ、其時ハ坐禅メヅラシキ事ニテ、有信俗等拝し貢カリケリ、其時ノ僧カタリ侍シ」とある。
（3）この時代は北条時頼、時宗の治世であり、北条幕府は一応落ち着いたかに見えたが、弘安四（一二八一）年に襲来した元の大軍は敗れるも、北条一族の内輪揉めが続き、ついに北条幕府の崩壊（一三三三）となって、南北朝時代の不安定な世情へ向かっていった。政治の中心なき世紀であった。
（4）時代観――「佛教に正像末を立つること暫く一途の方便なり」（『正法眼蔵随聞記』第四）
（5）国土観――「ソノ化ヲシクサカヒ、イツレノトコロカ佛国土ニアラサラン、コノユヱニ佛祖ノ道ヲ流通センに云々」（『正法眼蔵　辨道話』）と示されているように、道元禅師にとって国土の全てが佛法顕揚の場であったといえよう。
（6）宗教観――「大乗実教ニハ、正像末法ヲワクコトナシ、修スレバミナ得道ストイフ、……クチニ経典ヲ誦セス、身ニ佛道ヲ行セサレトモ、アヘテ佛法ニカケタルトコロナシ、タダ佛法はモトヨリ自己ニアリトシル、コレヲ得道ノ全円トス」（『正法眼蔵　辨道話』）というように、道元禅師の宗教観は「修すれば証す、修せざればあらわれず」といわれる日常底にあった。正法眼蔵に『洗面』、『洗浄』などの説示が見えるように、その信仰は生活自体に出発するものである。
（7）道元禅師の信心の帰趣。
（8）一例を『三帖和讃』の『親鸞和讃集』によって考えるに、ここにでは天竺の龍樹菩薩、天親菩薩、震旦の曇鸞和尚、道綽禅師、善導禅師、そして和朝の源信和尚と源空聖人の七高僧を祖師として讃仰している。

(9) 祖師という表現は『禅学大辞典』（大修館書店）、『望月佛教大辞典』、『世界宗教大事典』（平凡社）、『織田佛教大辞典』（大蔵出版）等々に〈祖師禅〉、〈祖師堂〉などと見られる。参考にされたい。

(10) 一般的に禅宗では西天二十八祖此土六祖、天台宗では東土九祖十七祖、華厳宗では五祖七祖十祖、真言宗では八祖、浄土宗では五祖十六祖、そして浄土真宗では七高僧といわれている。

(11) 『瑩山清規』巻上「月分行事」

(12) 道裡の筋目の意。「賓主ノ礼ミタレハ、正偏アキラメカタシ」（『正法眼蔵』「重雲堂式」）

(13) 旁参とは全てのもの、全ての人が相和すること。なお、君臣道合とあるが、武家時代に入って一世紀を経たとはいえ、天皇を中心とした歴史観は日本人のアイデンティティーであったといえよう。この傾向は『祈禱回向』により鮮明になる。

(14) 『永平第三代大乗開山大和尚遷化』「喪事規記」（孝小師紹瑾撰）
「上来念誦功徳、奉為新入涅槃東堂和尚、資助、崇増法立。伏願、不忘願力、再現曇華、掉慈舟於生死中、接群迷於菩提涅槃彼岸。再労尊衆念。十方三世一切佛」

(15) 「一生参学ノ大事ココニヲハリヌ、ソレヨリノチ大宋紹定ノハジメ、本郷ニカヘリシ、スナハチ弘法救生ヲオモヒトセリ、ナホ重擔ヲカタニオケルカコトシ、シカアルニ弘通ノココロヲ放下セン、云々」

(16) 「予先嘉禄中。従宋土帰本国。因有参学請。撰坐禅儀。……昔日百禅師。建連屋連牀。能傳少林之風。不同従前葛藤舊巣。学者知之勿混乱矣。禅苑清規曽有坐禅儀。雖儒順百丈之古意。少添頤之新條。云々。」

(17) 「家訓」はどちらといえば、日常的な生活における倫理的な性格があるが、「置文」は遺言的、命令的な意思の強さを持っている。石井進氏によれば、「家訓とは一般的に父や家長が子孫・一族、あるいは家臣を対象として解き明かした訓戒であるといえよう」「置文とは、古文書学上、①所領譲与の際に、子孫に対する遺言・遺命の類を起した文書と、②所領譲与とは直接関係なく、将来にわたって遵守すべき事項を列挙した文書の二つの意味に用いられている」（『中世政治社会思想　上』日本思想体系　岩波書店　五一五、五二五頁）とのことである。

(18) 堅田修『日本古代寺院史の研究』「第一章　初期の寺院」参照

(19) 平岡定海『日本寺院史の研究』第一章参照

(20) 一般に、平安時代は桓武天皇が即位された天応元（七八一）年に始まったとされている。

むすびに

本書においては瑩山禅師と同時代の社会背景を検討し、また同時代における佛教各宗派の動きに逆行するかのようにも思える道元禅師の信心・思想を瑩山禅師がどのように受け止め、どのように継承し、どのように伝えようとしたかという三つの点に視点を置いて、瑩山禅師の全体像に接近することに努めた。しかしながら、当初の構想を十分に表現するに至らなかったように思う。道元禅師が遺された諸著作と違って、瑩山禅師のそれは量的には決して多くない。しかし、この国の伝統的な諸条件や諸要素に深く留意された点が多く見られ、量は少なくとも、そこに特色がある。禅師はそうした点に心を配られ、宗教学的にいえば宗教的な聖域と生活的な精神域をどのように考えるべきか、という課題を提供されたのである。

瑩山禅師の遺書である『傳光録』、『坐禅用心記』、『瑩山清規』は、まさに禅師の信心の発露であり、歴史的な流れの中に祖師が道を参究された姿、そしてそこに見出された祖師の理念に接近することに重点を置いたものである。また他方、瑩山禅師が『瑩山清規』の「年分・月分・日分」に説示された〈回向〉によって、日本人の宗教的意識あるいは伝統的なものの考え方の来し方を知ることができるであろう。

自然を崇拝し、自然それ自体に宗教的な心情を語り伝えている『記紀』神話の世界、日本列島を縦断し、豊淳な恵みを与えてくれる山々への感謝を捧げる山岳信仰、一族一門の繁栄を祈る祈禱佛教等々、こうした諸信仰が相錯綜して精神的な安堵感を与えた点に、日本人の宗教的な共通意識があったといえよう。こうした日本的な宗教意識について、道元禅師は多く語ることはなかった。ところが、瑩山禅師はこのような日本人の宗教意識に真正面から取り組まれた。人はこれをして道元禅師の佛法から遠く離れたとも言う。また、密教化したとも言う。それにはそれなりの理由があるであろう。しかし、瑩山禅師のように日本人の信仰心情に真正面から取り組まれた宗教家が史上あったであろうか。宗教を文化現象として考えるとき、その信仰現象を培った土壌を無視することはできない。瑩山禅師はそうした文化的な事情を民衆に寄り添って取り入れ、人々の宗教的な心情を汲みとった宗教人であったというべきであろう。

そうはいっても、瑩山禅師の信仰は己の帰趣する祖師への随順が基本であった。その上に立って日本の風土に即した観音信仰を大切にされ、実母・実祖母への感謝報恩の心を込めて観音菩薩の信仰を高められたのである。もっとも、道元禅師も観音菩薩への深い関心を持たれたことは周知の通りであるが、瑩山禅師は観音菩薩を開創された〈寺〉の本尊とされたわけで、まさに現実に生きている観音信仰の道を確立されたのである。

こうして見てくると、瑩山禅師はいくつかの独自性を開き、確立されたと言うことができよう。祖師佛教を基盤とした、出家・在家、祖師・檀越を包含した在世佛教とも言うべき師檀共同体の創立であり、日本中世における確固たる信仰共同体の確立であった。これが後に曹洞宗と称される信仰共同体であって、〈祖師〉という人格的存在を通しての〈信心〉とその〈信心〉の実践的な発露の〈場〉としての〈寺院〉が、その信仰共同体の基盤をなしたのである。

瑩山禅師が入滅されて後、その心は峨山韶碩禅師に伝えられ、五哲・二十五哲と称される祖師の人格は、日本各地の至るところに瑩山禅師の信仰共同体への思いを写す場としての〈寺院〉の形成となっていった。そこには常に日本人の歴史的な宗教心情と、各地に培われた地域的にして信仰的な土壌があった。そうした総合的な環境形成の中に、曹洞宗の信仰共同体が進展したのである。もちろん、瑩山禅師の存在は、単に曹洞宗の発展のみならず、いわゆる鎌倉新佛教の本格的な日本的展開に寄与することになったのである。瑩山禅師の日本佛教史における存在の意味は、実に《祖師佛教》の形成・進展にあり、「清規」を根底とした信仰共同体の確立と、その中心に坐る「祖師」に導かれる道にあったのである。

瑩山《けいざん》思想《しそう》の本質《ほんしつ》

瑩山禅師《けいざんぜんじ》の垂語《すいご》参究《さんきゅう》

二〇〇九年四月三〇日初版第一刷発行

著者――――五十嵐卓三《いがらしたくぞう》

発行者――――佐藤今朝夫

発行所――――株式会社国書刊行会

東京都板橋区志村一-一三-一五　郵便番号一七四-〇〇五六

電話〇三-五九七〇-七四二一　http://www.kokusho.co.jp

印刷所――――㈱シナノパブリッシングプレス

製本所――――有限会社青木製本

ISBN――――978-4-336-05103-5

●落丁本・乱丁本はおとりかえします。

著者紹介

昭和六年、山形県鶴岡市に生まれる。

駒澤大学大学院修士課程修了。

鶴岡市乗慶院住職。

曹洞宗教化研修所研修員、京都大学特別研修員、曹洞宗研究員として研鑽を重ね、発表論文多数。昭和五十八年から平成十二年までヨーロッパでの講義・講演に招聘された。

主な著書『東と西の出会い―禅とキリスト教の不思議な軌跡』（さんまあ出版）『道元思想の本質―道元禅師の垂語参究』（国書刊行会）